大学生德育与辅导员工作研究

高健　李巧丽　乔欣　著

北方联合出版传媒（集团）股份有限公司
辽宁科学技术出版社

图书在版编目（CIP）数据

大学生德育与辅导员工作研究 / 高健，李巧丽，乔欣著. -- 沈阳 : 辽宁科学技术出版社，2024. 8.

ISBN 978-7-5591-3735-7

Ⅰ. G641；G645.1

中国国家版本馆 CIP 数据核字第 2024GK1307 号

出版发行：辽宁科学技术出版社

（地址：沈阳市和平区十一纬路 25 号　邮编：110003）

印 刷 者：济南大地图文快印有限公司

经 销 者：各地新华书店

幅面尺寸：185mm×260mm

印　　张：19

字　　数：430 千字

出版时间：2025 年 3 月第 1 版

印刷时间：2025 年 3 月第 1 次印刷

策划编辑：王玉宝

责任编辑：何　萍　康　倩

责任校对：于　芳

书　　号：ISBN 978-7-5591-3735-7

定　　价：95.00 元

前言

在当今社会，大学生的德育问题越来越受到人们的关注。随着社会的不断发展和变化，德育工作的重要性越发凸显。为了更好地指导大学生德育工作，教师首先要明确大学生德育的理念与原则。德育不仅仅是传授知识，更是塑造品格和价值观的过程。教师应该坚持以大学生为本，尊重大学生的个性发展，注重培养大学生的道德素质和责任感。同时，我们也要遵循教育规律，注重理论与实践相结合，引导大学生积极参与德育活动，提高他们的道德认知和判断能力。

同时，教师要明确大学生德育的目标、内容与方法。教师应该根据大学生的特点和实际情况，制订合理的德育目标，注重培养大学生的爱国情怀、道德品质、法制观念、社会责任感等方面。同时，教师也要注重德育内容的多样性，包括思想道德教育、法制教育、心理健康教育等，引导学生树立正确的世界观、人生观、价值观。在方法上，教师可以通过课堂教学、实践活动、社会实践等多种方式，激发学生的学习兴趣和积极性，提高他们的道德素质和综合素质。

学风建设是大学生德育的重要组成部分。良好的学风有助于培养大学生的自律精神和学习习惯，提高他们的学习能力和综合素质。教师应该注重学风建设的重要性，加强学风建设的宣传和教育，引导学生树立正确的学习观念和方法，营造良好的学习氛围。同时，教师也要关注学风建设与大学生德育的关系，注重培养大学生的道德品质和责任感，促进学生的全面发展和成长。

美育是大学生德育的重要内容之一。美育有助于培养大学生的审美能力和创造力，促进他们的全面发展。教师应该注重美育的内涵和特点，通过各种形式的美育活动，引导学生发现美、欣赏美、创造美，培养他们的审美情趣和艺术素养。同时，教师也要关注美育对大学生德育的影响和作用，注重培养大学生的道德品质和审美意识，促进学生的健康成长和全面发展。

在网络文化快速发展的背景下，教师也需要关注网络文化对大学生德育的影响。网络文化是一把双刃剑，既可以为大学生提供丰富的信息和资源，又可能对他们产生负面影响。教师应该积极应对网络文化带来的挑战和问题，加强网络道德教育和网络监管，引导大学生树立正确的网络道德观念和方法。同时，教师也要利用网络文化促进大学生德育工作，发挥网络平台的优势和作用，拓展德育工作的渠道和方式。

在就业指导方面，教师应该注重就业指导在大学生德育中的应用。就业指导可以帮助大学生明确职业规划和发展方向，提高他们的就业能力和竞争力。教师应该加强就业指导的理论基础研究和实践应用探索，为大学生提供科学合理的就业指导服务。同时，教师也要关注成功就业的案例分析，为其他学生提供借鉴和启示。

创新创业是当今社会发展的重要动力之一。创新创业在大学生德育中的应用方式包括创业教育、创业实践、创新创业比赛等。教师应该注重创新创业与德育的关系，加强创新创业教育和实践的宣传和推广，为大学生提供更多的创新创业机会和平台。同时，教师也要关注创新创业在大学生德育中的应用效果和存在的问题，积极探索解决方案和对策。

在大学生德育评估与反馈机制方面，教师需要建立科学的评估方法和反馈机制。评估结果可以为教师提供大学生德育工作的反馈信息，帮助教师及时调整工作策略和提高工作效果。教师应该注重评估标准的科学性和可操作性，建立合理的评估指标体系和方法体系。同时，教师也要注重评估结果对大学生德育的促进作用，加强与大学生的沟通和交流，及时解决大学生面临的问题和困难。

最后，教 师要明确家庭、高校和社会在大学生德育中的责任和作用。家庭是大学生的第一课堂，家长应该注重家庭教育的重要性，加强与高校的沟通和合作，共同促进大学生的健康成长和全面发展。高校是大学生的第二课堂，应该注重德育工作的全面性和系统性，加强与家庭和社会机构的合作与交流。社会是大学生的第三课堂，应该为大学生提供良好的社会环境和文化氛围，加强社会道德教育和法制宣传教育。

目 录

第一章　大学生德育的理论基础

第一节　大学生德育的理念与原则

一、德育理念的定义

德育理念是指教师通过有目的、有计划、有组织地实施教育内容来影响受教育者品德心理的观念。它旨在促进受教师形成良好的道德品质和行为习惯，实现个人与社会价值的统一。

德育理念是教育思想的重要组成部分，它包括德育目标、德育内容、德育方法、德育评价等方面。它具有导向性、层次性、全面性、发展性等特点，强调以人为本，注重学生的全面发展，培养学生的创新精神和实践能力。

德育理念的定义可以从以下几个方面来阐述。

德育理念是一种教育思想，它强调德育的重要性，注重学生的品德心理和行为习惯的培养。

德育理念具有导向性，它为教师提供了明确的教育方向和目标，同时也为受教师提供了正确的价值导向。

德育理念具有层次性，它为不同年龄段的学生制订不同的德育目标，使教育更加具有针对性和实效性。

德育理念强调全面发展，它不仅注重学生的知识技能培养，更注重学生的情感态度、价值观等方面的培养。

二、德育理念在大学生教育中的重要性

大学生教育是德育工作的重要领域。德育理念在大学生教育中具有以下重要性。

（一）培养全面发展的人才

在大学生教育中，培养全面发展的人才至关重要。德育理念在大学生教育中起着至关重要的作用，它有助于培养具有全面素质的人才，包括道德素质、文化素质、心理素质等。

1. 道德素质的培养

德育理念强调培养学生的道德素质，包括诚信、责任、尊重他人等。在大学生教育

中，高校应该注重引导学生树立正确的道德观念，增强他们的道德观念和社会责任感。高校通过德育理念的渗透，可以帮助学生更好地理解道德规范和行为准则，从而使他们形成良好的道德品质和行为习惯。

2. 文化素质的培养

德育理念应该注重培养学生的文化素质，包括知识、技能、审美等。大学生应该具备扎实的知识基础和良好的文化素养，才能更好地适应社会的发展和需求。德育理念的渗透可以引导学生积极参与各种文化活动，拓宽知识面和视野，提高文化素养和审美能力。

3. 心理素质的培养

德育理念还应该注重培养学生的心理素质，包括自信心、抗压能力、情绪调节等。大学生面临着来自学业、就业、人际关系等多方面的压力和挑战，因此，需要具备良好的心理素质来应对各种困难和挫折。高校通过德育理念的渗透，可以帮助学生树立正确的自我认知和自我调节能力，增强自信心和抗压能力，从而更好地应对各种挑战和困难。

4. 建立良好的德育环境

高校应该营造一个良好的德育环境，鼓励学生积极参与各种德育活动和实践，如志愿者服务、社会实践、学术交流等。这些活动可以帮助学生更好地了解社会和他人，增强他们的社会责任感和团队协作精神。

5. 加强德育师资队伍建设

高校应该加强德育师资队伍建设，提高教师的德育意识和能力水平。教师是学生德育教育的关键因素之一，他们应该具备高尚的道德品质和良好的教育方法，引导学生树立正确的价值观和人生观。

（二）增强社会责任感

增强社会责任感是大学生教育中的重要一环，德育理念在其中起到了关键作用。以下是德育理念在大学生教育中增强学生社会责任感和使命感的几个方面。

1. 引导学生关注社会问题

在德育理念的指导下，教师应注重引导学生关注社会问题，培养他们的社会责任感和使命感，可以通过课堂教学、讨论、讲座等形式，引导学生了解社会热点问题、社会现状及其发展趋势，从而增强他们的社会意识。同时，教师应鼓励学生积极参与社会实践活动，如志愿服务、社区活动等，让他们在实际行动中增强社会责任感。

2. 培养公共精神

公共精神是德育理念的重要组成部分，它强调个人对公共事务的参与和贡献。在大学生教育中，教师应注重培养学生的公共精神，鼓励他们积极参与公共事务，为社会作出贡献，可以通过组织志愿服务、社区活动、公益宣传等形式，让学生在实际行动中培养公共精神，增强社会责任感和使命感。

3. 增强社会参与意识

德育理念强调个人与社会的关系，鼓励学生积极参与社会生活，增强他们的社会参与意识。通过参与各种社会活动，如社团活动、讲座、研讨会等，学生可以了解社会运行机制，增强他们的社会责任感和使命感，从而更好地为社会做出贡献。

4. 培养责任意识和使命感

德育理念强调责任意识和使命感的重要性，让学生意识到自己肩负着社会责任和使命。在大学生教育中，教师应注重培养学生的责任意识和使命感，让他们明确自己的责任和使命，从而更加积极地为社会做出贡献。可以通过开展主题教育实践活动等，让学生深入了解社会责任和使命的意义和价值，从而增强他们的责任感和使命感。

5. 培养自主意识

德育理念强调个体的自主意识，旨在让学生意识到自己是有思想的个体。在大学生教育中，教师应注重培养学生的自主意识，让学生独立思考、自主选择、自主行动，从而使学生更好地实现自己的价值。

（三）增强文化自信

1. 德育理念引导学生了解和传承中华民族的文化传统

德育理念在引导学生了解和传承中华民族的文化传统方面发挥着至关重要的作用。通过德育理念，学生可以深刻地理解中华民族的文化底蕴，培养自己的文化素养，从而增强对中华民族文化的认同感和文化自信。

德育理念可以通过多种方式来引导学生了解中华民族的文化传统。高校可以通过开展丰富多彩的文化活动，如诗词朗诵、书法比赛、绘画展览、音乐会等，让学生亲身体验和了解中华民族的传统文化。这些活动不仅让学生感受到中华文化的魅力，而且可以培养他们的审美情趣和文化素养。

高校可以通过课堂教学来引导学生了解中华民族的文化传统。教师可以通过讲述中国历史、传统故事、民族英雄事迹等，帮助学生了解中华民族的文化传承和发展。此外，教师还可以介绍中国文学、哲学、艺术等领域的知识，如古代诗词、传统艺术、民俗文化等，让学生感受到中华文化的博大精深。

德育理念强调培养学生的民族自豪感和文化自信。通过学习中华民族的传统文化，学生可以更加深入地了解中华民族的优秀传统和价值观，从而增强对中华民族文化的认同感和自豪感。这种文化自信可以帮助学生更好地认识自己，培养自己的文化自觉和文化创新能力。

在德育理念的引导下，学生还可以通过参与社会实践活动来了解和传承中华民族的文化传统。例如，学生可以参加志愿者活动，参与文化遗产保护和传承工作，如保护古迹、修复传统建筑、传承非物质文化遗产等。这些实践活动可以让学生亲身感受到中华民族文化的魅力，培养他们的社会责任感和文化传承意识。

在未来的教育工作中，教师应该继续加强德育理念的引导作用，注重培养学生的文化素养和文化自信，让他们成为具有国际视野和民族情怀的优秀人才。同时，教师也要不断探索新的教育方式和手段，让中华文化在新的时代背景下焕发出更加绚丽的光彩。

2. 德育理念增强学生的民族自豪感

德育理念在增强学生的民族自豪感方面起着至关重要的作用。这种理念旨在培养学生的爱国主义情感，使他们更好地了解和珍视自己的民族身份和文化传统。通过让学生了解中华民族的历史和英雄事迹，德育理念有助于增强他们的民族自豪感。

德育理念需要向学生介绍中华民族的辉煌历史。这是一个丰富多彩、充满智慧和勇气的历史时期。从古代的四大发明到现代的科技成就，中华民族在各个领域都取得了令人瞩目的成就。通过讲述这些历史事件，学生可以了解到中华民族的伟大之处，从而增强他们的民族自豪感。

德育理念需要引导学生了解中华民族的英雄精神。中华民族的历史上涌现了许多英雄人物，他们为了国家和民族的利益英勇奋斗，甚至不惜牺牲自己的生命。这些英雄事迹可以激励学生勇敢面对困难和挑战，培养他们的爱国主义情感和民族自豪感。

德育理念可以通过各种活动和课程来增强学生的民族自豪感。例如，高校可以组织参观历史遗迹和博物馆，让学生亲身感受中华民族的悠久历史和文化遗产。此外，高校还可以邀请文化专家和历史学者为学生讲解中华民族的历史和文化，帮助他们更好地了解自己的民族身份和文化传统。

通过这些活动和课程，学生可以更加珍视自己的民族身份和文化传统，从而增强他们的民族自豪感。同时，德育理念还可以培养学生的团结协作精神，让他们意识到自己是中华民族大家庭中的一员，应该为国家和民族的繁荣发展贡献自己的力量。

3. 德育理念培养学生的文化自信和爱国情感

德育理念在培养学生文化自信和爱国情感方面具有至关重要的作用。教师应该致力于培养具有文化自信和爱国情感的新一代。

德育理念应该强调学生对于中华民族文化传统的了解和尊重。中华文化源远流长，拥有丰富的思想宝库，这是我们民族得以生生不息、繁荣昌盛的重要源泉。教师应该让学生认识到，作为中华民族的一员，我们有责任传承和弘扬中华民族的文化精髓。通过学习传统文化知识，学生能够更加深入地了解中华民族的文化传统和价值观，从而培养他们的文化自信。

德育理念应该注重培养学生的爱国情感。爱国情感是每个公民应该具备的基本品质，它包括对祖国的热爱、对民族文化的认同以及对国家繁荣昌盛的责任感。教师应该通过各种形式的教育活动，引导学生树立正确的国家观，让他们认识到自己是祖国大家庭中的一员，应该为祖国的繁荣昌盛而努力奋斗。

为了实现这一目标，教师可以采取以下措施。

（1）开展主题教育活动：教师可以定期组织主题教育活动，如“爱我中华”演讲比赛、传统文化知识竞赛等，让学生在参与活动的过程中深入了解中华民族的文化传统和价值观，从而培养他们的文化自信和爱国情感。

（2）弘扬民族精神：在学校教育中，我们应该注重弘扬民族精神，让学生了解中华民族的传统美德，如勤劳、勇敢、善良、正义等。这些品质是中华民族的宝贵财富，也是培养具有文化自信和爱国情感的新一代的重要基础。

（3）注重实践教育：德育理念不仅要在课堂上传授，更要在实践中得到体现。我们可以组织学生参加各种社会实践活动，如志愿者服务、文化交流等，让学生在实践中感受中华民族的文化魅力，培养他们的爱国情感。

（4）营造良好的校园氛围：学校应该营造一种积极向上、充满正能量的校园氛围，让学生感受到学校对他们的关爱和支持。通过举办各种文化活动、讲座等，让学生了解国家大事、时事新闻，增强他们的社会责任感和使命感。

三、大学生德育的主要原则

德育原则是指导教师在德育工作中遵循的基本准则和指导思想，主要包括以下几个方面。

（一）导向性原则

导向性原则是德育工作中的重要原则，它强调教师应该始终坚持正确的政治方向和价值导向，引导学生树立正确的世界观、人生观、价值观。这一原则不仅是德育工作的基本要求，也是德育工作的重要目标。在德育工作中，教师应该注重以下几个方面，以实现这一原则。

1. 坚持正确的价值导向

教师应该引导学生树立正确的道德观念和行为准则，让他们了解和认同社会主义核心价值观，树立正确的道德观念和行为准则。为此，教师应该注重培养学生的批判性思维和思考能力，让他们能够自主地判断是非曲直，做出正确的道德选择。这需要教师注重培养学生的独立思考能力和判断力，让他们能够正确地看待和处理生活中的各种问题。同时，教师也应该注重引导学生树立正确的价值观和道德观念，让他们明白道德行为的重要性，并能够自主地做出正确的道德选择。

2. 注重德育工作的政治性和思想性

教师应该注重德育工作的政治性和思想性，引导学生了解和认同国家的发展目标和价值取向。教师应该引导学生了解国家的政治制度、经济体制和文化传统，让他们认识到自己的行为和思想应该符合国家和社会的利益。同时，教师也应该注重培养学生的爱国情怀和民族自豪感，让他们能够自觉地维护国家和社会的利益。

3. 培养学生的道德判断力和责任感

教师应该注重培养学生的道德判断力和责任感，让他们了解道德行为的重要性，并能够自主地做出正确的道德选择。同时，教师也应该引导学生认识到自己的行为对社会和他人的影响，培养他们的道德责任感和公民意识。教师应该注重培养学生的道德责任感和自我约束力，让他们明白自己的行为应该符合社会规范和道德标准，并能够自觉地遵守这些规范和标准。

4. 结合实际案例进行教育

教师应该结合实际案例进行教育，让学生了解社会上的道德问题和不良行为，引导他们进行正确的道德判断和选择。这需要教师选取一些具有代表性的实际案例，引导学生进行深入的分析和讨论，让他们能够从中得到启示和领悟。同时，教师也应该注重培养学生的社会责任感和公共意识，让他们能够自觉地关注社会问题，并积极参与社会公益活动。

5. 注重学生的个性差异

教师应该注重学生的个性差异，根据不同学生的特点和需要进行有针对性的教育。每个学生都有自己的个性和特点，教师应该尊重学生的差异，并根据这些差异进行有针对性的教育。这需要教师关注每个学生的兴趣爱好、学习方式和性格特点等方面的差异，采取不同的教学方法和策略，帮助他们更好地发挥自己的优势和潜力。

（二）知行统一原则

知行统一原则是德育工作的重要原则之一，也是衡量德育工作效果的重要标准之一。

这一原则要求德育工作既要注重道德知识的传授和道德观念的塑造，又要注重道德行为的养成和实践。在德育工作中，知行统一原则的重要性主要体现在以下几个方面。

知行统一是德育工作的基本要求。德育工作的目的不仅是让学生了解和掌握道德知识，更重要的是让他们将这些知识转化为自己的行为准则和行为习惯。只有将道德知识与实践相结合，才能真正实现德育工作的效果。如果德育工作只是停留在理论层面，没有与实际生活相结合，那么学生所掌握的道德知识就很难转化为自己的行为准则和行为习惯，也很难在实际生活中表现出正确的道德行为。

知行统一有助于培养学生的道德实践能力和社会责任感。只有通过实践，学生才能真正理解道德知识，学生才能真正体验到道德行为的艰辛和价值。同时，只有在实际生活中表现出正确的道德行为，才能真正体现出自己的社会责任感和道德品质。因此，教师应该注重培养学生的道德实践能力和社会责任感，鼓励学生将所学到的道德知识运用到实际生活中去，培养他们的道德实践能力和社会责任感。

为了实现知行统一原则，教师应该注重以下几个方面。

1. 注重道德教育的实践性，鼓励学生参加各种形式的道德实践活动

通过这些实践活动，学生可以亲身体验到道德行为的重要性，从而更加深刻地理解道德知识。同时，这些实践活动也可以培养学生的实践能力、合作能力和创新精神，有助于学生更好地适应社会和生活。

在道德实践活动中，教师应该设计具有针对性和实效性的活动，引导学生积极参与，让他们在实践中体验道德、感悟道德、践行道德。这些活动可以包括志愿者服务、社区服务、公益活动、道德辩论、角色扮演等，让学生在实践中体验道德行为的价值和意义，从而增强他们的道德意识和责任感。

2. 注重培养学生的道德情感和道德意志

教师应该引导学生正确认识自己的情感和意志，鼓励他们坚持正确的道德信念和行为准则。同时，教师也应该关注学生的心理健康和人格发展，引导学生形成健康的情感和意志品质。

教师应该注重培养学生的道德情感和道德意志，通过情感教育和意志锻炼，学生可以形成正确的价值观和道德观念。教师可以通过情感交流、故事分享、角色扮演等方式，引导学生体验和理解道德情感和意志的重要性，培养他们的道德情感和意志品质。同时，教师也应该引导学生学会自我反思和自我调整，让他们在面对道德困境时能够做出正确的选择。

3. 注重对学生的道德评价和监督

教师应该及时发现和纠正学生的不良行为和不道德倾向，引导他们走向正确的道路。同时，教师也应该注重培养学生的自我评价和自我监督能力，鼓励学生自我反思、自我调整、自我完善。

教师应该建立完善的道德评价体系，对学生的行为进行客观、公正的评价，及时发现和纠正学生的不良行为和不道德倾向。评价应该注重过程性和发展性，关注学生的成长过程和进步，给予学生及时的反馈和指导。同时，教师也应该引导学生学会自我评价和自我监督，培养他们的自我反思和自我调整能力，让他们在面对道德问题时能够独立思考、自主决策，从而更好地实现知行统一。

（三）正面教育原则

正面教育原则是德育工作的重要方法之一，它强调教师应该坚持正面引导和积极鼓励，激发学生的积极性和主动性，培养他们的自尊心和自信心。这一原则的重要性体现在以下几个方面。

（1）正面教育原则符合学生的心理特点和成长规律。学生处于身心发展的阶段，具有好奇心、求知欲强、可塑性大的特点。在德育工作中，正面教育可以更好地满足学生的心理需求，激发他们的积极性和主动性，引导他们树立正确的道德观念和行为准则。

（2）正面教育原则有助于培养学生的自尊心和自信心。教师应该尊重学生的主体地位，关注学生的个性差异和发展需要，积极鼓励和引导学生进行自我教育和自我成长。通过正面教育，教师可以帮助学生树立正确的自我认知和价值观念，增强他们的自信心和自尊心，促进他们的全面发展。

（3）正面教育原则有助于提高德育工作的实效性。德育工作不仅仅是传授知识，更重要的是培养学生的道德品质和行为习惯。通过正面教育，教师可以更好地了解学生的思想动态和行为表现，及时发现和解决问题，提高德育工作的针对性和实效性。

为了贯彻正面教育原则，教师应该注重以下几点。

（1）尊重学生的主体地位，关注学生的个性差异和发展需要。教师应该深入了解学生的思想状况、兴趣爱好、个性特点等方面的信息，根据不同学生的特点制订不同的教育方案，做到因材施教。

（2）积极鼓励和引导学生进行自我教育和自我成长。教师应该注重培养学生的自主意识和创新能力，鼓励他们独立思考、自主探索、勇于实践。同时，教师也应该关注学生的心理变化和情感需求，及时给予关心和支持，帮助他们树立正确的价值观和人生观。

（3）注重对学生的正面引导和教育。教师应该注重培养学生的道德观念和行为准则，帮助他们树立正确的道德观念和行为规范。在教育中，教师应该注重引导学生的积极情感和正面价值观，避免使学生产生负面情绪和消极观念的影响。

（4）注重教育方法的多样性和灵活性。教师应该根据不同的教育对象和教育情境选择不同的教育方法，注重理论与实践相结合，注重启发式教育和互动式学习，同时，也应该关注新兴技术和新媒体的发展，积极探索新的教育方式和手段，提高德育工作的实效性。

四、德育原则在大学生教育中的应用

在大学生教育中，德育原则的应用主要包括以下几个方面。

（一）尊重学生主体地位

1. 尊重学生的个性差异

每个学生都是独一无二的个体，拥有不同的兴趣爱好、特长和性格特点。这些差异不仅反映了每个人的独特性，也为教师提供了教育学生的机会。教师应该尊重这些差异，并以此为基础，为每个学生制订个性化的教育方案，帮助他们发挥自己的优势，培养他们的自信心和自尊心。

教师要深入了解每个学生的特点。通过观察、交流和评估，教师能够了解学生的兴趣爱好、学习能力、行为方式和价值观。通过这些信息，教师可以制订个性化的教育计划，以适应每个学生的需要和期望。

教师要尊重学生的个性，并鼓励他们发展自己的特长。每个学生都有自己的优点和潜力，我们应该鼓励他们发展这些特长，并给予他们足够的支持和鼓励。同时，我们也要尊重他们的兴趣爱好和价值观，为他们提供多元化的学习资源和机会，让他们能够按照自己的节奏和方式学习。

教师要关注学生的情感和心理健康。每个学生都有自己的情感需求和心理特点，我们需要关注他们的情感状态，帮助他们建立积极的情感态度和价值观。同时，教师也要给予他们足够的支持和关爱，让他们感到被尊重和理解。

教师要培养学生的自信心和自尊心。每个学生都有自己的优点和成就，教师应该鼓励他们相信自己有能力实现自己的目标，同时也应该尊重他们的成就和努力。通过表扬和鼓励，教师可以帮助学生建立自信心和自尊心，让他们更加自信地面对未来的挑战。

2. 关注学生的兴趣爱好和特长

每个学生都是独一无二的个体，他们有着各自的兴趣爱好和特长，这些特点对于他们的成长和发展都有着深远的影响。因此，教师应该深入了解学生的兴趣爱好和特长，并尽可能将德育教育与学生感兴趣的话题或活动相结合，激发他们的积极性和主动性。

了解学生的兴趣爱好和特长，可以帮助教师更好地了解学生的内心世界，从而更好地与学生建立联系。当教师能够与学生产生共鸣，理解他们的想法和感受时，教师就能更好地引导他们，帮助他们克服困难，培养积极向上的品质。同时，了解学生的兴趣爱好和特长也有助于我们选择合适的教育方法，针对不同学生的特点制订个性化的教育方案，提高教育效果。

将德育教育与学生感兴趣的话题或活动相结合，可以激发他们的积极性和主动性。在德育教育中，教师可以结合学生的兴趣爱好和特长，设计一些具有挑战性和趣味性的活动，让学生在参与过程中获得更多的成就感。例如，教师可以组织一些与环保、科技、文化等相关的主题活动，让学生通过亲身参与、实践和交流，培养他们的团队协作精神和创新能力。这些活动不仅可以增强学生的自信心和自尊心，还可以培养他们的责任感和使命感，让他们更加关注社会和他人，成为一个有爱心、有责任感的人。

关注学生的兴趣爱好和特长，还需要我们给予学生充分的支持和鼓励。教师应该尊重学生的个性差异，给予他们足够的空间和时间去发展自己的兴趣爱好和特长。同时，我们也要及时发现学生在成长过程中遇到的问题和困难，给予他们必要的帮助和支持。通过这样的方式，教师可以帮助学生更好地发挥自己的潜力，实现自我价值和社会价值的双重提升。

3. 鼓励培养学生的自主意识和思考能力

教师需要鼓励学生积极思考，勇敢面对问题，敢于挑战自己，让他们学会自主决策和解决问题。这样的培养过程不仅能够提高学生的思维能力，还能培养他们的自主意识和责任感。

教师需要通过各种德育活动和课程来引导学生思考和判断。在德育教育中，我们不仅要传授知识，更要注重培养学生的思考能力和判断力，通过引导学生对各种道德问题进行思考和讨论，让他们学会独立思考和判断，从而形成自己的价值观和道德观。同时，我们也要注重培养学生的自主意识，让他们意识到自己的行为和思想对自己和周围环境的影响，并能够承担相应的责任和后果。

教师可以通过德育实践活动来培养学生的自主意识和思考能力。德育实践活动不仅能够让学生亲身体验和实践，还能让他们在实践中学会自主思考和判断。例如，教师可以组织学生参加志愿者活动、社会调查、社区服务等实践活动，让学生在实践中了解社会、了解他人，同时，也能培养他们的责任感和自主意识。

教师要注重培养学生的自信心和自我管理能力。学生的自主意识和思考能力是需要通过自我实践和反思来培养的，自信心和自我管理能力则是实现自我实践和反思的基础。教师可以通过各种方式来提高学生的自信心和自我管理能力，如给予学生更多的机会和空间去尝试、去犯错误、去反思、去改正自己的错误等。

4. 注重培养学生的责任感和担当精神

德育教育的最终目标应该是培养具有责任感和担当精神的人，这不仅有助于个人成长，也对社会的发展和进步有着重要的影响。

教师应该让学生认识到自己的行为和思想对他人和社会的影响。我们生活在一个相互联系的世界中，每个人的行为都会对周围的人产生影响。通过教育学生理解这一点，他们可以更好地理解自己的责任和义务，从而在日常生活中做出更负责任的决定。

教师应该鼓励学生积极承担自己的责任和义务。责任感和担当精神是建立在自我认知和自我管理的基础上的。通过教育学生如何管理自己的时间和精力，如何处理人际关系，如何解决问题，教师可以帮助他们发展出更强的责任感和担当精神。

此外，教师可以通过各种方式来培养学生的责任感和担当精神。例如，教师可以组织各种形式的社区服务活动，让学生体验他们的行为对他人产生的影响，从而增强他们的社会责任感。教师也可以通过家庭教育和学校教育相结合的方式，培养学生的自我管理和自我约束的能力，从而培养他们的责任感和担当精神。

在教育过程中，教师也应该注重学生的个性发展，尊重每个学生的独特性，鼓励他们发挥自己的优势和特长，同时也要培养他们的自我反思和自我成长的能力。这样，学生不仅可以发展出更强的责任感和担当精神，也可以在未来的工作和生活中更好地适应社会的发展。

5. 开展互动式教学活动

开展互动式教学活动是德育教育中的一种有效方式，它能够让学生更加主动地参与到德育教育中来，从而让学生更好地理解和掌握德育知识。以下是一些建议，可以帮助教师设计互动性强、具有挑战性的教学活动。

（1）小组讨论：将学生分成小组，让他们围绕一个德育主题进行讨论。教师可以在讨论前提供一些引导性的问题，帮助学生更好地理解主题。在讨论过程中，教师可以鼓励学生发表自己的观点，同时引导他们尊重他人的意见，并倾听他人的观点。这种活动能够让学生在交流和辩论中深入理解德育知识。

（2）角色扮演：通过角色扮演活动，学生可以在实践中体验不同的情感和情境，从而更好地理解德育内容。教师可以选择一些适合的角色扮演材料，或引导学生自行创造情境和角色，让学生在扮演过程中体验不同的情感和行为，并从中学习德育知识。

（3）案例分析：教师可以选择一些具有代表性的德育案例，引导学生进行分析和讨论。这种活动能够帮助学生更好地理解德育知识的实际应用，并提高他们的分析能力和批判思维能力。

（4）辩论比赛：教师可以组织一些辩论比赛，让学生围绕一个德育主题进行辩论。这种活动能够激发学生的竞争意识和团队合作精神，同时，也能让他们更好地理解和掌握德育知识。

通过这些互动式教学活动的设计和实施，学生不仅能够更加主动地参与到德育教育中来，还能够更好地理解和掌握德育知识，提高自己的道德素养和综合素质。

6. 引导学生参与决策

引导学生参与德育教育的决策过程是一项重要的教育任务，有助于培养学生的主人翁意识和责任感，增强他们的参与感和积极性。

明确德育教育的目标和计划：教师需要明确德育教育的目标和计划，以便学生了解德育教育的重要性以及我们应该如何实现这些目标。这有助于学生了解自己的角色和责任，并让他们对德育教育有更清晰的认识。

建立开放沟通的渠道：为了让学生能够积极参与德育教育的决策过程，教师需要建立一个开放、平等的沟通渠道，鼓励学生提出自己的意见和建议。教师可以通过举办讨论会、小组讨论、线上论坛等活动，鼓励学生表达自己的想法和观点。

倾听学生的声音：在讨论会上，教师需要认真倾听学生的声音，尊重他们的意见和建议。教师需要认真分析学生的观点，并给予积极的反馈和指导。这样可以增强学生的参与感和自信心，让他们更加积极地参与德育教育的决策过程。

给予学生决策的机会：教师可以为学生提供一些决策的机会，让他们参与德育教育方案的制订和实施。例如，教师可以让学生参与德育教育活动的设计和组织，让他们提出自己的想法和建议。这样可以增强学生的主人翁意识，提高他们的参与感和责任感。

反馈和评估：教师需要定期对学生参与德育教育决策过程的情况进行反馈和评估。这有助于教师了解学生的想法和意见是否得到了实现，以及教师的决策是否得到了学生的认可和支持。同时，这也有助于教师不断改进德育教育方案，提高其有效性和针对性。

（二）注重情感教育

1. 情感教育是大学生德育教育的重要组成部分

大学生正处于情感发展的重要阶段，他们的情感、态度和价值观正处于形成和塑造的关键时期。因此，通过情感教育，教师可以帮助大学生培养健全的人格和良好的心理素质，使他们更好地适应社会和应对各种挑战。

情感教育有助于培养大学生的积极情感，提供良好的情感体验。情感教育强调情感的培养和情感的表达，通过情感交流和情感体验，大学生可以更好地理解自己的情感，并学会控制和管理自己的情绪。这种积极的情感体验可以帮助大学生更好地应对生活中的各种挑战，增强他们的自信心和自尊心。

情感教育有助于培养大学生的社会适应能力。情感教育强调人际交往和社交技巧的培养，通过情感交流和团队合作，大学生可以更好地了解他人，建立良好的人际关系，并学会在社会中与他人合作和交流。这种社会适应能力可以帮助大学生更好地适应社会环境和职业环境，增强他们的社会责任感和公民意识。

情感教育可以帮助大学生塑造正确的价值观和道德观念。情感教育强调道德品质的培养和道德观念的塑造，通过引导大学生了解道德规范和价值观，可以帮助他们形成正确的道德观念和价值观，增强他们的道德意识和责任感。这不仅可以帮助他们成为有道德、有责任感的人，还可以帮助他们更好地适应社会和应对各种挑战。

2. 关注学生的情感需求和心理健康

大学生正处于情感和心理发展的重要阶段，他们的情感需求和心理健康状况直接关系到他们的成长和发展。因此，教师需要认真关注学生的情感变化，了解他们的心理状态，及时给予支持和帮助，帮助他们树立正确的情感观念和价值观，增强自我调节能力，培养积极向上的心态。

我们需要深入了解学生的情感需求。大学生的情感需求是多方面的，包括亲情、友情、爱情、归属感等。我们需要关注学生的情感变化，及时发现他们的情感问题，给予关心和支持。同时，我们也要尊重学生的情感表达方式，尊重他们的隐私和权利，不随意评价和干涉他们的情感生活。

教师需要关注学生的心理健康状况。大学生的心理健康问题包括焦虑、抑郁、自卑、人际关系等问题。教师需要及时了解学生的心理状态，帮助他们克服心理障碍，增强自我调节能力。教师可以采取多种方式进行心理辅导，如个体咨询、团体辅导、讲座等，帮助大学生增强自我认知、自我调节和自我控制能力。

教师需要加强德育教育，帮助学生树立正确的价值观和情感观念。德育教育是培养大学生品德、人格、素质的重要途径。教师可以通过德育课程、实践活动、讲座等形式，帮助学生树立正确的世界观、人生观、价值观，增强他们的道德意识和社会责任感。同时，教师也要注重培养学生的情感素质，帮助他们树立正确的情感观念和价值观，增强他们的情感调节能力和自我控制能力。

3. 注重情感交流和沟通

在德育过程中，情感交流和沟通是至关重要的环节。教师要充分认识到情感交流的重要性，倾听学生的心声，了解他们的情感变化。教师可以通过与学生的互动和交流，来更好地了解他们的思想状况和行为表现，从而及时发现问题并给予指导。通过这种方式，教师可以更加全面地了解学生的心理状态，以便更好地为他们提供帮助和支持。

情感交流有助于增强师生之间的信任和关系。在德育过程中，师生之间的信任和关系是非常重要的。只有当学生信任教师，他们才会更愿意接受教师的指导和帮助。通过情感交流，教师可以与学生建立更加亲密的关系，增强彼此之间的信任和情感联系。这样，学生才会更加愿意与教师合作，积极参与德育教育活动，并从中获得更多的收获和成长。

在德育过程中，教师应该营造一种积极的、温馨的氛围，鼓励学生积极表达自己的想法和情感。当学生表达自己的观点时，我们应该认真倾听他们的意见和建议，并给予适当的反馈和支持。教师还可以组织一些活动或小组讨论，让学生之间互相交流、互相倾听，分享彼此的想法和情感体验。这样，学生可以更好地了解彼此的内心世界，增强彼此之间的理解和尊重。

此外，教师可以通过一些教育手段和方法来促进情感交流和沟通。例如，教师可以组织一些互动性的教学活动，让学生在互动中感受到彼此的情感和思想。教师还可以通过开展一些文化活动或游戏活动来增强师生之间的情感联系和互动。通过这些方法，教师可以让学生在轻松愉悦的氛围中表达自己的情感和思想，增强师生之间的信任和关系。

4. 引导学生关注社会热点问题

情感教育是教育的重要组成部分，它不仅关注学生的知识技能和学术成就，更注重培养学生的情感、态度和价值观。引导学生关注社会热点问题，是情感教育的重要内容之一，它有助于培养学生的社会责任感和公民意识，增强他们的社会适应能力和人际交往能力。

关注社会热点问题可以培养学生的同情心和同理心。当学生了解到社会上存在的各种问题，如贫困、环境污染、教育不公等，他们会对这些问题产生共鸣，感受到他人的痛苦和困扰。这种同情心和同理心会促使他们更加关注他人的需求，更加尊重和理解他人，从而增强他们的社会适应能力。

关注社会热点问题可以培养学生的公民意识。作为公民，学生应该对国家和社会的发展负责，积极参与公共事务，为社会的进步和发展贡献自己的力量。通过关注社会热点问题，学生可以了解国家和社会的发展状况，认识到自己的权利和责任，从而培养他们的公民意识。

此外，关注社会热点问题可以提高学生的人际交往能力。在与他人交流时，学生可以运用自己的情感知识和对社会问题的理解，与他人建立良好的关系。他们可以倾听他人的观点，理解他人的情感，从而更好地与他人合作和交流。这种人际交往能力的培养对于学生的未来发展具有重要的意义。

因此，教师和家长应该积极引导学生关注社会热点问题，鼓励他们了解社会现象，参与公共事务。教师可以通过组织讨论、讲座、实践活动等方式，引导学生思考和讨论社会问题，培养他们的情感和社会责任感。家长也应该给予孩子正确的引导和支持，鼓励他们关心社会、参与公益活动，增强他们的社会责任感和公民意识。

5. 开展心理健康教育课程和组织情感交流活动

开展心理健康教育课程和组织情感交流活动是实现情感教育的重要途径之一，这有助于培养和提高学生在情感方面的素养。

开展心理健康教育课程。在课程中，教师可以传授有关心理健康的基础知识，如心理健康的重要性、常见心理问题的识别和处理等。此外，教师还可以通过案例分析、小组讨论等形式，引导学生分析自己和他人的情感状态，提高他们的自我认知和自我调节能力。通过这种方式，学生可以更好地了解自己的情感状态，学会如何应对情绪波动，增强自我调节和情绪管理能力。

组织情感交流活动。高校可以定期组织各种形式的情感交流活动，如主题讲座、小组讨论、心理剧表演等。这些活动可以为学生提供一个表达情感、分享心声的平台，有助于增强他们的情感认知和人际交往能力。通过与其他同学的交流，学生可以更好地理解他人的情感状态，学会倾听和理解他人，从而建立更健康的人际关系。此外，高校还可以鼓励学生参与社会实践和志愿者活动，让学生在实践中体验和表达情感，增强他们的社会责任感和同理心。

除了以上两种方式，高校还可以采取其他措施来促进情感教育。例如，教师可以积极利用课堂氛围的营造，创造一个轻松、愉悦的学习环境，帮助学生放松心情、释放压力。此外，高校还可以开展丰富多彩的校园文化活动，如艺术节、体育比赛等，这些活动可以为学生提供展示自我、表达情感的舞台。

（三）强化实践体验

1. 实践体验有助于道德知识的转化

实践体验对于道德知识的转化起着至关重要的作用。这是因为，仅仅通过书本学习和理论讲解，学生可能只能对道德规范和价值观形成表面的理解，而无法深入到内心，不能真正将其内化为自己的行为准则。通过实践活动，学生可以更深刻的理解道德规范和价值观，从而更好地理解和掌握这些知识。

实践活动能够让学生直观地感受到道德规范的约束力和影响力。在实践活动中，学生需要面对各种道德两难情境，需要做出艰难的道德抉择。这样的经历可以让学生意识到道德规范的重要性，并学会在面临道德困境时如何做出正确的选择。

实践活动有助于学生深入了解道德价值观的内涵和意义。通过参与各种志愿活动、社区服务、团队项目等实践活动，学生可以亲身体验到道德价值观在实际生活中的体现和应用。这些经历可以帮助学生更好地理解道德价值观的本质，并学会如何在日常生活中践行这些价值观。

此外，实践活动可以培养学生的道德责任感和担当精神。在实践活动中，学生需要承担一定的责任和义务，需要为自己的行为负责。这样的经历可以让学生意识到道德行为的重要性，并学会在面对道德问题时勇于承担责任。

2. 实践体验有助于增强学生的道德情感

实践体验确实有助于增强学生的道德情感。具体来说，通过参与实践活动，学生能够亲身体验到道德行为的情感影响，从而对道德规范和价值观有更深层次的理解，并在情感层面上有所成长。

实践体验为学生提供了实践道德行为的机会。学生可以参与到各种情境中，例如在社区服务、志愿者工作或公益活动中，亲身感受到道德行为所带来的积极影响。这些经历可以让学生体验到正义感、同情心等道德情感，并认识到这些情感对于个人和社会的重要性。

实践体验有助于培养学生的道德责任感。通过参与实践活动，学生能够意识到自己的行为对他人和社会的影响，并逐渐形成一种责任感。这种责任感可以促使学生在日常生活中做出更符合道德规范的决策，并在面对道德困境时做出正确的选择。

实践体验可以增强学生的自我认同感。通过参与实践活动，学生可以发现自己的价值观与道德规范之间的联系，并逐渐形成自己的道德观念。这种自我认同感的增强可以帮助学生更好地理解自己，并增强他们的自信心和自尊心。

实践体验有助于培养学生的同理心。通过与他人共同经历某种情境，学生可以更好地理解他人的感受和需求，从而培养出更强的同理心。这种同理心的培养有助于学生建立良好的人际关系，促进人际关系的和谐发展。

3. 实践体验有助于培养学生的社会责任感

实践体验确实有助于培养学生的社会责任感。在现实生活中，我们每个人都是社会的一员，我们的行为和决策都会对周围的人产生影响。通过参与实践活动，学生可以更深入地理解这一点，从而培养出一种对社会和他人的责任感。

实践活动为学生提供了一个实际操作和体验的平台。他们可以在实践中观察自己的行为如何影响他人，以及自己的决策是如何影响社会发展的。这种直观的体验有助于学生认识到自己的行为并非孤立，而是与周围的人和环境紧密相连的。

参与实践活动可以增强学生的社会敏感性。通过观察、交流和合作，学生可以更好地理解社会问题，并意识到自己有能力改变现状。这种认识将有助于培养学生的同理心，使他们更加关注社会公正和公平，从而培养他们的积极的社会责任感。

在实践活动中，学生可以学习到如何做出符合道德规范的决策。通过参与实践活动，学生可以了解自己的行为是如何影响社会和他人的福祉，从而学会在面临各种选择时，如何做出更符合道德规范的决策。这种责任感将有助于学生在未来的社会生活中做出更负责任、更有益于社会的决策。

实践体验还可以培养学生的团队合作精神。在实践活动中，学生需要与他人合作，共同完成任务。这种合作精神将有助于培养学生的集体意识和团队精神，使他们更加关注团队的整体利益，从而为社会做出更大的贡献。

4. 体验式学习有助于学生的自我成长

体验式学习不仅可以增强学生的道德情感和社会责任感，还可以为学生提供自我成长的机会。在参与实践活动的过程中，学生可以发现自己的优点和不足，从而更好地认识自己，并寻求自我成长的机会。

为了实现强化实践体验这一目标，我们可以采取以下措施。

（1）组织志愿者活动：鼓励学生参与志愿者活动，如社区服务、环保活动等。这些活动不仅可以帮助学生增强社会责任感，还可以让他们在实际行动中体验到道德行为带来的快乐和成就感。

（2）社会实践：鼓励学生参与社会实践活动，如参观企业、参加实习等。这些活动可以让学生了解社会现实，增强他们的社会适应能力，同时也可以让他们在实际行动中体验到道德规范的实践价值。

（3）校园文化活动：组织各种校园文化活动，如辩论赛、演讲比赛、文艺演出等。这些活动不仅可以丰富学生的校园生活，还可以让学生在参与过程中增强自己的道德情感和实践能力。

（4）注重实际效果：在组织实践活动时，教师需要注重学生的参与度和实际效果。确保他们能够从中获得成长和收获，而不是简单地完成任务或走过场。

第二节　大学生德育的目标、内容与方法

一、大学生德育目标

（一）培养大学生的道德素质和价值观

道德素质和价值观是大学生成长和发展的基础。教师要注重培养大学生具备良好的道德品质和正确的价值观，帮助他们形成良好的行为习惯和社会责任感。

具体来说，教师可以从以下几个方面入手。

1. 树立正确的道德观念

大学生是国家的未来和希望，他们的道德观念和行为将直接影响到社会的文明程度和国家的繁荣昌盛。因此，教育大学生树立正确的道德观念至关重要。具体来说，应该包括以下基本道德规范。

（1）尊重他人：大学生要尊重他人的人格尊严和权利，不歧视、不侮辱、不歧视少数民族、残疾人等群体。

（2）诚实守信：大学生要诚实守信，不说谎、不欺诈、不违约，做到言行一致、表里如一。

（3）公正正义：大学生要遵守社会公德和法律法规，坚持公正、公平、公开的原则，不以个人利益为重，不应损害他人利益和社会公共利益。

（4）尊重法律：大学生要尊重法律，遵守法律法规，不违法乱纪，不参与非法组织和非法活动。

通过课堂教育、讲座、实践活动等多种形式，大学生可以深入理解这些道德规范，并在日常生活中自觉遵守，形成良好的道德品质和行为习惯。

2. 培养良好的行为习惯

良好的行为习惯是大学生综合素质的重要组成部分，也是他们未来走向社会、适应社会的基础。因此，教师应该通过各种形式的教育和实践，帮助大学生养成良好的行为习惯。

（1）遵守公共秩序：大学生在公共场所要保持安静、不大声喧哗、不乱扔垃圾、不随意插队等，维护公共秩序和社会文明。

（2）爱护公共设施：大学生要爱护公共设施，不随意破坏、不随意涂鸦、不随意占用公共资源等。

（3）尊重他人权利：大学生要尊重他人的权利和自由，不侵犯他人的隐私和个人信息，做到礼貌待人、尊重差异、包容多样性。

通过开展丰富多彩的校园文化活动和社会实践活动，大学生能在实践中养成良好的行为习惯，并逐渐内化为自身的品质和素养。

3. 强化道德教育

强化大学生的道德教育是提高他们道德素质和品德修养的重要途径。高校应该通过课堂教育、讲座、实践活动等多种形式，加强大学生的道德教育，帮助他们形成正确的道德观念和行为习惯。

（1）课堂教育：高校应在各门课程中渗透道德教育内容，注重培养大学生的道德意识和道德情感，引导他们树立正确的价值观和人生观。

（2）讲座：高校应邀请道德模范、专家学者等来校开展讲座，引导大学生深入思考道德问题，提高他们的道德认知和判断能力。

（3）实践活动：高校应组织各种形式的实践活动，如志愿者服务、社会调查、公益活动等，让大学生在实践中体验道德、践行道德，增强他们的道德意识和责任感。

（4）网络教育：高校应利用网络平台开展道德教育，如开设网络德育课程、开展网络道德讨论等，拓宽道德教育的渠道和方式。

（二）培养大学生的社会责任感和公民意识

大学生作为社会的中坚力量，应该具备强烈的社会责任感和公民意识。我们要注重培养大学生的社会责任感，使他们能够积极参与社会事务，为社会做出贡献。

具体来说，我们可以从以下几个方面入手。

1. 增强社会责任感教育

在课堂教育中，教师要注重培养学生的社会责任感，使他们认识到自己的责任和使命，积极参与社会事务。为了实现这一目标，高校可以采取以下措施。

教师应该引导学生关注社会问题，让他们了解社会的发展和变化，认识到自己在其中的作用和责任，通过讲解一些社会热点问题，如环境保护、贫困问题、教育公平等，让学生意识到自己的行动可以影响社会的发展。

教师可以组织一些讨论活动，让学生思考自己在社会中的角色和责任。通过讨论，学生可以更好地理解自己的价值观和道德观念，从而形成正确的社会责任感。

教师可以鼓励学生参与社会实践活动，如志愿者服务、社区服务、公益活动等。这些活动不仅可以增强学生的社会责任感，还可以培养他们的团队合作能力和人际交往能力。

2. 参与社会实践活动

参与社会实践活动是增强大学生社会责任感和公民意识的有效途径。通过组织各种形式的实践活动，如志愿者服务、社区服务、公益活动等，可以让大学生亲身参与社会事务，增强他们的社会责任感和公民意识。具体而言，高校可以采取以下措施。

高校可以组织志愿者服务活动，让学生参与其中。这些活动可以包括帮助老年人、帮助残疾人、参与环保活动等。通过这些活动，学生可以了解社会的多样性和复杂性，从而增强他们的社会责任感。

高校可以组织社区服务活动，让学生参与其中。这些活动可以包括帮助社区居民解决日常问题、维护公共设施等。通过这些活动，学生可以了解公共事务的重要性，从而增强他们的公民意识。

高校可以组织公益活动，如慈善义卖、环保宣传等。这些活动不仅可以增强学生的社会责任感和公民意识，还可以培养他们的团队合作精神和人际交往能力。

3. 培养公民意识

为了培养大学生的公民意识，高校需要教育他们具备一些基本的公民素质，如尊重法律、遵守法律、维护公共利益等。同时，高校还需要教育他们了解自己的权利和义务，积极参与公共事务，为社会做出贡献。具体而言，高校可以采取以下措施。

高校应该注重法律教育，让学生了解法律的基本原则和规定。通过法律教育，学生可以更好地了解自己的权利和义务，从而更好地参与公共事务。

高校应该鼓励学生积极参与公共事务，如选举投票、参加社区会议等。通过参与公共事务，学生可以了解公共决策的过程和结果，从而更好地维护公共利益。

高校可以组织一些公民教育活动，如讲座、研讨会等。这些活动可以帮助学生更好地了解公民的权利和义务，从而培养他们的公民意识。

二、大学生德育内容

（一）爱国主义教育

爱国主义是德育教育的基础和核心，是大学生应当具备的基本素质之一。爱国主义教育旨在培养大学生对祖国的热爱和忠诚，增强民族自豪感和凝聚力，树立正确的国家观、民族观和历史观。

（1）大学生应该了解中国历史和文化，认识中华民族的优秀传统和价值。

（2）大学生应该树立民族自尊心和自信心，增强民族自豪感和荣誉感。

（3）大学生应该热爱祖国，关心国家大事，积极参与国家和社会的建设和发展。

（4）大学生应该树立正确的国家观、民族观和历史观，自觉维护国家的统一和民族的团结。

（二）社会主义核心价值体系教育

社会主义核心价值体系是社会主义意识形态的重要组成部分，是大学生德育教育的重要内容之一。大学生应树立正确的世界观、人生观和价值观，自觉践行社会主义核心价值观，增强社会责任感和使命感。

（1）大学生应该了解社会主义核心价值体系的基本内涵和意义。

（2）大学生应该树立正确的世界观、人生观、价值观，自觉践行社会主义核心价值观。

（3）大学生应该积极参与社会公益事业，为社会进步和发展贡献自己的力量。

（4）大学生应该增强社会责任感和使命感，为实现中华民族伟大复兴而努力奋斗。

（三）公民道德教育

公民道德教育是德育教育的重要组成部分，旨在培养大学生具备基本的道德素质和行为规范，树立正确的道德观念和价值取向。

（1）大学生应该了解基本的道德准则和行为规范，如诚实守信、尊重他人、爱护公物等。

（2）大学生应该树立正确的道德观念和价值取向，自觉遵守社会公德和法律法规。

（3）大学生应该培养良好的道德品质和行为习惯，做到言行一致、诚实守信、尊重他人。

（4）大学生应该积极参与社会公益事业，为社会和谐稳定作出贡献。

（四）人文素质和科学精神教育

人文素质和科学精神教育是大学生德育教育的重要组成部分，旨在培养大学生具备较高的文化素养和科学精神，树立正确的世界观、人生观、价值观。

（1）大学生应该学习中国传统文化、文学、艺术等方面的知识，提高文化素养。

（2）大学生应该培养科学精神，掌握科学方法和思维模式。

（3）大学生应该树立正确的世界观、人生观、价值观，具备批判性思维和创新意识。

（4）大学生应该积极参加学术科研活动，提高自己的学术水平和创新能力。

（五）心理健康教育

心理健康教育是德育教育的重要组成部分，旨在培养大学生具备良好的心理素质和应对挫折的能力。通过心理健康教育，大学生可以更好地认识自己、调整心态、应对压力和挑战，更好地适应社会和生活。

（1）大学生应该学习心理健康知识，了解心理健康的重要性。

（2）大学生应该培养积极的心态和情绪管理能力，学会应对挫折和压力。

（3）大学生应该建立良好的人际关系，增强人际交往能力。

（4）大学生应该遇到心理问题时及时寻求帮助和支持，保持心理健康。

三、大学生德育方法

（一）课堂讲授与讨论

课堂讲授是大学生德育教育运用常见的一种方法，通过教师的讲解和引导，帮助学生了解德育知识，树立正确的价值观和道德观念。同时，课堂讨论也是德育教育中的一种重要方法，通过学生之间的讨论和交流，可以提高学生的思考能力和表达能力，增强学生的道德意识和责任感。

（二）实践与实习

实践与实习是大学生德育教育运用的另一种重要方法，通过参加实践活动和实习，学生可以亲身感受到道德行为的具体表现，加深对德育知识的理解和认识。在实践中，学生可以学习如何与人相处、如何处理人际关系、如何遵守社会公德等，这些技能对于学生未来的职业生涯也是非常有用的。

（三）志愿服务与社会实践

志愿服务和社会实践是大学生德育教育运用的另一种重要方法，通过参加志愿服务和社会实践，学生可以了解社会现实，增强社会责任感和公民意识。在志愿服务中，学生可以学习如何帮助他人、如何关心他人、如何维护公共利益等，这些技能对于学生未来的职业生涯也是非常有用的。

（四）心理咨询与辅导

心理咨询与辅导是大学生德育教育运用的一种特殊方法，通过心理咨询和辅导，学生可以了解自己的心理状态和行为表现，增强自我认知和自我调节能力。在心理咨询中，学生可以学习如何处理情绪问题、如何应对压力、如何克服困难等，这些技能对于学生的心理健康和未来的职业生涯也是非常重要的。

第二章　教育生态学视角下的德育环境

第一节　教育生态学概述

一、教育生态学的定义和特点

教育生态学是研究教育与周围生态环境之间存在的关系、相互作用的科学，是一门新兴的交叉学科。它以生态学的原理为指导，研究各种教育现象及其相互关系，揭示教育发展的规律，为提高教育质量、优化教育结构、促进教育发展提供理论依据。

教育生态学具有以下几个特点。

（一）系统性

教育生态学是一个跨学科的研究领域，它以生态学的原理为理论基础，将教育系统、社会系统、自然环境等多个子系统作为一个整体来研究。教育生态学认为，教育系统与社会系统、自然环境等多个子系统之间存在着相互作用、相互影响的关系，这些子系统之间相互作用、相互影响，构成了一个整体。因此，教育生态学的研究需要综合考虑多个方面的因素，以形成一个全面、系统的理解。

此外，教育生态学也强调各个子系统之间的联系和互动，认为各个子系统之间是相互依赖、相互依存的，它们之间的关系不是孤立的，而是相互影响、相互作用的。因此，教育生态学的研究需要注重各个子系统之间的联系和互动，以形成一个整体性的理解。

（二）动态性

教育生态学研究的是不断变化的教育环境，随着社会的发展和教育改革的推进，教育环境也在不断变化。因此，教育生态学需要不断跟踪新的教育现象，及时发现新的问题，提出新的解决方案。同时，教育生态学也需要关注教育环境的变化趋势，以便及时调整研究方向和策略。

此外，教育生态学也需要关注教育环境的稳定性与变化性之间的平衡。教育环境既包括自然环境、社会环境等外部环境，也包括教育系统内部的组织结构、管理制度、教学内容等内部环境。这些环境因素既存在一定的稳定性，又随着时间和条件的变化而变化。因此，教育生态学需要关注这些环境因素之间的平衡关系，以便更好地适应教育环境的变化。

（三）多样性

教育生态学研究的内容十分丰富，包括学校教育、家庭教育、社会教育等多个方面，同时，也涉及自然环境、社会环境等多个领域。这些不同的研究领域和教育环境构成了教育生态学的多样性。

此外，教育生态学也强调不同个体之间的差异性和多样性。每个学生都有自己的特点和优势，不同的学生需要不同的教育方式和策略。因此，教育生态学需要关注不同个体之间的差异性和多样性，以便更好地满足不同学生的需求。

同时，教育生态学也需要关注不同地区之间的差异性和多样性。不同地区的教育资源、文化背景、经济发展水平等存在差异，这些因素也会对教育生态产生影响。因此，教育生态学需要关注不同地区之间的差异性和多样性，以便更好地制订适应不同地区的教育政策和措施。

二、教育生态学的研究对象和内容

（一）教育生态学的研究对象

教育生态学是一门研究教育与周围生态环境之间关系的学科，包括学校教育、家庭教育、社会教育等多个方面。它的研究对象是教育与周围生态环境之间的关系，包括自然环境、社会环境、学校内部生态关系等多个方面。

（二）教育生态学的研究内容

1. 教育与自然环境的关系

研究自然环境对教育的影响，包括气候、地形、土壤、水文等自然条件对教育的影响，以及自然灾害对教育的冲击。生态学研究表明，自然环境的变化会对生态系统产生影响，同样地，自然环境的变化也会对教育系统产生影响。例如，气候的变化会影响学生的身体状况和心理状态，进而影响学生的学习效果；地形和土壤条件会影响学校设施的建设和布局，进而影响教育、教学的效果；水文条件则会影响水源的供应和污染情况，进而影响学校的卫生和健康状况。

2. 教育与社会环境的关系

教育生态学研究社会环境对教育的影响，包括政治、经济、文化、科技等社会因素对教育的影响，以及社会变革对教育的冲击。社会环境是教育生态系统的重要组成部分，它对教育的制约和影响是全方位的。政治制度、经济水平、文化背景、科技发展等都会对教育产生影响，进而影响教育的目的、内容、方法等。此外，社会变革也会对教育产生深远的影响，例如，社会价值观念的变化可能会导致教育理念的变化，进而影响教育的方向和目标。

3. 教育内部生态关系

教育生态学研究学校内部的教育生态关系，包括师生关系、生生关系、教师与领导之间的关系等，以及学校内部的课程设置、教学方法、评价机制等。学校内部的教育生态关系是教育生态系统的重要组成部分，它包括各种人际关系、组织关系、制度关系等。这些关系会对教育教学的效果产生直接或间接的影响。例如，师生关系的好坏会影响学生的学习积极性和学习效果；生生关系的好坏会影响学生的合作精神和竞争意识；教师与领导之间的关系则会影响学校的管理水平和教学质量。此外，学校内部的课程设置、教学方法、评价机制等也会对学生的学习效果产生影响。因此，教育生态学研究学校内部的教育生态关系，旨在构建和谐的校园生态，提高教育教学质量。

三、教育生态学的发展历程和现状

（一）教育生态学的发展历程

教育生态学是一门新兴的交叉学科，它的产生、发展与生态学、教育学等学科的发展密切相关。在过去的几十年中，教育生态学经历了萌芽阶段、形成阶段和发展阶段，逐渐发展成为备受关注的研究领域。

1. 萌芽阶段（20 世纪 50 年代至 70 年代）

这一时期，人们对教育问题的关注和研究开始增多，但是还没有形成系统的教育生态学理论。在这个阶段，一些学者开始尝试将生态学的原理和方法应用于教育领域，探索教育系统与生态环境之间的关系。例如，一些学者开始研究学校环境、师生关系、学生心理健康等问题，并尝试从生态学的角度进行分析和解释。

2. 形成阶段（20 世纪 80 年代至 90 年代）

在这个阶段，一些学者开始系统地研究教育生态系统，探索教育系统与生态环境之间的相互作用和影响。同时，一些学者也开始关注教育生态系统的结构和功能，以及教育生态系统中的生物多样性等问题。

3. 发展阶段（21 世纪初至今）

随着信息技术的快速发展和教育改革的不断深入，教育生态学也在不断发展壮大。在这个阶段，教育生态学的研究范围不断扩大，研究方法不断丰富，研究水平也不断提高。同时，教育生态学也开始与教育学、心理学、社会学等学科交叉融合，形成了更加全面和深入的研究体系。

（二）教育生态学的现状

目前，教育生态学已经成为一门备受关注的研究领域，并且在实践中得到了广泛应用。教育生态学的研究范围已经涵盖了从宏观的教育政策到微观的学生个体等多个层面，研究方法也包括定性研究和定量研究等多种方法。同时，教育生态学也得到了政府、学校、教师、学生等各方的支持和关注，在实践中得到了广泛应用。

教育生态学的发展和应用，对于提高教育质量、促进教育公平、优化教育资源配置等方面都具有重要的意义。同时，教育生态学也为其他相关领域的研究提供了新的思路和方法。

（三）未来发展趋势

未来，教育生态学将会继续保持快速发展的趋势，并将在以下几个方面取得新的进展：

（1）将教育生态学更加深入地研究教育生态系统中的生物多样性问题，探索不同类型学校、不同地域、不同文化背景下的教育生态系统之间的差异和联系。

（2）教育生态学将更多的信息技术和人工智能技术应用于教育生态学研究中，提高研究水平和效率。

（3）教育生态学将加强国际合作和交流，推动教育生态学在全球范围内的应用和发展。

（4）教育生态学将结合不同国家和地区的教育实践，探索适合不同地区的教育生态模式和管理体制，为全球教育的可持续发展提供经验和借鉴。

第二节　大学生德育的生态学环境

一、大学生德育的生态学环境的概念和特点

大学生德育的生态学环境是指以大学生为生态主体，存在于其周围的各种自然环境、社会环境、家庭环境、文化环境、校园环境等共同构成的大环境。生态学环境是一个多元的、开放的系统，具有以下几个主要特点。

（一）开放性

生态学环境是一个多元的、开放的系统，具有开放性特点。它与外界环境保持着物质、能量和信息的交换，不断适应着环境的变化和需求。这种开放性不仅有利于环境与外界环境的交流和互动，同时，也能够使得环境中的各个生态因素相互影响、相互作用，

从而不断促进环境的发展和变化。

开放性还意味着大学生德育的生态学环境是一个动态的环境，随着时间的推移和社会的发展，环境中的各个生态因素也在不断变化和更新。这种变化和更新不仅有利于大学生德育的不断发展，还能够使得大学生更好地适应不断变化的社会环境。

（二）多样性

大学生德育的生态学环境包含了多种不同的生态因素，如自然环境、社会环境、文化环境、家庭环境等。这些因素各自具有不同的特点和功能，共同构成了环境的多样性。

自然环境是大学生德育生态学环境的重要组成部分，它包括了山川、河流、森林、草原等自然景观和生态环境。自然环境不仅能够为大学生提供优美的环境和清新的空气，同时也能够培养大学生的环保意识和生态观念。

社会环境是大学生德育生态学环境中最为重要的因素之一，它包括了政治、经济、文化、教育等各个方面的内容。社会环境为大学生提供了丰富的教育资源和文化氛围，同时也为大学生提供了各种实践和锻炼的机会。

文化环境是大学生德育生态学环境中不可或缺的因素之一，它包括了各种文化传统、价值观等。这些文化因素不仅能够影响大学生的思想和行为，同时也能够为大学生提供精神上的支持和激励。

家庭环境也是大学生德育生态学环境中不可或缺的因素之一，它包括了家庭氛围、家庭教育、家庭文化等。家庭环境对大学生的成长和发展具有重要影响，家长应该注重家庭教育，为大学生提供良好的家庭氛围和正确的教育方式。

这些不同因素之间相互影响、相互作用，使大学生德育生态学环境具有多样性。这种多样性有利于大学生德育的全面发展，同时也能够为大学生提供更加丰富和多元的教育资源和实践机会。

（三）动态性

随着社会的发展和变化，大学生德育的生态学环境也在不断变化。这种变化既包括环境的内部变化，也包括环境与外界环境的相互作用。因此，大学生德育的生态学环境是一个动态的环境。

动态性是大学生德育生态学环境的本质特征之一，它反映了环境中的各个因素之间相互影响、相互作用的过程和趋势。随着社会的发展和变化，环境中的各个因素也在不断更新和变化，从而推动着环境的不断发展和进步。

同时，环境与外界环境的相互作用也是动态性的重要表现之一。环境与外界环境的交流和互动不仅有利于环境的更新和发展，还能够促进环境不断适应、应对变化的社会需求。这种动态性也有利于大学生更好地适应不断变化的社会环境，不断提高自身的适应能力和综合素质。

二、大学生德育的生态学环境的构成要素

大学生德育的生态学环境的构成要素主要包括以下几个方面。

（一）自然环境

大学生德育的生态学环境中的自然环境，包括空气、水、土壤、植被等自然元素，它们对大学生的生理和心理健康有着重要的影响。这些自然元素为大学生提供了生存和发展的基础，同时也对大学生的道德观念和行为规范产生着潜移默化的影响。例如，良好的空气质量有助于提高大学生的免疫力和身体健康水平，健康的身体状况有利于他们更好地接受德育教育；水源的污染会影响大学生的健康，同时也会对他们的道德观念产生不良影响；植被的多样性可以美化校园环境，同时也为大学生提供了放松和休闲的空间，有利于他们更好地体验和理解生态平衡的意义。

（二）社会环境

大学生德育的生态学环境中的社会环境，包括社会制度、文化传统、价值观念、人际关系等，它们对大学生的道德观念和行为规范有着重要的影响。社会环境是大学生德育的重要背景，它不仅提供了德育的环境和条件，也塑造了德育的方向和目标。例如，不同的社会制度和文化传统会对大学生的道德观念产生不同的影响，不同的价值观念和人际关系也会对大学生的行为产生不同的要求。因此，在德育过程中，教师应该注重对社会环境的分析和评价，引导大学生正确认识和理解社会环境对自身道德观念和行为规范的影响，从而使他们更好地适应社会环境，树立正确的道德观念和行为规范。

（三）家庭环境

大学生德育的生态学环境中的家庭环境，包括家庭氛围、家庭成员之间的关系、家庭经济状况等，它们对大学生的性格形成和价值观的形成有着重要的影响。家庭是大学生成长的第一课堂，家庭环境对大学生的性格形成和价值观的形成具有至关重要的影响。家庭氛围的和谐、平等，家庭成员之间的互相关爱、尊重和理解，以及家庭经济状况的稳定和良好，都会对大学生的性格形成和价值观的形成产生积极的影响。因此，在德育过程中，教师应该注重对家庭环境的分析和评价，引导大学生正确认识和理解家庭环境对自身性格形成和价值观的影响，从而更好地适应家庭环境，树立正确的价值观和人生观。

（四）校园环境

大学生德育的生态学环境中的校园环境，包括校园文化、校园设施、师生关系等，它们对大学生的学业成就和人格发展有着重要的影响。校园环境是大学生德育的重要场所，它为大学生提供了学习和生活的空间，同时也塑造了大学生的人格特点和行为习惯。校园文化是校园环境的灵魂，它包括校园风气、学术氛围、师生关系等，这些因素都会对大学生的学业成就和人格发展产生深远的影响。校园设施则是校园环境的物质基础，它包括教学设施、体育设施、生活设施等，这些设施的完善和合理利用都会为大学生提供更好的学习和生活条件。因此，在德育过程中，教师应该注重对校园环境的分析和评价，引导大学生正确认识和理解校园环境对自身学业成就和人格发展的影响，从而使他们更好地适应校园环境，发挥自己的潜力和特长。

三、大学生德育的生态学环境与德育的关系

大学生德育的生态学环境与德育之间存在着密切的关系。具体来说，这种关系主要体现在以下几个方面。

（一）环境是德育的重要载体

大学生德育需要通过一定的载体来实现，而生态学环境就是其中最重要的载体之一。生态学环境是一个复杂的系统，包括各种不同的因素和关系，这些因素和关系相互作用，共同影响着大学生的道德成长和人格发展。在生态学环境中开展的德育活动，可以更好地促进大学生的道德成长和人格发展。具体来说，生态学环境在大学生德育中的作用体现在以下几个方面。

1. 提供实践机会

生态学环境为大学生提供了丰富的实践机会，让他们实践道德行为，感受道德价值，从而更好地理解和掌握道德知识。在生态学环境中，大学生可以观察到各种生物和环境之间的关系，了解生态系统中的能量流动和物质循环，从而更好地理解道德行为的意义和价值。通过参与生态学实践活动，大学生可以亲身感受到道德行为所带来的积极影响，从而增强他们的道德意识和责任感。

2. 促进个性发展

生态学环境中的各种因素和关系可以促进大学生的个性发展，让他们在环境中不断探索、尝试、反思，从而形成自己的道德观念和行为方式。生态学环境中的多样性可以为大学生提供多种选择和可能性，让他们在实践中不断尝试和探索，从而形成自己的个性和价值观。通过与环境的互动，大学生可以更好地了解自己的优势和不足，从而调整

自己的行为和态度，形成更加健康和积极的个性。

3. 增强情感体验

生态学环境可以为大学生提供丰富的情感体验，让他们在与环境的互动中感受到道德的力量和价值，从而增强他们的道德情感和道德意识。生态学环境中的自然美和生命之美可以激发大学生的情感共鸣，让他们感受到生命的珍贵和美好。通过与环境的互动，大学生可以更加深入地了解道德的内涵和价值，从而增强他们的道德情感和意识。此外，生态学环境还可以为大学生提供情感支持和归属感，让他们感受到自己与自然、社会的联系，从而增强他们的社会责任感和公民意识。

（二）环境与德育相互作用

生态学环境与德育之间是相互作用的关系。一方面，德育可以通过影响环境的因素来改变环境的性质和特点；另一方面，环境的因素也可以通过影响大学生的心理和行为来影响德育的效果和质量。因此，大学生德育需要充分考虑环境的影响，并根据环境的实际情况调整自己的教育策略和方法。具体来说，可以通过以下几个方面来实现。

1. 优化校园环境

校园环境是大学生德育发展的重要载体，优化校园环境可以提高大学生的德育水平。为了实现这一目标，高校应该加强校园文化建设，营造良好的校园氛围，提供优质的校园设施，例如图书馆、运动场所、教学设备等。此外，高校还可以组织丰富多彩的校园文化活动，例如社团活动、文艺演出、讲座等，让学生在参与活动的过程中感受文化的魅力，培养他们的团队精神和综合素质。

优化校园环境不仅有助于提高大学生的德育水平，还可以促进校园的和谐稳定。因此，高校应该注重校园环境的维护和管理，确保校园环境的整洁、安全和美观。同时，高校还应该加强与家长、社区的沟通与合作，共同营造良好的校园氛围。

2. 引导大学生参与环境建设

大学生是未来社会的中坚力量，他们的环保意识和行为对于环境保护具有重要意义。因此，高校应该积极引导大学生参与环境建设，培养他们的环保意识和行为习惯。

高校可以组织环保主题的讲座、展览、宣传等活动，让大学生了解环保知识，增强他们的环保意识。学校可以鼓励学生参与环保社团、志愿者活动等，让他们在实践中了解环保的重要性，培养他们的环保行为习惯。此外，高校还可以通过制订环保规章制度、开展环保教育课程等方式，培养大学生的环保意识和行为习惯。

高校通过引导大学生参与环境建设来培养他们的责任感和使命感，增强他们的社会责任感和公民意识。同时，这种做法还可以促进校园的和谐稳定，营造良好的校园氛围。

3. 建立良好的家校合作关系

大学生的德育发展需要家庭和高校的共同关注和努力。因此，建立良好的家校合作关系对于促进大学生的德育发展具有重要意义。

高校应该加强与家长的沟通与合作，及时向家长反馈学生的思想动态和行为表现，共同关注学生的成长和发展。高校可以邀请家长参与学校组织的活动，例如家长会、座谈会、亲子活动等，加强家长对高校工作的了解和支持。此外，高校还可以建立家长微信群、QQ 群等交流平台，方便家长之间的沟通和交流，共同关注学生的成长和发展。

建立良好的家校合作关系可以增强家长和高校的默契度，提高双方对学生德育发展的重视程度。同时，这种做法还可以为大学生创造一个和谐稳定的成长环境，促进他们的健康成长和全面发展。

第三节　德育环境对大学生德育的影响

一、德育环境对大学生德育的影响机制

德育环境是指对大学生德育产生影响的各种外部条件和因素的总和。这些因素包括家庭环境、学校环境、社会环境、网络环境等。在这些环境中，各种因素相互作用，共同影响着大学生的德育效果。

（一）家庭环境

家庭是大学生德育的第一课堂，父母的教育方式和家庭氛围对大学生的德育具有重要影响。一个和谐、充满爱的家庭环境有利于培养大学生正确的道德观念和良好的行为习惯。父母应该注重对孩子的道德教育和家庭教育，以身作则，树立正确的道德观念，同时也要关注孩子的心理健康，培养其良好的心理素质和道德品质。

（二）学校环境

高校是大学生德育的主要场所，高校的规章制度、教学管理、师资水平、校园文化等因素都会对大学生的德育产生影响。一个良好的校园文化氛围，有利于培养大学生的集体主义精神、团队协作意识和良好的道德品质。高校应该注重校园文化建设，营造良好的校园氛围，开展丰富多彩的校园文化活动，让学生在活动中受到教育，培养其良好的道德品质和行为习惯。

（三）社会环境

社会环境包括社会风气、文化氛围、价值观念等因素，对大学生的德育具有潜移默

化的影响。积极的社会环境有利于培养大学生的社会责任感和公民意识，而消极的社会环境则可能对大学生的德育产生负面影响。大学生应该注重自身的道德修养，积极参与社会实践活动，了解社会现实，增强社会责任感和公民意识。同时，社会也应该加强道德教育和文化建设，营造良好的社会氛围，为大学生的德育提供良好的社会环境。

（四）网络环境

网络已经成为大学生日常生活中不可或缺的一部分，网络环境对大学生的德育也产生了重要影响。网络上的信息良莠不齐，一些不良信息可能会对大学生的道德观念产生负面影响。因此，大学生应该提高自身的信息辨别能力，不传播不良信息，不参与网络欺凌等行为，同时，也要注意保护自己的个人信息和网络安全。此外，社会也应该加强对网络环境的监管和管理，营造一个健康、文明、安全的网络环境，为大学生的德育提供良好的网络环境支持。

二、不同德育环境对大学生德育的影响效果

不同的德育环境对大学生德育的影响效果是不同的。一般来说，家庭环境和学校环境对大学生的德育影响更为直接和明显，社会环境和网络环境则具有更广泛和深远的影响。

（一）家庭环境对大学生的德育效果的影响具有长期性和稳定性

家庭环境对大学生的德育效果的影响具有长期性和稳定性，良好的家庭教育能够使大学生形成正确的道德观念和良好的行为习惯，有利于大学生未来的发展。家庭是大学生成长的第一课堂，父母是孩子的第一任老师，家庭环境对大学生的影响是潜移默化的，它通过日常生活中的点滴小事来影响大学生的道德观念和行为习惯。因此，家长应该注重家庭教育，注重培养孩子的道德品质和行为习惯，为孩子未来的发展打下坚实的基础。

（二）学校环境对大学生的德育效果的影响具有短期性和即时性

学校环境对大学生的德育效果的影响具有短期性和即时性，高校通过各种教育活动和规章制度，能够及时纠正大学生的不良行为，提高大学生的道德水平。高校是大学生接受系统化教育的主要场所，学校教育对大学生的德育效果具有重要影响。高校应该注重德育教育，通过各种教育活动和规章制度来规范学生的行为，及时纠正学生的不良行为，提高学生的道德水平。同时，高校还应该注重培养学生的独立思考能力和自主性，引导学生树立正确的价值观念和人生观。

（三）社会环境对大学生的德育效果的影响具有广泛性和深远性

社会环境对大学生的德育效果的影响具有广泛性和深远性，积极的社会环境能够促

进大学生形成正确的价值观念和社会责任感，而消极的社会环境则可能对大学生的道德观念产生负面影响，甚至导致一些不良行为的发生。社会环境对大学生的影响是全方位的，它通过各种社会现象和事件来影响大学生的思想观念和行为习惯。因此，社会应该注重营造良好的社会氛围，弘扬正能量，引导大学生树立正确的价值观念和社会责任感。

（四）网络环境对大学生的德育效果的影响具有复杂性和多样性

网络环境对大学生的德育效果具有复杂性和多样性，一方面，网络上的信息丰富多样，有利于大学生获取各种知识和信息，拓宽视野；另一方面，网络上的不良信息可能会对大学生的道德观念产生负面影响，甚至导致一些不良行为的发生。网络已经成为大学生生活中不可或缺的一部分，网络环境对大学生的影响也越来越大。网络上的信息丰富多样，既有有益的信息也有不良的信息，既有正面的信息也有负面的信息。因此，大学生应该保持警惕，增强自我保护意识，同时也要善于辨别信息真假，正确对待网络上的各种信息。此外，大学生还应该合理利用网络资源，发挥网络的积极作用，促进自身的发展和成长。总之，家庭、学校、社会和网络环境都对大学生的德育效果产生重要影响。因此，大学生应该注重自身品德修养，积极适应不同环境的变化，提高自身的道德水平和社会责任感。同时，家庭、高校和社会也应该共同努力，为大学生创造良好的成长环境，促进其全面健康发展。

三、改善德育环境以提高大学生德育效果的策略

为了提高大学生德育效果，改善德育环境需要从多个方面入手。

（一）家庭教育

家庭教育对于孩子的成长和发展具有至关重要的作用。家长应该注重家庭教育，注重培养孩子的道德品质和行为习惯，营造一个和谐、温馨、充满爱的家庭氛围。具体来说，家长应该做到以下几点。

1. 注重培养孩子的道德品质

道德品质是孩子成为优秀人才的基础，家长应该从小教育孩子要尊重他人、关心他人、诚实守信、有责任心等。家长可以通过讲故事、举例子、参与社区活动等方式，让孩子了解道德规范，并鼓励孩子在日常生活中实践这些准则。同时，家长也应该以身作则，树立良好的道德榜样，让孩子从家庭教育中获得正确的价值观和行为准则。

2. 注重培养孩子的行为习惯

行为习惯是孩子未来成功的关键之一，家长应该从小教育孩子养成良好的生活习惯和行为规范，例如，按时作息、勤俭节约、爱护公物、尊重他人等。家长可以通过制订

家庭规则、设立奖惩制度、监督执行等方式，帮助孩子养成良好的行为习惯。同时，家长也应该给予孩子充分的自由和自主权，让孩子在实践中逐渐形成自己的行为习惯。

3. 鼓励孩子参与家庭事务

家长应该鼓励孩子参与家庭事务，培养孩子的责任感和参与意识。这有助于增强孩子的自信心，也有助于建立和谐的家庭关系。家长可以让学生参与家务劳动、家庭决策等家庭事务，让孩子感受到自己是家庭的一份子，有义务为家庭做出贡献。同时，家长也应该给予孩子充分的支持和鼓励，让孩子在参与家庭事务中获得成就感和自信心。

4. 营造和谐的家庭氛围

家庭氛围对于孩子的成长和发展至关重要，家长之间要相互尊重、相互支持、相互理解，避免争吵和冲突。家庭成员之间的和睦相处有助于培养孩子的心理健康和良好的人际关系。家长应该建立开放、平等、互助的家庭关系，让孩子感受到家庭的温暖和和谐。同时，家长也应该注重自己的言行举止，树立良好的家庭榜样，让孩子在和谐的家庭氛围中健康成长。

（二）学校教育

高校是学生接受教育的重要场所，学校应该加强德育工作，注重培养学生的道德品质和行为规范。具体来说，高校应该做到以下几点。

（1）制订科学的德育计划，将德育工作纳入高校整体发展规划中，明确德育目标、内容和方法。

高校应该根据学生的年龄、心理特点和实际情况，制订科学的德育计划，明确德育的目标、内容和方法。德育目标应该注重培养学生的道德品质和行为规范，如诚实守信、尊重他人、团结友爱等。德育内容应该包括思想教育、道德教育、法制教育、心理健康教育等多个方面，涵盖学生的日常生活和学习。同时，高校应该将德育工作纳入学校整体发展规划中，给予其与他教育工作同等的重视，确保德育工作的有效实施。

（2）通过各种教育活动和规章制度来规范学生的行为，如课堂纪律、校园文明规范等，培养学生的纪律性和规则意识。

高校应该通过各种教育活动和规章制度来规范学生的行为，培养学生的纪律性和规则意识。例如，学校可以制订课堂纪律规定，要求学生遵守课堂秩序，尊重老师和其他同学；制订校园文明规范，要求学生保持校园整洁、文明用语等。同时，学校还可以通过开展主题班会、讲座、实践活动等多种形式的教育活动，引导学生树立正确的价值观和道德观念。

（3）注重德育效果，通过多种方式了解学生的德育情况，及时调整教育方法和策略，提高德育效果。

高校应该注重德育效果，通过多种方式了解学生的德育情况，及时调整教育方法和策略，提高德育效果。例如，高校可以通过问卷调查、访谈、观察等方式了解学生的德育情况，及时发现问题并采取相应的措施。同时，学校还可以建立德育档案，记录学生的德育表现和进步情况，为后续的教育工作提供参考。此外，高校还可以邀请专家学者、优秀教师等来校开展德育讲座和培训，提高教师的德育水平和能力。

（4）建立家校合作机制，加强与家长的沟通和合作，共同关注学生的德育问题，促进学生的全面发展。

高校应该建立家校合作机制，加强与家长的沟通和合作，共同关注学生的德育问题，促进学生的全面发展。学校可以通过家长会、家长座谈会、家访等方式与家长保持密切联系，及时向家长反馈学生的德育情况，听取家长的意见和建议。同时，高校还可以邀请家长参与学校的教育活动和决策过程，共同关注学生的成长和发展。此外，高校还可以组织志愿者服务、社会实践活动等，鼓励学生积极参与社会公益事业，培养他们的社会责任感和奉献精神。

（三）社会环境

（1）加强对网络环境的监管和管理，打击网络犯罪和不良信息传播，维护网络安全和秩序。

社会环境对于大学生的成长和发展非常重要。首先，政府相关部门需要加强对网络环境的监管和管理，防止不良信息的传播和网络犯罪的发生。这需要企业和个人共同努力。企业应该加强自我监管，加强对员工的教育和管理，确保他们遵守相关法律法规和道德规范。个人也应该增强自我保护意识，不传播不良信息，不参与网络犯罪活动，共同维护网络安全和秩序。

（2）弘扬社会主义核心价值观，引导人们树立正确的价值观和人生观，促进社会文明进步。

社会环境对于大学生的成长和发展也受到价值观的影响。政府相关部门应该弘扬社会主义核心价值观，引导人们树立正确的价值观和人生观，促进社会文明进步。这需要政府相关部门加强教育宣传工作，通过各种渠道向人们普及社会主义核心价值观的内容和意义，让人们了解和认同这些价值观。同时，政府相关部门也需要加强社会舆论的引导，让人们树立正确的价值观念和道德观念，促进社会文明进步。

（3）开展各种文化活动和社会公益事业，丰富人们的精神生活，增强人们的文化自信和社会责任感。

社会环境对于大学生的成长和发展也受到文化因素的影响。政府相关部门应该开展各种文化活动和社会公益事业，丰富人们的精神生活，增强人们的文化自信和社会责任感。这需要政府相关部门加强文化设施建设，提供更多的文化活动场所和资源，让人们有更多的机会参与文化活动。同时，政府相关部门也需要加强文化交流和合作，促进不同文化之间的交流和理解，增强人们的文化自信和社会责任感。

（4）加强对青少年的保护和教育，关注青少年的成长和发展，为他们创造一个健康、安全、和谐的社会环境。

青少年是社会的未来和希望，他们的成长和发展需要一个健康、安全、和谐的社会环境。政府相关部门应该加强对青少年的保护和教育，关注他们的成长和发展。这需要政府相关部门提供更多的安全保障措施和教育资源，加强家庭教育和社会教育，帮助青少年树立正确的价值观和人生观。同时，我们也需要加强对学校的教育和管理，加强教师和学生家长之间的沟通和合作，共同促进青少年的健康成长和发展。

（四）自我修养

大学生作为即将步入社会的成年人，应该注重自我修养，不断提高自己的道德素质和行为规范，树立正确的价值观和社会责任感。具体来说，大学生应该做到以下几点。

1. 树立正确的价值观和人生观

大学生正处于人生的重要阶段，这个阶段形成的价值观将会影响他们的一生。因此，大学生应该树立正确的价值观和人生观，明确自己的追求。在选择自己的职业和人生道路时，应该以实现自我价值和为社会做出贡献为目标，而不是追求短暂的利益和虚荣。同时，大学生应该学会区分正确的价值观和错误的行为，并在实践中不断反思和调整自己的行为，为未来的发展奠定基础。

2. 培养良好的学习习惯和生活习惯

大学生应该养成良好的学习习惯和生活习惯，这是提高自我修养和道德素质的基础。首先，大学生应该按时作息，保证充足的睡眠时间和学习时间。其次，大学生应该合理饮食，保持身体健康。此外，适量运动也是保持身体健康的重要方式，大学生可以选择适合自己的运动方式，如跑步、游泳、健身等。这些良好的习惯不仅有助于身体健康，还能提高学习效率和生活质量。

3. 积极参加各种社团活动和志愿服务

大学生应该积极参加各种社团活动和志愿服务，这不仅可以培养自己的组织协调能力和社会责任感，还能提高自己的综合素质。在社团活动中，大学生可以结交志同道合的朋友，拓展人际关系，增强社交能力，在志愿服务中，大学生可以锻炼自己的沟通能力和解决问题的能力，同时也可以为社会做出贡献。这些经历对大学生的未来发展非常重要。

4. 注重自我反思和总结

大学生应该注重自我反思和总结，及时发现自己的不足和问题，不断改进和提高自己。通过反思自己的行为和思想，大学生可以更好地认识自己，发现自己的优点和不足之处，从而制订出更加合理的目标。同时，大学生还应该学会总结经验教训，将失败转化为成功的动力，不断提高自己的能力和素质。

第三章 学风建设与大学生德育

第一节 学风建设的重要性

学风建设是高校校园文化建设的重要组成部分，是衡量一所高校办学水平、教育质量和管理水平的重要指标。良好的学风建设对于提高学生的学习质量、培养高素质人才、促进学生的全面发展具有重要意义。

一、学风建设是高校校园文化建设的重要组成部分

学风建设是高校校园文化建设的重要组成部分，是高校教育教学质量的重要保障，对于提高学生的综合素质、提高教学质量、培养高素质人才具有重要意义。在学风建设中，高校要从思想上认识到学风建设的重要性，积极推进学风建设，形成良好的学习氛围，为学生营造一个良好的学习环境。

学风建设要注重教育引导，要引导学生树立正确的学习态度和价值观，让学生认识到学习的重要性，认识到自己的责任和使命，积极参与到学风建设中来。同时，要注重培养学生的自主学习能力，鼓励学生积极参与课堂讨论、实践操作、学术研究等活动，不断提高自己的综合素质和能力水平。

学风建设要注重制度建设。要建立健全各项规章制度，规范学生的学习行为，加强对学生的管理，形成良好的学习秩序。同时，学风建设要注重对学生学习效果的评估和反馈，及时发现和解决学生学习中存在的问题和困难，不断完善教学管理和教学评价机制。

学风建设要注重校园文化氛围的营造，要积极开展各种形式的校园文化活动，如学术讲座、学术沙龙、文化节等，营造良好的学术氛围和文化环境，激发学生的求知欲和创造力。同时，学风建设要注重校园环境的建设和管理，营造一个整洁、优美、文明、和谐的校园环境，为学生的学习和生活提供良好的条件。

学风建设要注重学生干部的培养和管理。学生干部是学生中的优秀代表，是学风建设的积极推动者和实践者。高校要加强对学生干部的培养和管理，发挥学生干部的模范

带头作用，带动更多的学生参与到学风建设中来，同时，要注重对学生干部的考核和评价，及时发现和解决学生干部中存在的问题和不足，不断完善学生干部队伍的建设和管理。

二、学风建设有助于提高学生的综合素质

学风建设是高校教育工作的重要组成部分，对于提高学生的综合素质具有重要的作用。

良好的学风能够营造一个积极向上、严谨治学的氛围。在这样的氛围中，学生能够感受到学习的乐趣和挑战，不断激发自己的求知欲和探索精神。同时，良好的学风也能够促进师生之间的交流和互动，使学生能够更好地理解和掌握知识，不断提高自己的学习能力。

良好的学风能够培养学生的自律意识和自我管理能力。在良好的学风中，学生需要遵守一定的规则和规范，这有助于培养学生的自律意识和自我管理能力。通过自我管理，学生能够更好地规划自己的学习时间和精力，合理安排自己的学习任务和目标，不断提高自己的学习效率和质量。

良好的学风能够培养学生的团队合作精神和沟通能力。在良好的学风中，学生需要相互合作、相互支持，共同完成学习任务和目标。通过这样的合作和交流，学生能够更好地理解他人的想法和观点，学会倾听、理解和尊重他人的意见，从而更好地适应社会和职业发展的需要。

良好的学风能够提高学生的综合素质和竞争力。在良好的学风中，学生不仅能够学到专业知识，还能够培养自己的创新思维、实践能力和跨学科知识。这些能力和素质不仅有助于学生在未来的学习和工作中取得更好的成绩和表现，还能够提高他们的综合素质和竞争力，为他们未来的发展打下坚实的基础。

同时，学生自身应该积极参与到学风建设中来，树立正确的学习观念和态度，养成良好的学习习惯和方法，积极参与各种学术活动和实践项目，不断提高自己的综合素质和能力水平。

三、学风建设有助于提高教学质量

学风建设对提高教学质量的影响是非常重要的。一个良好的学风环境，不仅能够营造一个积极向上、富有创造性和创新性的学习氛围，还能够使学生更好地理解和掌握所学知识，从而显著提高教学质量和学生的学习效果。具体来说，学风建设在以下几个方

面有助于提高教学质量：

（一）营造良好的学习环境

营造良好的学习环境对于提高教学质量是非常重要的。一个积极向上、富有创造性和创新性的学习氛围能够激发学生的好奇心和求知欲，使学生更加积极主动地参与到学习中去。在这种环境中，学生能够更好地发挥自己的潜能，更加深入地了解所学内容，从而提高自己的学习效果。

营造良好的学习环境需要注重硬件设施的完善。高校应该提供足够的学习空间和资源，如图书馆、实验室、计算机房等，以满足学生的学习需求。此外，高校还应该注重校园环境的建设，提供优美的校园景观和良好的校园氛围，使学生能够在舒适的环境中学习。

营造良好的学习环境需要注重软环境的建设。高校应该注重师生关系的建立，建立良好的师生互动和沟通机制，鼓励学生积极提问、交流和讨论。此外，高校还应该注重校园文化的建设，开展丰富多彩的校园活动，鼓励学生积极参与，增强学生的团队协作能力和创新能力。

营造良好的学习环境也需要注重制度建设。高校应该制订科学合理的制度和管理办法，保障学生的学习权益，促进学生的学习和发展。同时，高校还应该加强教学质量的管理和评估，及时发现和解决教学中存在的问题，不断提高教学质量。

营造良好的学习环境还需要注重校园文化建设。高校应该注重学生综合素质的培养，开展丰富多彩的校园文化活动和社会实践活动，鼓励学生积极参与，增强学生的社会责任感和使命感。同时，高校还应该注重学生的心理健康和情感教育，为学生提供良好的心理支持和帮助，帮助学生更好地应对学习和生活中的挑战。

（二）激发学生的学习热情和兴趣

激发学生的学习热情和兴趣是提高学习效果的重要方法。一个良好的学风环境能够激发学生的好奇心和求知欲，使学生更加积极主动地参与到学习中去。在这种环境中，学生能够更好地理解和掌握所学知识，从而更加深入地了解所学内容。为了实现这一目标，高校可以采取以下措施。

高校应该注重营造一个积极向上的学习氛围。良好的学习氛围可以让学生感到放松、愉悦和舒适，从而更容易激发他们的学习热情和兴趣。高校可以组织一些有趣的活动，如小组讨论、角色扮演、案例分析等，让学生在轻松的氛围中交流思想、分享经验，增强彼此之间的互动和合作。

高校可以通过多样化的教学方式来激发学生的学习兴趣。不同的教学方式可以刺激学生的不同感官，激发他们的学习兴趣和热情。例如，高校可以使用多媒体教学、互动式教学、游戏化教学等方式，让学生在视觉、听觉、触觉等多种感官的刺激下学习知识，从而提高他们的学习效果。

高校可以通过设立奖励机制来激发学生的积极性。适当的奖励可以让学生感到自己的努力得到了认可和肯定，从而激发他们的自信心和学习动力。高校可以设立各种奖项，如优秀学生、进步之星、创新奖等，让学生获得成就感和自豪感，进一步增强他们的学习热情和兴趣。

（三）提高学生的自主学习能力

提高学生的自主学习能力是现代教育中非常重要的一个方面。自主学习的能力对于学生的未来发展具有至关重要的意义，能够让学生在未来的工作和生活中更好地适应不断变化的环境，更好地应对各种挑战。因此，我们需要从以下几个方面着手，来提高学生的自主学能力。

营造良好的学风环境是提高学生自主学能力的关键。一个良好的学风环境应该注重学生的主体地位，尊重学生的个性差异，提供更多的自主学习机会和资源。例如，高校可以设立自主学习中心、开放实验室、图书馆等场所，提供丰富的图书资料、网络资源、软件工具等，让学生可以根据自己的兴趣和需求自主选择学习内容和方式。同时，高校还可以开展各种形式的学术讲座、学术活动、学科竞赛等，鼓励学生积极参与，培养他们的学习兴趣和探索精神。

教师的作用非常重要。教师应该注重培养学生的自主学习意识和能力，引导学生自主思考、自主探究、自主解决问题。在教学过程中，教师应该注重启发式教学，引导学生发现问题、分析问题、解决问题，从而培养学生的独立思考能力和创新精神。同时，教师还应该注重与学生之间的互动和交流，及时了解学生的学习情况和需求，给予针对性的指导和帮助。

学生自身需要积极参与到自主学习中来。学生应该树立自主学习的意识，认识到自主学习的重要性，积极探索适合自己的学习方法和途径。例如，学生可以通过制订学习计划、选择学习资源、安排学习时间等方式来提高自己的自主学习能力。同时，学生还应该注重培养自己的学习兴趣和爱好，积极参与各种形式的学术活动和竞赛，拓宽自己的知识面和视野。

家长和社会应该给予学生充分的支持和鼓励。家长应该关注学生的自主学习情况，给予适当的指导和帮助，鼓励他们积极参与各种形式的学术活动和竞赛，培养他们的学习兴趣和探索精神。同时，社会也应该为学生的自主学习提供更多的机会和资源，例如提供各种形式的培训课程、学术讲座、实习机会等，让学生能够更好地发挥自己的潜力。

（四）促进师生互动和交流

师生互动和交流是教育过程中的重要环节，对于提高教学质量和学生学习效果具有重要意义。

1. 了解学生需求，针对性教学

教师通过与学生互动和交流，可以更好地了解学生的学习情况和需求，从而更好地指导学生。例如，教师可以了解学生对某个知识点是否理解，是否需要更多的练习，以及是否需要更多的时间来消化知识。通过这种方式，教师可以针对性地调整教学计划和方式，更好地满足学生的需求。

2. 增强学生自信心和学习动力

学生通过与教师的互动和交流，可以获得更多的关注和支持。当学生遇到困难时，教师能够及时给予帮助和指导，帮助学生解决问题，增强学生的自信心和学习动力。同时，学生也可以向教师请教问题，寻求帮助和支持，从而更好地掌握知识。

3. 提高教学质量和效果

师生互动和交流可以促进教师和学生之间的信息交流和反馈，从而更好地了解教学效果和学生学习情况。教师可以通过与学生互动和交流，了解学生对知识的掌握程度，发现教学中存在的问题和不足，从而及时调整教学计划和方法，提高教学质量和增强教学效果。

4. 建立良好的师生关系

师生互动和交流可以建立良好的师生关系，增强师生之间的信任和理解。通过互动和交流，教师可以更好地了解学生的个性、兴趣、爱好等方面的情况，从而更好地关注学生的成长和发展。同时，学生也可以更好地了解教师的教学风格、教学理念等方面的情况，从而更好地配合教师的教学工作。

四、学风建设有助于培养高素质人才

高校作为培养高素质人才的重要基地，其学风建设对于人才培养的质量起着至关重要的作用。良好的学风不仅是高校教育质量的体现，更是培养高素质人才的重要保障。

（一）学风建设有助于培养学生良好的道德品质

学风建设对于培养学生良好的道德品质具有积极的影响和作用。

学风建设有助于引导学生树立正确的世界观、人生观、价值观。在学风建设中，高校通过开展各种形式的道德教育活动，如讲座、研讨会、实践活动等，可以帮助学生了解道德规范和行为准则，引导他们形成正确的价值观，从而更好地适应社会和应对各种挑战。

学风建设有助于增强学生的社会责任感和使命感。在学风建设中，高校注重培养学生的社会责任感和使命感，通过引导学生关注社会问题、参与公益活动等方式，可以让学生认识到自己作为社会成员的责任和使命，从而更加积极地参与社会建设和公益事业。

学风建设有助于提高学生的道德水平。通过在学风建设中注重道德教育，学生能更加深入地了解道德规范和行为准则，从而更加自觉地遵守道德规范，提高自身的道德水平。同时，通过开展各种形式的实践活动，如志愿者服务、社会调查等，学生能在实际行动中体验道德行为的重要性，从而更加自觉地践行道德规范。

学风建设有助于培养具有高尚品德的人才。在学风建设中注重培养学生的道德品质，学生能形成高尚的品德并养成良好的行为习惯，从而更好地适应社会发展和个人成长的需要。同时，这种教育方式也可以为学校和社会培养出更多具有高尚品德的人才，为社会进步和发展做出积极的贡献。

（二）学风建设有助于培养学生良好的学习习惯

良好的学习习惯是提高学习效率、增强学习效果的重要保障。在学风建设中，注重对学生学习习惯的培养，有助于提高学生的综合素质和竞争力。

1. 制订科学的学习计划

制订科学的学习计划是培养学生学习习惯的基础。学习计划应该包括学习目标、学习内容、学习方法、时间安排等内容，应该根据学生的实际情况和学科特点进行制订。通过制订学计划，可以帮助学生明确学习目标，合理安排学习时间，提高学习效率。

2. 提供良好的学习环境

良好的学习环境是培养学生学习习惯的重要条件。高校应该提供良好的学习设施和环境，如图书馆、自习室、实验室、网络资源等，营造积极向上的学习氛围。同时，教师也应该关注学生的学习情况，及时给予指导和帮助，帮助学生克服困难，增强学习效果。

3. 鼓励学生自主学

自主学是培养学生学习习惯的关键。教师应该鼓励学生自主探究、自主学习，培养学生的学习兴趣和独立思考能力。同时，学校也可以通过开展各种形式的学术活动、讲座、竞赛等，激发学生的学习兴趣，帮助学生养成自主学习的习惯。

4. 培养良好的时间管理习惯

时间管理是提高学习效率的重要手段。教师应该引导学生树立正确的时间观念，合理安排时间，避免拖延和浪费时间。同时，学生也应该养成良好的作息习惯，保证充足的睡眠和休息时间，避免过度疲劳而影响学习效果。

5. 加强师生互动交流

在学风建设中，加强师生互动交流也是培养学生学习习惯的重要途径。教师应该关注学生的学习情况，及时与学生沟通交流，了解学生的需求和问题，给予指导和帮助。同时，学生也应该积极与教师互动交流，表达自己的想法和意见，提出建议和意见，促进教学相长。

6. 开展各种形式的评价激励措施

开展各种形式的评价激励措施是激发学生学习动力和热情的有效手段。高校可以通过设立奖学金、优秀学生评选、课外活动奖励等方式，鼓励学生积极参与学习活动，激发学生的学习动力和兴趣。同时，教师也应该给予学生充分的肯定和鼓励，帮助学生树立信心，提高学习的积极性和主动性。

7. 注重实践和创新能力的培养

实践和创新能力的培养是培养学生学习习惯的重要方面。高校应该提供各种形式的实践机会和创新平台，鼓励学生积极参与实践活动和创新项目，培养学生的实践能力和创新精神。同时，教师也应该注重培养学生的独立思考能力和解决问题的能力，鼓励学生勇于尝试、敢于创新，培养学生的学习能力和综合素质。

（三）学风建设有助于培养学生良好的学习方法

学风建设在培养学生良好的学习方法方面发挥着重要作用。学习方法直接影响学习效果，良好的学习方法能够帮助学生更好地理解和掌握知识，进而提高学习效率。在学风建设中，注重对学生学习方法的指导，有助于学生更好地适应学习环境，提高学习质量。

1. 开展学术交流活动

为了帮助学生掌握正确的学习方法，高校可以组织各种形式的学术交流活动，例如，定期举办学术讲座、研讨会、论坛等，邀请校内外的专家学者为学生讲解学科前沿知识和学习方法。此外，还可以组织学生之间的学习交流会，让学生分享自己的学习经验和方法，互相学习、互相促进。

2. 组织学习小组

学习小组是一种有效的学习方式，能够促进学生之间的交流和合作。高校可以组织不同学科、不同年级、不同班级的学习小组，让学生在小组内共同学习、讨论和解决问题。通过合作学习，学生可以互相帮助、互相激励，提高学习积极性和主动性。

3. 提供学习资源

高校可以为学生提供丰富的学习资源，如图书馆、电子阅览室、在线学习平台等。这些资源可以帮助学生更好地理解和掌握知识，提高学习效率。同时，高校还可以提供一些学习工具和软件，如学习笔记、思维导图、在线测试等，帮助学生更好地管理学习过程和提高学习效果。

4. 注重个性差异

每个学生都有自己的特点和优势，高校应该注重学生的个性差异，根据学生的不同需求和特点，提供个性化的学习方法指导。例如，对于一些学习成绩较差的学生，教师可以提供一些基础性的学习方法指导，帮助他们掌握基本的学习技巧和方法；对于一些学习成绩较好的学生，教师可以提供一些更高层次的学习方法指导，帮助他们更好地拓展自己的知识面和提升自己的综合素质。

5. 注重实践应用

学习的目的在于应用，高校应该注重培养学生将所学知识应用到实际生活中去的能力。因此，高校可以组织一些实践性的教学活动，如实地考察、社会实践、志愿服务等，让学生在实际应用中更好地理解和掌握知识，同时，这些活动也可以提高学生的综合素质和创新能力。

6. 建立学习档案

为了更好地了解学生的学习情况和需求，高校可以建立学生的学习档案。通过记录学生的学习成绩、作业完成情况、课堂表现等方面的情况，高校可以及时发现学生的学习问题和学习困难，从而提供更有针对性的学习方法指导。同时，建立学习档案还可以帮助学生更好地管理自己的学习过程和调整自己的学习方法。

（四）学风建设有助于培养学生的创新能力

学风建设是学校教育的重要组成部分，对于培养学生的创新能力具有重要作用。学风建设注重培养学生的创新意识和创新能力，鼓励学生勇于探索、敢于创新，培养他们的创新思维和创新能力，这对于学生的未来发展和社会进步都具有重要意义。

学风建设有助于培养学生的创新意识和创新精神。学风建设注重培养学生的独立思考能力和自主学习能力，鼓励学生勇于探索、敢于尝试新事物，培养他们的创新意识和创新精神。高校通过营造良好的学术氛围和校园文化，引导学生树立正确的价值观和人生观，激发他们的创新热情和创造力。

学风建设有助于提高学生的综合素质和创新能力。学风建设注重培养学生的综合素质，包括学术素养、实践能力、团队合作能力等。高校通过开展各种学术活动、实践活动和团队合作项目，鼓励学生积极参与、勇于实践，培养他们的创新能力和实践能力。同时，学风建设也注重培养学生的批判性思维和问题解决能力，引导学生从多个角度思考问题，提出新颖的解决方案，从而提高学生的综合素质和创新能力。

学风建设有助于推动学校教育改革和创新。学风建设注重培养学生的创新能力和实践能力，这需要高校教育进行相应的改革和创新。高校应该注重培养学生的自主学习能力和独立思考能力，鼓励学生积极参与各种学术活动和实践项目，加强实践教学和实验教学的力度，提高学生的实践能力和创新能力。同时，高校还应该加强师资队伍建设，提高教师的教育教学水平和创新能力，为学生的创新发展提供更好的支持和保障。

学风建设需要学校、教师、学生和社会各方面的共同努力。高校应该加强学风建设的管理和监督，营造良好的学术氛围和校园文化；教师应该注重培养学生的创新能力和实践能力，提供更好的教学资源和指导；学生应该积极参与各种学术活动和实践项目，培养自己的创新能力和实践能力；社会应该为学生的创新发展提供更好的支持和保障，营造良好的社会氛围和文化环境。

（五）学风建设有助于培养学生的实践能力

学风建设是学生教育管理工作的重要内容，也是培养学生综合素质的重要手段。在学风建设中，注重培养学生的实践能力，不仅有助于提高学生的综合素质，也有助于学生的未来职业发展。

实践能力是学生综合素质的重要组成部分。随着社会的发展，实践能力越来越受到重视。在当今社会，只有具备实践能力和创新精神的人才能够适应社会的需求，取得更好的职业发展。因此，在学风建设中注重培养学生的实践能力，有助于提高学生的综合素质，增强学生的竞争力。

学风建设有助于培养学生的实践能力和社会适应能力。通过多种形式的教育实践活动，如实习、社会实践、志愿服务等，学生可以将理论知识与实践相结合，增强自己的实践能力和社会适应能力。这些实践活动不仅可以帮助学生更好地了解社会，还可以提高学生的团队合作能力和沟通能力，为学生未来的职业发展打下坚实的基础。

在学风建设中注重培养学生的实践能力，也有助于提高学生的就业率。在当今社会，许多用人单位更加注重学生的实践能力和工作经验。因此，在学风建设中，高校应注重培养学生的实践能力，这可以帮助学生积累更多的实践经验，提高自己的就业竞争力，从而更容易找到满意的工作。

第二节　学风建设与大学生德育的关系

一、学风建设与大学生德育的关联性

学风建设和大学生的德育是高校教育中的两个重要方面，它们之间存在着密切的关联性。学风建设主要是指学校、院系、班级等各级组织和个体在教育教学过程中所表现出来的学习态度、学习风气和精神风貌。大学生德育则是指大学生在成长过程中，通过思想、政治、道德等方面的教育，它可以帮助大学生形成正确的世界观、人生观和价值观。

（一）学风建设是大学生德育的基础和前提

学风建设是大学生德育的基础和前提是非常正确的观点。学风建设是高校校园文化建设的重要组成部分，是衡量一所高校办学水平、教育质量和管理水平的重要标志，也是高校培养高素质人才的重要保障。因此，加强学风建设对于大学生德育具有非常重要的意义。

学风建设是大学生德育的基础。学风是指学生在学习过程中所表现出来的精神状态和行为特征，包括学生的学习态度、学习方法、学习氛围、学习环境等方面。良好的学风环境能够激发学生的学习热情和积极性，培养他们的自主学能力和创新精神，从而为德育提供良好的基础。相反，如果学风建设不佳，就会影响到学生的学习态度和行为习惯，进而影响到德育的效果。因此，加强学风建设是大学生德育的基础和前提。

学风建设有助于培养学生的思想道德素质。高校教育的核心是培养具有高度思想道德素质的人才，学风建设正是实现这一目标的重要途径之一。在良好的学风环境中，学生能够树立正确的世界观、人生观、价值观，增强爱国情怀和社会责任感，从而为德育提供良好的思想基础。同时，通过参与各种学术活动、社会实践和志愿服务等活动，学生还能够增强自己的社会责任感和团队协作精神，培养良好的道德品质和行为习惯。

学风建设有助于提高学生的学习效果。良好的学风环境能够营造一种积极向上的学习氛围，激发学生的学习兴趣和动力，从而提高学生的学习效果。同时，建立良好的师生关系、加强师生之间的交流和互动，能够帮助学生更好地理解和掌握知识，增强学生的学习自信心和成就感。

（二）大学生德育是学风建设的保障和推动力

1. 大学生德育是学风建设的保障

大学生德育是高校教育的重要组成部分，它旨在培养大学生具备正确的价值观、人生观、世界观。通过德育教育，大学生能够明确自己的学习目标和发展方向，增强自我约束力和自我管理能力，从而为学风建设提供保障。

德育能够引导大学生树立正确的价值观。在大学阶段，学生面临着各种价值观的冲击和选择，德育可以帮助他们形成正确的价值观念，避免受到不良价值观的影响。例如，德育可以强调诚信、公正、责任等基本价值观，引导大学生在学术、生活和社交等方面做出正确的选择。

德育能够增强大学生的自我约束力和自我管理能力。在学风建设中，自我约束和自我管理是至关重要的。德育可以通过一系列课程和实践活动，帮助大学生掌握有效的学习方法和管理技巧，培养他们独立思考和解决问题的能力，从而增强他们在学风建设中的自我约束力和自我管理能力。

德育可以为学风建设营造良好的氛围。德育不仅可以引导大学生形成正确的价值观和人生观，还可以增强他们对于学校的认同感和归属感。通过德育，高校可以营造一种积极向上、团结协作、相互尊重的校园文化氛围，这有助于形成良好的学风。

2. 大学生德育是学风建设的推动力

大学生德育是学风建设的推动力。德育可以提高大学生的综合素质。通过德育，大学生可以学习到更多的知识、技能和思维方式，这些都可以帮助他们更好地适应社会和未来发展。同时，德育还可以培养大学生的团队协作精神和创新精神，这些对于学风建设具有重要的推动作用。

德育可以促进学术交流和合作。在大学校园中，学术交流和合作是学风建设的重要组成部分。通过德育教育，大学生可以更好地了解学术界的现状和发展趋势，提高自己的学术水平和能力。同时，德育教育也可以促进师生之间的交流和合作，建立良好的师生关系，营造和谐的学术氛围。

德育教育可以激发大学生的积极性和创新精神。在德育教育中，大学生可以接触到各种新兴技术和思想，激发他们的积极性和创新精神。这种积极性和创新精神不仅可以推动学术研究和学科发展，还可以为学风建设注入新的活力和动力。

二、学风建设对大学生德育的影响

学风建设对大学生德育具有重要影响。一个良好的学风环境能够激发大学生的学习热情和积极性，培养他们的自主学习能力和创新精神，从而为德育提供良好的基础。同时，学风建设也能够促进大学生形成良好的道德品质和行为习惯，增强他们的自我约束力和自我管理能力。具体来说，学风建设对大学生德育的影响主要体现在以下几个方面。

（一）学风建设能够促进大学生形成正确的价值观和人生观

一个良好的学风环境能够引导大学生树立正确的学习态度和目标，使学生展现出积极向上的精神风貌。在这种良好的学风环境下，大学生能够更加注重自我发展、自我完善，追求更高的人生目标。这种积极的态度和价值观将会影响大学生的行为方式和思想观念，从而使他们在日常学习、生活中形成正确的价值观和人生观。

（二）学风建设能够增强大学生的自我约束力和自我管理能力

良好的学风环境能够激励大学生积极参与学习和实践活动，培养他们的自律意识和自主能力。在学风建设的推动下，大学生将会更加注重自我管理、自我约束，不断增强自己的自我约束力和自我管理能力。这种自我约束力和自我管理能力不仅能够帮助大学生更好地适应社会和生活，还能够促进他们养成良好的道德品质和行为习惯，为德育提供良好的基础。

（三）学风建设能够促进大学生之间的交流和合作

在一个良好的学风环境中，大学生之间能够相互学习、相互帮助、相互激励，形成一种积极向上的氛围。这种氛围能够增强大学生的集体荣誉感和团队合作精神，促进他们之间的交流和合作。通过相互交流和合作，大学生能够更好地理解彼此、尊重彼此、包容彼此，从而为德育提供良好的氛围和支持。同时，这种交流和合作也能够促进大学生之间的友谊和团结，增强他们的社会责任感和使命感。

三、大学生德育对学风建设的作用

大学生德育对学风建设的作用具体体现在以下几个方面。

（一）引导大学生树立正确的学习态度和目标

德育可以帮助大学生树立正确的学习态度和目标，使他们能够明确自己的学习目的和意义，从而提升他们的学习动力和积极性。通过德育，大学生可以了解自己的社会责任和使命，认识到学习对于个人成长和未来发展的重要性，从而更加珍惜学习的机会，积极投入到学习中去。

（二）培养大学生的自律意识和自主能力

德育可以培养大学生的自律意识和自主能力，使他们能够自觉地遵守学校规章制度，养成良好的学习习惯和生活习惯。通过德育，大学生可以学会自我管理、自我监督和自我评价，从而形成良好的道德品质和行为习惯。这些良好的习惯和品质可以促进大学生养成良好的学风，为学风建设提供坚实的基础。

（三）增强大学生的集体荣誉感和团队合作精神

德育还可以增强大学生的集体荣誉感和团队合作精神，促进他们之间的交流和合作。在大学校园中，学风建设不仅仅是个人的事情，也需要大家的共同努力和支持。通过德育，大学生可以意识到自己在学校中的角色和责任，积极参与校园文化建设，为营造良好的学风环境贡献自己的力量。同时，大学生之间的交流和合作也可以促进形成浓厚的学术氛围，从而为学风建设提供良好的环境。

第三节　大学生学风建设的途径

一、加强学风建设的制度建设

制度是学风建设的基础，只有建立健全相关制度，才能确保学风建设的规范化和长期化。具体措施包括以下几点。

（一）制订学风建设方案，明确建设目标、任务和措施

制订学风建设方案是学风建设的基础性工作，需要明确建设目标、任务和措施。具体来说，高校应该根据实际情况，制订符合高校特点的学风建设方案，明确学风建设的总体目标、阶段性目标、重点任务和具体措施。同时，高校应该注重方案的可行性和可操作性，确保方案能够得到有效实施。

（二）建立学风建设责任制，明确各部门的职责和任务

建立学风建设责任制是确保学风建设规范化和长期化的重要措施。各部门应该根据高校要求，明确各自在学风建设中的职责和任务，确保各项工作能够得到有效落实。同时，高校应该建立完善的责任考核机制，对各部门的工作进行监督和考核，确保学风建设工作取得实效。

（三）完善学风建设考核机制，将学风建设成效纳入教师和学生的考核体系

完善学风建设考核机制是确保学风建设长期化和规范化的重要手段。高校应该将学风建设成效纳入教师和学生的考核体系，对教师和学生的教学和学术行为进行监督和评估。同时，应该建立完善的奖惩机制，对表现优秀的教师和学生给予表彰和奖励，对表现不佳的教师和学生督促其进行整改。

（四）建立学风建设监督机制，加强对学风建设工作的监督和评估

建立学风建设监督机制是确保学风建设工作规范化和长期化的重要保障。高校应该建立完善的监督机制，加强对学风建设工作的监督和评估，同时，应该建立信息公开机

制，及时公开学风建设工作的进展情况和成效，接受广大师生和社会各界的监督。

除了以上提到的具体措施外，还可以采取以下措施来加强学风建设。

（1）加强宣传教育，提高师生对学风建设的认识和重视程度。高校可以通过各种渠道，如校园网、微信公众号、宣传栏等，宣传学风建设的重要性和意义，提高师生对学风建设的认知和重视程度。

（2）建立健全学术规范制度，加强对教师和学生的学术规范教育和管理。高校应该建立健全学术规范制度，明确学术规范的要求和标准，加强对教师和学生的学术规范教育和管理，确保学术行为符合规范要求。

（3）开展学术诚信教育活动，增强师生学术诚信意识。高校可以开展各种形式的学术诚信教育活动，如讲座、论坛、展览等，增强师生学术诚信意识，营造良好的学术氛围。

（4）建立学生导师制度，加强对学生学习指导和监督。高校可以建立学生导师制度，选拔有经验的教师担任学生导师，加强对学生的学习指导和监督，帮助学生养成良好的学习习惯和方法。

（5）加强教学管理，提高教学质量和效果。高校应该加强教学管理，建立完善的教学质量监控体系，加强对教师教学质量的评估和反馈，提高教学质量和效果。

二、营造良好的学习氛围

（一）优化教学环境

良好的教学环境是营造良好学风的重要基础。高校应该注重教学环境的优化，营造舒适、安静、整洁的教学环境，为学生的学习创造一个良好的氛围。具体来说，高校可以采取以下措施。

（1）高校应该保持教室、实验室、图书馆等场所的清洁卫生，确保环境整洁。

（2）高校应该合理规划教学场所，确保教室、实验室、图书馆等资源充足，满足学生的学习需求。

（3）高校应该增加教学设施，如更新教学设备、改善网络环境等，提高教学效率和质量。

这些措施不仅可以为学生提供一个良好的学习环境，还可以增强学生对高校的归属感和认同感，从而促进学风建设。

（二）开展丰富多彩的学术活动

开展丰富多彩的学术活动是营造良好学风的重要手段。高校可以组织各种形式的学术活动，如讲座、研讨会、实践课程等，吸引学生参与其中，激发学生的学习热情和兴趣。具体来说，可以采取以下措施。

（1）定期邀请知名专家学者来校开展讲座，拓宽学生的知识面和视野。

（2）组织学生参加各种学术研讨会，鼓励学生发表自己的见解和观点，培养其独立思考和创新能力。

（3）开展实践课程，如实验室操作、实地考察等，增强学生的实践能力和综合素质。

这些措施不仅可以激发学生的学习兴趣和热情，还可以提升学生的学术素养和综合素质，从而促进学风建设。

（三）建立学风小组

建立学风小组是营造良好学风的重要方式。高校可以鼓励学生自发组织学风小组，鼓励学生相互学习、交流、合作，形成良好的学风氛围。具体来说，高校可以采取以下措施。

（1）鼓励学生自发组织学风小组，学校给予一定的支持和指导。

（2）定期组织学风小组活动，如学术交流、小组讨论、课题研究等，促进小组之间的交流和合作。

（3）对学风小组进行评估和奖励，鼓励优秀的小组继续保持并发挥更好的成绩。

这些措施不仅可以增强学生的团队协作能力和沟通能力，还可以培养学生的学术素养和创新能力，从而促进学风建设。总之，良好的学风建设需要学校、教师、学生等多方面的共同努力。通过优化教学环境、开展丰富多彩的学术活动、建立学风小组等措施，高校可以营造良好的学风氛围，促进学生的学习和发展。

三、强化学生自我教育和管理

学生是学风建设的主体，应该充分发挥学生的主观能动性，通过以下措施来强化学生自我教育和管理：

（一）开展学生座谈会

通过定期组织学生座谈会，高校可以了解学生的需求和意见，及时反馈和解决学生面临的问题。这有助于增强学生与学校之间的沟通，增强学生对学风建设的参与感和责任感。在座谈会上，高校可以邀请学生代表发言，分享他们的学习经验、心得和困惑，同时也可以听取其他学生的意见和建议，并及时给予反馈和解决。

（二）鼓励学生参与学风建设工作

鼓励学生参与学风建设工作，可以增强学生的自我教育和管理能力，同时也可以促进学风建设的深入开展。学生可以通过担任学生干部、参与学术活动组织等方式，积极参与到学风建设中来。高校应该为学生提供更多的机会和平台，让他们参与到学风建设中来，也要给予他们必要的支持和指导。

（三）建立学生学风档案

建立学生学风档案，可以记录学生的表现和进步，激励学生自我提升。学校可以为学生建立个人学风档案，记录学生的学业成绩、课堂表现、学术活动参与情况等。通过定期检查和评估学生的学风档案，高校可以及时发现学生的问题和不足，并给予指导和帮助。同时，也可以通过激励学生的进步和成就，增强学生的自信心和自我管理能力。

四、建立有效的监督和评价机制

建立有效的监督和评价机制，对于学风建设具有重要意义。具体措施包括以下几个方面。

（一）定期开展学风建设评估

为了有效评估各部门的学风建设工作，高校应该定期开展学风建设评估，对各部门进行考核和评价。评估的内容应该包括学生的学习态度、学习行为、学习效果等方面，评估结果应该客观公正，并且公开透明。同时，评估结果还应该作为各部门年度考核的重要依据，推动学风建设的持续改进。

（二）建立反馈机制

反馈机制是监督和评价机制的重要组成部分，高校应该建立及时、有效的反馈机制，对发现的问题及时反馈和整改。这可以通过设立学生意见箱、开展学生座谈会、发放调查问卷等方式实现。同时，高校还应该及时回应学生的反馈意见，对存在的问题进行整改和改进。

（三）将学风建设成效作为高校发展的重要指标之一

学风建设是学校发展的重要组成部分之一，应该将学风建设成效作为学校发展的重要指标。这可以通过将学风建设成效纳入高校发展规划、制订相关政策、加强学风建设宣传等方式实现。同时，高校还应该加强监督和评价机制的建设，推动学风建设的持续改进。

五、加强教师队伍建设，提高教学质量

教师是学风建设的关键因素之一，应该通过以下措施来加强教师队伍建设，提高教学质量。

（一）优化教师队伍结构，引进高水平教师，提高教师整体素质

教师是学风建设的关键因素之一，因此，优化教师队伍结构、引进高水平教师和提高教师整体素质是加强教师队伍建设的重要措施。具体来说，这可以通过以下方式实现。

1. 增加高水平教师的引进

高校应该积极引进具有高水平、高学历、高能力的人才，充实教师队伍，提高整体素质。

2. 优化教师队伍结构

高校应该根据学科特点和发展需要，合理配置教师资源，使教师队伍结构更加合理、高效。

3. 加强教师培训和交流活动

高校应该定期组织教师参加各种培训和交流活动，提高教师的教育教学水平。同时，鼓励教师之间的交流和合作，加强团队协作精神。

（二）开展教师培训和交流活动，提高教师的教育教学水平

除了优化教师队伍结构外，开展教师培训和交流活动也是提高教师教育教学水平的重要措施。具体来说，这可以通过以下方式实现。

1. 定期组织教育教学培训

高校应该定期组织教育教学培训，帮助教师掌握先进的教育理念和方法，提高教育教学水平。

2. 鼓励教师参加学术交流活动

高校应该鼓励教师参加各种学术交流活动，了解学科前沿动态，提高学术水平和教学质量。

3. 加强团队合作

高校应该鼓励教师之间的合作和交流，通过团队合作共同解决教学和科研中的问题，提高整体水平。

（三）建立教学质量监控机制，对教师的教学质量进行评估和反馈

建立教学质量监控机制，对教师的教学质量进行评估和反馈也是加强教师队伍建设的重要措施之一。具体来说，这可以通过以下方式实现。

1. 制订教学质量评估标准

高校应该根据学科特点和发展需要，制订科学、合理的教学质量评估标准，对教师的教学质量进行全面、客观的评估。

2. 建立教学质量评估体系

高校应该建立教学质量评估体系，包括学生评教、同行评价、领导评价等多种方式，对教师的教学质量进行全面、客观的评估和反馈。

3. 加强教学督导工作

高校应该加强教学督导工作，对教师的教学过程进行监督和指导，及时发现和解决问题，提高教学质量。

六、重视心理健康教育，引导学生树立正确的学业观念

心理健康是学生学习和发展的重要保障，应该通过以下措施来进行心理健康教育，引导学生树立正确的学业观念。

（一）开设心理健康教育课程，普及心理健康知识

为了提高学生的心理健康水平，高校应该开设心理健康教育课程，向学生普及心理健康知识。课程应该包括心理健康的定义、重要性、影响因素以及如何保持心理健康的方法等内容。通过课程的学习，学生可以了解心理健康的基本概念，掌握一些自我调节的方法，从而更好地应对学业压力和挫折。

此外，高校还可以通过举办心理健康讲座、心理辅导活动等形式，向学生传递心理健康的重要性，提高学生对心理健康的重视程度。

（二）建立心理咨询服务，为学生提供心理支持和帮助

高校应该建立心理咨询服务，为学生提供心理支持和帮助。咨询服务可以通过面谈、电话、网络等形式进行，为学生提供个性化的心理支持和指导。高校应该鼓励学生在遇到学业、人际关系、情感等方面的问题时，主动寻求心理咨询服务，以便及时得到帮助和支持。

此外，高校还可以通过开展团体辅导活动，帮助学生建立良好的人际关系，增强学生的自信心和自我调节能力。

（三）引导学生正确看待学业压力和挫折，树立积极向上的心态

高校应该通过各种途径引导学生正确看待学业压力和挫折，树立积极向上的心态。首先，高校可以通过心理健康教育课程和讲座等，向学生传授应对学业压力和挫折的方法，如深呼吸、放松训练、积极的自我暗示等。其次，高校可以鼓励学生参加各种有益身心的课外活动，如体育运动、文艺比赛等，以转移注意力，放松心情。

此外，高校还可以通过引导学生树立正确的学业观念，鼓励学生积极面对学业挑战，培养他们的自信心和自我调节能力。高校可以鼓励学生与优秀的同学进行交流和学习，了解他们的成功经验和方法，从而激发自己的学习动力和自信心。

七、开展丰富多彩的学术活动，提高学生综合素质

学术活动是提高学生综合素质的重要途径之一，高校可以通过以下措施来开展丰富多彩的学术活动。

（一）举办各类学术讲座和研讨会

为了拓宽学生的知识面和视野，高校可以定期邀请校内外的专家学者来校举办各类学术讲座和研讨会。讲座的主题可以涵盖各个学科领域，如文学、历史、哲学、经济、社会学等。通过参加这些讲座和研讨会，学生可以接触到最新的学术研究成果和前沿观点，了解学科发展趋势，提高自己的综合素质。此外，高校还可以组织学术沙龙活动，为学生提供一个自由交流、互相学习的平台，促进学生之间的学术交流和合作。

（二）鼓励学生参加各类学科竞赛和科研项目

为了培养学生的创新能力和实践能力，高校可以鼓励学生参加各类学科竞赛和科研项目，例如，鼓励学生参加国内外知名大学组织的学术竞赛，如数学建模竞赛、计算机编程竞赛等。通过参加这些竞赛，学生可以锻炼自己的团队协作能力和解决问题的能力。此外，高校还可以组织学生参加科研项目，鼓励学生参与教师的科研工作或自主申请科研项目。通过参与科研项目，学生可以深入了解学科领域的前沿问题，培养自己的科研能力和创新精神。

（三）开展社会实践活动

为了增强学生的社会责任感和实践能力，高校可以组织学生参加各类社会实践活动，例如志愿者服务活动、社会调查、实地考察等。通过这些实践活动，学生可以将理论知识应用于实践，增强自己的社会责任感和实践能力。此外，高校还可以与企业合作，组织学生参加实习活动，让学生了解企业的运作和管理，提升自己的职业素养和实践能力。

第四章 美育与大学生德育

第一节 美育的概念与内涵

一、美育的定义

美育，也被称为美感教育或者审美教育，是一种重要的教育方式，旨在通过培养人的审美观、以及感受美、鉴赏美和创造美的能力，以陶冶人的情操、提升人的精神境界。美育的主要目标是培养学生的审美能力、创造美的能力以及情感教育，促进学生全面发展。

美育的核心是审美能力的培养。审美能力是指人们对美的感知、理解和创造的能力，是帮助人们认识世界的一种重要能力。通过美育，学生可以学会如何欣赏美、鉴别美，从而更好地理解和体验生活。这种能力的培养不仅有助于提高学生的文化素养，还能促进学生的心理健康，增强他们的幸福感。

美育注重创造美的能力的培养。美不仅仅是一种客观存在，更是人们对生活的态度和情感的表达。通过美育，学生可以学会如何将自己的情感、思想和文化融入到艺术作品中，从而创造出具有美感的作品。这种能力的培养不仅有助于提高学生的艺术素养，还能增强学生的自信心和创造力，使他们能够更好地应对生活中的挑战。

美育是一种情感教育。情感是人类基本的需求之一，也是人们体验生活的重要方式。通过美育，学生可以学会如何表达自己的情感、如何与他人建立情感联系，从而更好地理解和尊重他人。这种情感教育不仅有助于培养学生的社交能力，还能增强学生的情感认知和情感调控能力，使他们能够更好地面对生活中的挫折和困难。

二、美育与审美教育、艺术教育的关系

美育、审美教育与艺术教育之间的关系是非常密切的，它们在教育系统中扮演着重要的角色。

（一）共同目标

美育、审美教育与艺术教育，这些词汇经常在教育领域中被提及，它们都旨在提高

学生的审美素养和艺术能力，共同目标是培养学生的情感、感知和创造力。这三者之间存在着紧密的联系，它们的教育理念和实践方式也有很多相似之处。

美育是一种以培养学生审美观为核心的教育。它注重培养学生的审美观念，引导学生形成正确的审美标准，让他们能够欣赏和评价各种美的形式，如艺术、音乐、文学等。美育教育旨在提高学生的审美能力，让他们能够更好地理解和欣赏生活中的美，从而提高他们的生活质量。

审美教育则是一种注重培养学生感知能力和创造力的教育。它通过引导学生观察、思考和表达，帮助他们发展敏锐的感知力和洞察力，使他们能够从不同的角度去理解和欣赏美。同时，审美教育也注重培养学生的创造力，鼓励他们通过各种形式表达自己的感受和想法，从而增强他们的创新能力和自信心。

艺术教育则是美育和审美教育的具体实施方式之一。它通过教授各种艺术形式，如绘画、音乐、舞蹈、戏剧等，来培养学生的艺术技能和审美能力。艺术教育不仅注重技术的传授，更注重培养学生的艺术情感和创造力，让他们能够以艺术的形式表达自己的思想和情感。

这三者之间的共同目标就是提高学生的审美素养和艺术能力。它们都注重培养学生的情感、感知和创造力，通过引导学生发现美、欣赏美、创造美，帮助他们获得愉悦和满足。同时，它们也注重培养学生的创新能力和自信心，让他们能够以艺术的形式表达自己的思想和情感。

在现代教育中，美育、审美教育和艺术教育的重要性越来越受到重视。它们不仅有助于提高学生的综合素质，还有助于培养学生的创新能力和创造力，为他们未来的发展打下坚实的基础。因此，高校应该积极推广这些教育形式，让更多的学生受益。

（二）相互关联

美育、审美教育与艺术教育之间存在着密切的相互关联的关系，它们共同构成了教育体系中不可或缺的重要组成部分。审美教育侧重于培养学生的审美感知和评价能力，通过培养他们对美的感知和理解，使他们能够更好地欣赏和鉴别艺术作品。而艺术教育则更注重对各种艺术形式和技巧的教学，通过学习各种艺术形式和技巧，学生可以更好地理解和欣赏美。这两个教育领域之间的相互关联体现在以下几个方面。

审美教育与艺术教育是相互促进的。审美教育侧重于培养学生的审美感知和评价能力，通过各种形式的艺术教育活动，如绘画、音乐、舞蹈、戏剧等，学生可以更加深入地理解和欣赏美。艺术教育则能够提供更多的艺术形式和技巧的教学，使学生能够更好地运用自己的审美感知和评价能力去欣赏和创造美。因此，这两个教育领域是相互促进的关系。

美育将审美教育与艺术教育相结合，能够更好地提高学生的审美素养和创造力。美育是教育体系中一种重要的教育理念和方法，它通过情感熏陶、精神升华和个性发展，将审美教育融入日常教学活动之中。通过美育，学生可以更好地理解和欣赏美，同时也能更好地培养自己的审美观念和品位，从而提高他们的生活质量和幸福感。此外，美育还能够激发学生的创造力和创新精神，使他们能够更好地发挥自己的潜力。

美育、审美教育与艺术教育之间的相互关联也体现在社会文化发展方面。随着社会经济的发展和人们生活水平的提高，人们对美的追求越来越高，对美的认知和评价能力也越来越重要。因此，审美教育和艺术教育在社会发展中扮演着越来越重要的角色。它们不仅能够培养人们的审美素养和创造力，还能够促进社会文化的发展和进步。

（三）审美教育是核心

审美教育，顾名思义，是指通过各种审美活动和体验，培养学生感受美、鉴赏美、创造美的能力，并帮助他们树立正确的审美观念和道德观念的一种教育方式。在美育中，审美教育无疑是核心内容，因为它关乎学生精神世界的塑造和成长，关乎他们对生活、对世界的认识和理解。

审美教育能够提高学生的审美能力。审美教育通过引导学生欣赏各种美的形式，如音乐、绘画、文学、雕塑等，帮助他们形成对美的基本感知和欣赏能力。在这个过程中，学生能够感受到美的独特魅力，激发他们的想象力和创造力，进而培养他们的审美情趣。这种审美能力的提高，不仅能够增强学生的艺术修养，还能帮助他们更好地发现生活中的美，从而提升他们的生活质量和幸福感。

审美教育能够塑造学生的心灵。审美教育不仅仅是关于美的欣赏和创造，更是关于人性、道德、情感等方面的教育。通过审美教育，学生能够理解美的本质和价值，进而树立正确的审美观念和道德观念。在这个过程中，学生能够塑造健康、积极、向上的心灵。这种心灵的塑造，不仅能够增强学生的个人素养，还能促进他们的人际交往和社会适应能力。

审美教育能够培养学生的创新精神和实践能力。审美教育不仅是一种对知识的学习和对技能的掌握，更是一种对创新精神和实践能力的培养。通过审美教育，学生能够学会从不同的角度看待事物，激发他们的创新思维和创新能力。这种创新精神和实践能力的培养，不仅有助于他们在未来的学习和工作中取得成功，还能为社会的发展和进步做出贡献。

（四）艺术教育是实现审美教育的手段

艺术教育确实是实现审美教育的重要手段之一。艺术教育不仅仅是教授大学生各种艺术形式和技巧，更重要的是通过这些形式和技巧，培养学生的审美能力和情感表达。

艺术教育可以帮助学生更好地理解和欣赏美。通过学习绘画、音乐、舞蹈、戏剧等艺术形式，学生可以接触到不同的艺术语言和表现手法，从而培养自己的审美眼光。这些技能和知识不仅可以帮助他们欣赏到各种艺术作品的美，而且还可以应用到他们的日常生活中，让他们去发现和欣赏身边的美。

艺术教育有助于培养学生的情感表达。通过学习各种艺术形式，学生可以学会如何通过艺术手段来表达自己的情感和思想。这种情感表达不仅可以帮助他们更好地理解自己，而且还可以让他们与他人进行情感交流和沟通。在艺术教育中，学生可以学习如何通过绘画、音乐、舞蹈等方式来表达自己的情感和思想，从而增强自己的情感表达能力。

艺术教育可以培养学生的创造力和创新精神。通过学习各种艺术形式和技巧，学生可以培养自己的创造力和创新精神。他们可以尝试不同的表现手法和方法，探索新的艺术形式和风格，从而激发自己的创造力和想象力。这种创造力和创新精神不仅可以帮助他们在艺术领域取得成功，而且还可以应用到其他领域，为他们的未来发展打下坚实的基础。

艺术教育可以促进学生的全面发展。除了审美能力和情感表达外，艺术教育还可以培养学生的社交能力、团队合作能力和自信心等。在艺术教育中，学生需要与他人合作完成各种任务和项目，这有助于培养他们的团队合作能力和沟通能力。同时，艺术教育也可以帮助学生建立自信心，因为，通过自己的努力和创造力来创作出优秀的艺术作品可以带来成就感。

（五）美育促进全面发展

美育在促进全面发展方面具有重要的作用。它不仅关注审美教育和艺术教育，还注重学生的全面发展，包括学生的情感、智力、道德、身体和创造力等方面的发展。通过美育，学生能够更好地理解世界，增强自身的文化素养和综合素质，更好地适应社会和未来发展。

美育能够帮助学生建立正确的价值观和道德观。美育通过艺术、文学、音乐、舞蹈等手段，传达了真、善、美的价值观念，引导学生追求高尚的道德品质和美好的人生。通过情感熏陶和精神升华，美育能够帮助学生树立正确的价值观和道德观，培养他们的责任感和担当精神。

美育能够促进学生的智力发展。美育涉及的学科领域非常广泛，包括文学、艺术、音乐、舞蹈、戏剧等。这些学科领域能够激发学生的好奇心和求知欲，培养他们的观察力、想象力和创造力。通过美育的学习，学生能够更好地理解世界，增强自身的思维能力和解决问题的能力。

美育能够帮助学生培养良好的情感和个性。美育通过情感熏陶和精神升华，能够帮助学生培养积极向上的心态和乐观开朗的性格。同时，美育也能够培养学生的审美观念和审美能力，让他们学会欣赏美、鉴别美和创造美。这些品质对于学生的未来发展和社会适应能力都具有重要的意义。

美育注重学生的身体健康和创造力的发展。美育中的体育活动能够增强学生的身体素质和抵抗力，培养他们的健康意识和自我保护意识。同时，美育中的艺术创作和创意活动能够激发学生的创造力和想象力，培养他们的创新意识和创新精神。这些能力对于学生的未来发展和适应社会都具有重要的意义。

第二节　美育对大学生德育的影响与作用

一、美育在德育中的地位

美育，也被称为审美教育或美感教育，是德育的重要组成部分。它通过引导学生欣赏美的形式和表现，培养他们的审美观念和审美能力，从而达到德育的目的。在德育中，美育的地位非常重要，它不仅是德育的重要手段，也是德育的重要内容。

（一）美育是德育的重要手段

美育作为德育的重要手段，对于道德品质的提升起到了非常重要的作用。德育不仅仅是关于道德知识、道德规范的教育，更是关于人的情感、价值观、人格的教育。美育通过引导学生欣赏美的形式和表现，培养他们的情感、价值观和人格，从而促进道德品质的提升。通过美育，学生可以更好地理解和体验道德规范，更好地理解和接受道德价值观，从而更好地践行道德行为。

此外，美育还可以通过培养学生的审美观念和审美能力，帮助他们形成正确的审美标准，从而使他们更好地辨别美与丑、善与恶，避免在现实生活中受到不良审美观念的影响。同时，美育也可以引导学生树立正确的审美观和价值观，增强他们的社会责任感和公民意识，为社会的和谐稳定和进步作出贡献。

（二）美育是德育的重要内容

美育作为德育的重要内容，对于德育的影响也非常深远。德育不仅仅是一种社会规范，更是一种文化传承和价值体系。美育作为文化传承和价值体系的重要组成部分，对德育的影响是潜移默化的。通过美育，学生可以更好地理解文化的内涵和价值，更好地传承文化的传统和精髓，从而更好地践行道德规范和正确的价值观。

此外，美育还可以帮助学生培养正确的审美观念和审美能力，让他们在面对各种社会现象和文化问题时能够作出正确的判断和选择。因此，美育对学生的个人成长和社会发展都具有非常重要的意义。

二、美育对大学生情感、价值观的影响

美育对大学生情感、价值观的影响是非常显著的。通过美育，大学生可以更好地理解和体验情感，更好地塑造自己的价值观。

（一）美育对大学生情感的影响

美育是培养大学生情感素养的重要途径。通过美育，大学生可以更好地理解和体验情感，更好地控制自己的情感反应，从而更好地应对生活中的各种挑战和困难。

美育可以促进大学生情感的发展。美育注重情感体验和情感表达，通过艺术、音乐、文学等美育形式，大学生可以更好地了解和体验各种情感，从而促进情感的发展。同时，美育还可以帮助大学生更好地认识和理解自己的情感，从而更好地控制自己的情感反应。

美育可以帮助大学生建立积极的情感态度。美育注重情感的积极性和正面性，通过美育，大学生可以更好地认识和理解自己的情感，从而建立积极的情感态度，增强自信心和自尊心。

（二）美育对大学生价值观的影响

美育对大学生价值观的影响也是非常显著的。通过美育，大学生可以更好地理解事物的本质和意义，更好地塑造自己的价值观，从而更好地践行道德规范和价值观。

美育可以帮助大学生树立正确的价值观。美育注重审美和道德的统一，通过美育，大学生可以更好地理解事物的本质和意义，从而树立正确的价值观。同时，美育还可以帮助大学生更好地认识和理解道德规范和正确的价值观，从而更好地践行道德规范和正确的价值观。

美育可以帮助大学生塑造正确的价值观体系。美育注重情感的塑造和升华，通过美育，大学生可以更好地塑造自己的价值观体系，从而形成积极向上的价值观体系。

三、美育在促进大学生道德品质提升中的作用

美育在促进大学生道德品质提升方面发挥着重要的作用。通过美育，大学生可以更

好地理解和体验道德规范和正确的价值观，更好地塑造自己的道德品质和人格。

（一）培养道德意识

美育可以帮助大学生更好地理解和认识道德规范和价值观，从而培养他们的道德意识。通过美育，大学生可以了解道德规范和正确的价值观的内涵和意义，深入思考道德问题，形成正确的道德观念。同时，美育也可以通过引导大学生欣赏美的形式和表现来培养他们的审美观念和审美能力，从而促进他们的道德意识更加符合美的标准。

（二）促进道德行为

美育不仅可以帮助大学生培养正确的道德意识，还可以使大学生更好地理解道德行为的意义和价值，从而更好地践行道德行为。美育可以激发大学生的道德情感，使他们更加关注他人的感受和利益，从而形成更加积极的道德品质。

（三）塑造人格品质

美育可以帮助大学生塑造健康的人格品质，包括自信、自尊、自爱、自强等。通过美育，大学生可以更好地认识自己的优点和不足，从而更好地调整自己的行为和态度，形成更加积极向上的人格品质。

（四）增强情感体验

美育可以帮助大学生增强情感体验，包括爱、同情、感激等积极的情感体验。通过美育，大学生可以更好地理解情感表达的方式和技巧，从而更好地表达自己的情感，增强人际交往能力。

四、美育对大学生心理健康的影响

美育对大学生心理健康的影响也是非常显著的。通过美育，大学生可以更好地调节自己的情绪和心理状态，更好地应对生活中的各种挑战和困难。

（一）美育有助于大学生情绪的调节

美育对大学生心理健康的影响首先体现在情绪调节方面。大学生正处于一个情感丰富、变化多端的人生阶段，他们面临着学业、就业、人际关系等多方面的压力，容易产生焦虑、抑郁等不良情绪。而美育通过引导大学生欣赏自然美、艺术美、生活美等，帮助他们开阔视野，丰富情感体验，培养对生活的热爱和乐观的态度，从而有助于调节情绪，保持心理平衡。

（二）美育有助于大学生心理健康的发展

美育对大学生心理健康的另一个重要影响是促进其心理健康的发展。通过美育，大学生可以更好地认识自己，了解自己的优点和不足，从而更好地调整自己的行为和态度。

同时，美育还可以培养大学生的审美能力，使他们能够更好地辨别美与丑、善与恶，从而形成正确的价值观和道德观。此外，美育还可以增强大学生的自信心和自尊心，使他们更加乐观向上，积极面对生活中的各种挑战。

第三节　大学生美育的实施途径

一、课堂美育教学：美术、音乐、舞蹈等课程的美育作用

课堂美育教学在大学生美育中具有重要地位，通过美术、音乐、舞蹈等课程的美育作用，能够促进大学生的审美能力和艺术鉴赏力的提升。

（一）美术课程的美育作用

美术课程是培养学生审美能力和美学素养的重要途径之一。通过绘画、雕塑等实践活动，学生可以训练自己的造型能力，学会如何构图、如何运用色彩和线条等基本美术技巧。同时，美术作品通常蕴含着创作者的情感、思想和审美观念，通过欣赏和创作美术作品，学生可以逐渐培养自己的审美眼光，学会辨别美与丑、善与恶。美术课程在美育方面具有以下作用。

1. 造型能力的培养

通过绘画、雕塑等实践活动，学生可以训练自己的造型能力，掌握如何构图、如何运用色彩和线条等基本美术技巧。这种实践性的学习方式有助于培养学生的空间感知能力和对物体的细致观察能力，从而更好地理解和表现物体的形态和结构。

在造型能力的培养过程中，学生需要不断地尝试和探索，不断挑战自己的能力和极限。通过不断地练习和反思，学生可以逐渐提高自己的美术技能和表现力，从而更好地表达自己的想法和情感。

2. 审美眼光的提升

美术作品蕴含着创作者的情感、思想和审美观念，通过欣赏和创作美术作品，学生可以逐渐培养自己的审美眼光，学会辨别美与丑、善与恶。美术作品不仅是艺术的表现形式，更是人类文化的重要组成部分，它们反映了人类的历史和文化背景，传递着人类的思想和情感。

通过欣赏和创作美术作品，学生可以更好地了解和认识不同的文化背景和艺术风格，从而拓展自己的视野和思维。同时，美术作品还可以培养学生的审美意识和审美情趣，让他们学会欣赏美、追求美，从而更好地面对生活中的各种挑战和机遇。

（二）音乐课程的美育作用

音乐课程在美育方面具有重要作用。通过听音乐、唱歌、演奏乐器等音乐实践活动，学生可以逐渐培养自己的音乐鉴赏能力，学会分辨不同风格的音乐作品，理解音乐所表达的情感和思想。此外，音乐还可以作为一种情感表达和交流的工具。通过音乐课程，学生可以更好地表达和交流自己的情感，增强人际交往能力。因此，音乐课程在美育方面具有以下作用。

1. 音乐鉴赏能力的培养

音乐鉴赏能力是音乐素养的重要组成部分，通过多种形式的音乐实践活动，如听音乐、唱歌、演奏乐器等，学生可以在潜移默化中逐渐培养自己的音乐鉴赏能力。这样的学习过程不仅能让学生感受到音乐的魅力，还能激发他们对音乐的热情和兴趣。

在听音乐的过程中，学生可以逐渐学会分辨不同风格和类型的音乐，理解音乐的旋律、节奏、和声等元素，从而更好地欣赏音乐。唱歌和演奏乐器则可以帮助学生更直观地感受音乐的韵律和情感，进一步增强他们的音乐鉴赏能力。

通过这些音乐实践活动，学生还可以培养自己的音乐审美观，学会辨别美丑、优劣，从而在日常生活中更加注重音乐的品质和内涵。

2. 情感表达与交流

音乐具有独特的情感表达功能，通过音乐课程，学生可以更好地表达和交流自己的情感。音乐可以超越语言和文化的界限，成为人们之间沟通的桥梁。在音乐课程中，教师可以引导学生通过歌唱、演奏、舞蹈等多种形式来表达自己的情感，并教导学生与他人进行交流。

音乐可以激发学生的情感共鸣，让他们在音乐的陪伴下释放内心的情感，找到归属感和安全感。通过音乐课程，学生还可以学会如何与他人分享自己的情感，增强彼此之间的信任和友谊。

除了情感表达和交流外，音乐还可以培养学生的团队合作精神。在音乐活动中，学生需要相互合作、协调和配合，共同完成音乐作品。这样的经历可以锻炼学生的沟通和协作能力，帮助他们更好地适应社会和生活。

（三）舞蹈课程的美育作用

舞蹈课程在美育方面具有重要作用。通过舞蹈动作的训练，学生可以提升自己的身体协调性和美感，培养自己的艺术表现力和审美意识。此外，舞蹈还可以作为一种修养身心的艺术形式，通过舞蹈训练，学生可以释放压力，增强自信心和心理素质，同时也可以培养自己的团队协作精神和集体荣誉感。因此，舞蹈课程在美育方面具有以下作用。

1. 身体协调性和美感的提升

舞蹈是一种非常具有艺术性和技巧性的运动，通过舞蹈动作的训练，学生可以提升自己的身体协调性和美感。舞蹈动作需要身体各部位的协调配合，包括肌肉、骨骼、关节等。通过长期的舞蹈训练，学生可以逐渐掌握正确的姿势和动作，提高身体的柔韧性和稳定性，增强肌肉的力量和耐力。此外，舞蹈训练还能提高学生对节奏和音乐的敏感度，使身体和音乐更加融合。

通过舞蹈动作的训练，学生还可以逐渐学会控制自己的情绪和情感，从而促进心理健康和情感释放。舞蹈需要全神贯注地投入到音乐和动作中，通过身体语言的表达和情感的释放，学生可以更好地释放内心的压力和负面情绪，从而保持心理平衡和健康。

2. 心理健康与情感释放

舞蹈训练不仅可以增强自信心和心理素质，还可以释放压力。舞蹈是一种身体运动，可以帮助学生放松身心，缓解紧张情绪和压力。通过舞蹈训练，学生可以感受到身体的运动和呼吸的节奏，从而放松身心，减轻焦虑和抑郁等心理问题。此外，舞蹈训练还可以培养团队协作精神和集体荣誉感。在舞蹈训练中，学生需要与他人合作完成各种动作和表演，这需要他们相互信任、支持和配合。这种团队协作精神不仅有助于提高学生的社交能力，还可以增强他们的集体荣誉感。

二、校园文化建设：营造良好的校园文化氛围，开展各种美育活动

校园文化建设对于营造良好的校园文化氛围、开展各种美育活动以及提高学生的审美意识和审美能力等方面具有重要意义。

（一）营造良好的校园文化氛围

校园文化氛围是校园环境的重要组成部分，它能够展现出一个学校的精神风貌和人文气息，对于学生的成长和发展具有重要意义。良好的校园文化氛围可以增强学生的归属感和凝聚力，促进学生之间的交流和互动，有利于培养学生的团队精神和协作能力。因此，高校应该注重营造良好的校园文化氛围，具体可以从以下几个方面入手。

1. 加强校园文化建设

高校应该注重校园文化的建设，通过开展各种文化活动、讲座、展览等，营造出一种积极向上、健康和谐的校园文化氛围。具体来说，高校可以采取以下措施。

（1）定期举办文化节，包括文艺演出、音乐会、诗歌朗诵等，提高学生的文化素养和艺术欣赏能力。

（2）开设艺术类课程，如美术、音乐、舞蹈等，提高学生的艺术技能和审美能力。

（3）开展各种讲座和展览，邀请校内外的专家学者来校讲座，介绍艺术和文化的最新动态和成果，让学生了解更多的知识和信息。

（4）鼓励学生参加各种社团和组织，如文学社、书法社、音乐社等，通过参与社团活动，培养学生的团队合作精神和组织能力。

通过以上措施，高校可以营造出一种积极向上、健康和谐的校园文化氛围，提高学生的文化素养和艺术素养，增强学生的综合素质和社会竞争力。

2. 提高学生的审美意识

高校可以通过组织各种艺术类课程、讲座、比赛等活动，引导学生树立正确的审美观念，提高学生的审美意识。具体来说，高校可以采取以下措施。

（1）开设美术、音乐、舞蹈等艺术类课程，让学生通过学习艺术技能和欣赏艺术作品，培养正确的审美观念和审美能力。

（2）组织各种比赛和展示活动，如书画比赛、文艺比赛、舞蹈比赛等，激发学生的参与热情和创造精神，培养学生的竞争意识和进取心。

（3）邀请校内外的专家学者来校讲座，讲解艺术的原理和审美的方法，帮助学生掌握正确的审美标准和方法。

（4）开展课外艺术教育活动，如社团活动、文化沙龙等，让学生在轻松愉悦的环境中学习艺术知识，培养正确的审美观念和审美情趣。

通过以上措施，高校可以引导学生树立正确的审美观念，提高学生的审美意识，增强学生的综合素质和人文素养。

3. 丰富校园文化活动

高校应该注重开展各种丰富多彩的校园文化活动，如文艺演出、艺术展览、书法比赛等，吸引更多的学生参与其中，增强学生的文化素养和艺术素养。具体来说，高校可以采取以下措施。

（1）定期举办文艺演出和音乐会等活动，让学生有机会展示自己的才艺和能力，增强学生的自信心和表现力。

（2）组织各种艺术展览和展示活动，如书画展览、摄影展等，让学生有机会欣赏到各种艺术作品和文化成果，增强学生的文化素养和艺术鉴赏能力。

（3）鼓励学生参加各种社团和组织，如文学社、书法社、音乐社等，通过参与社团活动和组织工作，培养学生的组织能力和团队合作精神。

（4）开展文化沙龙活动和文化讲座等活动，邀请校内外的专家学者来校进行交流和研讨，拓宽学生的知识面和文化视野。

通过以上措施，高校可以丰富校园文化生活，吸引更多的学生参与其中，增强学生的文化素养和艺术素养，同时，也可以促进学生之间的交流和互动，增强学校的凝聚力和向心力。综上所述，“校园文化建设”“提高学生审美意识”“丰富校园文化活动”都是提高学生综合素质的重要手段之一。高校应该不断探索和创新方式方法，为学生营造积极向上、健康和谐的校园文化氛围，促进学生的全面发展。

（二）开展各种美育活动

美育教育是培养学生审美能力和艺术素养的重要途径之一，学校应该注重开展各种美育活动，具体可以从以下几个方面入手。

1. 加强美育课程建设

高校应该加强美育课程的设置和实施，通过开设美术、音乐、舞蹈等课程，培养学生的审美能力和艺术素养。具体来说，高校可以采取以下措施。

（1）增加美育课程的数量和时长：高校应该增加美育课程的数量和时长，确保学生有足够的时间和机会去学习和体验艺术。

（2）聘请专业的美育教师：高校应该聘请具有丰富经验和专业知识的美育教师，他们能够引导学生正确理解和欣赏艺术，提高学生的艺术素养。

（3）建立多元化的美育课程体系：除了传统的美术、音乐、舞蹈课程外，高校还可以开设陶艺、摄影、手工艺等多元化的美育课程，以满足不同学生的兴趣和需求。

2. 组织各种美育活动

学校可以组织各种美育活动，如艺术展览、文艺演出、书法比赛等，让学生有更多的机会展示自己的艺术才华，同时也能够欣赏到其他同学的艺术作品。具体来说，高校可以采取以下措施。

（1）定期举办艺术展览：高校可以定期举办学生艺术作品展览，让学生有机会展示自己的作品，同时，也能够欣赏到其他同学的作品。

（2）鼓励学生参加文艺演出：高校可以鼓励学生参加文艺演出，如校园歌手比赛、舞蹈比赛等，让学生有机会锻炼自己的舞台表现力和自信心。

（3）组织书法比赛和绘画比赛：高校可以组织书法比赛和绘画比赛，让学生有机会展示自己的艺术才华，同时，也能够欣赏到其他同学的书法和绘画作品。

3. 加强美育实践

学校应该注重美育实践活动的开展，如组织学生参加社会实践活动、艺术团体演出等，让学生在实践中锻炼自己的艺术素养和创新能力。具体来说，高校可以采取以下措施。

（1）鼓励学生参加社会实践活动：高校可以鼓励学生参加社会实践活动，如参加社区的文艺演出、参加志愿者活动等，让学生在实践中锻炼自己的艺术素养和团队合作能力。

（2）建立艺术团体：高校可以建立艺术团体，如合唱团、舞蹈团、戏剧社等，让学生有机会在专业教师的指导下进行系统的训练和表演。

（3）加强与校外机构的合作：高校可以加强与校外机构的合作，如与美术馆、博物馆、文艺团体等建立合作关系，让学生有机会参加各种文艺活动，提高自己的艺术素养和实践能力。

（三）加强校园环境的美化工作

校园环境的美化工作是校园文化建设的重要组成部分，它能够营造出一种优美的校园环境，让学生在优美的环境中受到美的熏陶。高校应该注重加强校园环境的美化工作，具体可以从以下几个方面入手。

1. 加强校园绿化工作

高校应该加强校园的绿化工作，通过种植花草树木、设置绿化带等措施，让校园环境更加优美。高校可以与当地植物园、公园等机构合作，引进适合本地气候和土壤的花草树木，进行合理的配置和养护。同时，高校应该加强校园绿化的维护和管理，确保绿化带和花草树木的健康生长。

在种植花草树木时，高校应该注重品种的选择和搭配，既要考虑到美观性，又要考虑到实用性，例如，可以种植一些具有观赏性的花卉和树木，如月季、桂花、松树等，同时也可以种植一些具有药用价值和环保功能的植物，如芦荟、吊兰等。

2. 美化校园景观

高校应该注重对校园景观的装饰和美化工作，如设置雕塑、喷泉、景观小品等，让校园环境更具特色和吸引力。高校可以结合校园文化、历史背景等因素，设计一些具有文化内涵和艺术价值的景观小品，如校园文化墙、历史名人雕像等。同时，高校还可以利用校园内的空地和角落，进行合理的规划和设计，打造一些具有特色的景观区域，如花园、草坪、林荫道等。

在美化校园景观时，高校应该注重与校园文化的融合，避免过于商业化或过于突兀的设计。同时，高校应该加强对景观的维护和管理，确保景观的完好和美观。

3. 加强环保宣传

高校应该加强环保宣传和教育，引导学生树立正确的生态文明观念，培养学生的环保意识和行为习惯。高校可以通过多种方式进行环保宣传和教育，如举办环保主题的讲座、展览、活动等，向学生介绍环保知识、环保技能和环保政策等。同时，高校还可以鼓励学生参与环保实践，如组织学生参与校园绿化、垃圾分类、环保宣传等志愿活动，让学生在实践中学习和掌握环保知识。

另外，高校可以与当地企业等机构合作，开展一些环保项目和活动，如植树造林、污水处理、垃圾分类等，让学生了解环保工作的实际意义和重要性。

三、社会实践：组织大学生参加各种社会实践活动，培养审美能力

（一）接触不同的艺术形式和审美观念

接触不同的艺术形式和审美观念是非常重要的社会实践活动之一，它为学生提供了一个绝佳的机会来拓宽自己的视野，丰富自己的审美经验，并形成多元化的审美观念。以下是几个原因可以解释为什么接触不同的艺术形式和审美观念对学生来说是如此重要。

1. 拓宽视野

艺术是文化的重要组成部分，不同的艺术形式和审美观念反映了不同的文化背景和价值观。通过接触各种艺术形式和审美观念，学生可以更好地了解不同的文化背景，拓宽自己的视野，增强自己的文化素养。

2. 丰富审美经验

艺术是一种表达情感和思想的方式，不同的艺术形式和审美观念可以传达出不同的情感和思想。通过亲身感受各种艺术形式的魅力，学生可以丰富自己的审美经验，提高自己的艺术鉴赏能力。

3. 培养多元化审美观念

在现代社会中，多元化是一个重要的趋势。接触不同的艺术形式和审美观念可以帮助学生形成多元化的审美观念，从而更好地适应这个多元化的社会。

4. 提高文化认同感

接触不同的艺术形式和审美观念可以帮助学生更好地了解自己的文化背景，增强自己的文化认同感。通过与其他文化背景下的艺术形式和审美观念进行比较，学生可以更好地理解自己的文化，从而增强对自己文化的认同感。

5. 增强社交能力

参与社会实践活动的学生往往需要与其他人合作和交流。通过与其他人分享自己的艺术体验和观点，学生可以提高自己的社交能力，锻炼自己的沟通技巧。

6. 培养创新精神

接触不同的艺术形式和审美观念可以激发学生的创新精神。通过尝试不同的艺术形式和表达方式，学生可以激发自己的创造力和想象力，从而更好地适应不断变化的社会环境。

（二）拓宽视野

拓宽视野是现代社会中个人成长和发展的重要内容。参加社会实践活动是实现这一目标的有效途径之一，它能够帮助学生拓宽视野，了解不同的文化背景和社会环境，培养全球视野和包容性，并更好地适应未来的社会生活。以下是参加社会实践活动可以带来的几个主要好处。

1. 了解不同的文化背景

通过与不同背景的人交流和合作，学生可以了解到不同的价值观和生活方式。这种跨文化的交流有助于学生开阔眼界，丰富自己的世界观，培养出更加包容和开放的心态。

2. 培养全球视野和包容性

通过参与实践活动，学生可以了解到不同地区的社会发展状况、经济状况、政治环境等信息，从而更好地理解和接纳不同的文化和生活方式。这种全球视野和包容性的培养，对于未来的职业和个人发展都具有重要意义。

3. 增强人际交往能力

参加实践活动需要学生与不同背景的人进行交流和合作，这有助于提高学生的沟通能力和团队协作能力。在实践中，学生需要学会倾听、表达、协商和妥协，这些技能对于未来的职业和个人生活都非常重要。

4. 增强社会责任感

通过参与实践活动，学生可以更加深入地了解社会问题，并意识到自己的社会责任。通过参与公益活动、志愿者工作等，学生可以增强社会责任感，培养自己的公民意识，为社会的进步和发展做出贡献。

5. 增强自我认知和自我发展

参加实践活动可以帮助学生更好地了解自己的兴趣、优势和不足，从而让学生更好地规划自己的职业和人生。同时，实践活动还可以提供机会让学生尝试新的领域和技能，从而拓宽自己的职业发展道路。

6. 增强适应能力

参加实践活动可以帮助学生更好地适应不同的社会环境和文化背景，提高自己的适应能力。在实践中，学生需要面对各种挑战和困难，通过不断学习和适应，不断提高自己的综合素质和能力水平。

（三）增强实践能力和社会适应能力

增强实践能力和社会适应能力对于个人发展和职业发展都非常重要。通过参与社会实践活动，学生可以获得宝贵的实践经验和实用技能，这些技能对于未来的职业生涯具有很大的帮助。

1. 实践经验

社会实践活动通常需要学生亲身参与，通过动手操作、解决问题和团队协作等方式，学生可以获得丰富的实践经验。这种实践经验有助于学生在未来的职业生涯中更好地适应各种工作环境和挑战。

2. 动手操作能力

社会实践活动可以锻炼学生的动手操作能力，让学生学会如何使用各种工具和设备，掌握基本的技能和技巧。这种动手操作能力对于学生的个人发展和职业发展都非常重要，因为许多工作都需要具备一定的动手能力。

3. 解决问题的能力

在实践中，学生需要面对各种挑战和困难，通过不断尝试和改进，逐渐提高自己的解决问题能力。这种能力对于学生的个人发展和职业发展都非常重要，因为无论是在学校还是在工作中，都需要面对各种问题和挑战。

4. 团队协作能力

社会实践活动通常需要学生与他人合作完成，通过团队协作可以锻炼学生的团队协作能力。这种能力对于学生的个人发展和职业发展都非常重要，因为许多工作都需要与他人合作完成。

5. 实用技能

通过参与实践活动，学生可以学会如何与他人合作、如何解决问题、如何应对突发事件等实用技能。这些技能对于学生的个人发展和职业发展都非常重要，因为它们可以帮助学生更好地适应各种工作环境和挑战。

（四）增强综合素质

增强综合素质是一个全面提升个人能力的过程，而参加社会实践活动是实现这一目标的有效途径之一。

1. 培养审美素养

社会实践活动通常涉及各种艺术、文化、历史等方面的内容，学生通过参与这些活动可以提升自己的审美素养，从而提高个人审美水平。

2. 提高实践能力

社会实践活动不仅是一种理论知识的应用，更是对学生实践能力的一种锻炼。通过实践，学生可以更好地理解理论知识的实际应用，并从中获得新的技能和经验。

3. 增强领导力

在社会实践活动中，学生有机会担任领导角色，这不仅可以锻炼他们的领导能力，还可以培养他们的责任感和担当精神。这些素质对于未来的职业发展非常重要。

4. 提升沟通能力

社会实践活动通常需要学生与其他人进行交流和合作，这可以锻炼学生的沟通能力和团队合作能力。通过与他人合作，学生可以更好地理解他人的想法和需求，从而更好地与他人合作完成任务。

5. 建立良好的人际关系

参与社会实践活动可以帮助学生建立良好的人际关系，增强人际交往能力。通过与他人合作完成任务，学生可以更好地理解他人的想法和需求，从而更好地与他人建立良好的关系。

6. 增强团队合作能力

社会实践活动通常需要学生之间的合作，这可以锻炼学生的团队合作能力。通过与他人共同完成任务，学生可以更好地理解团队合作的重要性，并学会如何与他人有效地合作。

四、网络美育：利用网络平台开展美育，拓宽美育途径

随着互联网技术的不断发展，网络美育已经成为大学生美育实施的重要途径之一。网络美育具有许多优势，如覆盖面广、资源丰富、形式多样等，为大学生提供了更多的学习机会和更广阔的审美空间。

（一）网络美术课程

网络美术课程是一种利用网络平台开展的美术教育形式，具有以下优点。

1. 打破时间和空间的限制

网络美术课程可以让学生随时随地学习美术，不受时间和地点的限制。学生可以根据自己的时间安排和兴趣爱好选择课程，同时也可以自主安排学习进度。

2. 提供多样化的课程选择

网络美术课程可以开设各种美术课程，如国画、油画、素描、色彩等，让学生可以根据自己的兴趣爱好和艺术素养选择适合自己的课程。

3. 丰富教学内容和资源

网络美术课程可以提供丰富的美术教学资源和素材，包括图片、视频、教程、案例等，帮助学生更好地理解和掌握各种艺术形式的基本知识和技能。

4. 提供实践机会

网络美术课程可以提供更多的实践机会，让学生通过网络进行创作和练习，提高自己的技能水平。学生可以通过在线平台上传自己的作品，与其他学生、教师交流和评价，获得更多的反馈和建议。

5. 方便教师进行教学管理和指导

网络美术课程可以让教师更好地进行教学管理和指导，方便教师了解学生的学习进度和反馈，及时调整教学计划和内容。同时，教师也可以通过网络平台与学生进行交流和互动，帮助学生解决学习中的问题和困惑。

（二）网络音乐课程

网络音乐课程具有多种优点，它可以作为一种教育创新方式，弥补传统音乐课程的不足，提高学生的学习效率和兴趣。

1. 增强学习自由度

网络音乐课程不受时间和地点的限制，学生可以根据自己的时间安排和兴趣选择合适的课程。这种方式让学生能够灵活安排自己的学习时间，不必受限于课堂的教学安排。

2. 提供丰富的音乐资源

网络音乐课程可以提供大量的音乐资源，包括各种音乐作品、音乐会视频、音乐理论资料等。学生可以通过网络平台接触到各种不同的音乐风格和流派，拓宽自己的音乐视野，提高自己的音乐素养和审美能力。

3. 增强互动性

网络音乐课程可以提供与其他学生的交流和互动机会，学生可以在平台上分享自己的音乐作品、学习心得和经验，与其他学生进行讨论和交流。这种方式可以提高学生的音乐表现能力和创造力，增强他们的合作精神和沟通能力。

4. 教授基本知识和技能

网络音乐课程可以教授学生音乐的基本知识和技能，如声乐、器乐、音乐理论等。这些基础知识是学习音乐的基础，通过学习这些知识，学生可以更好地理解和欣赏音乐，提高自己的音乐素养和审美能力。

5. 提高学生的兴趣和动力

网络音乐课程可以提供多样化的教学内容和形式，如在线视频教程、互动式学习游戏等。这些新颖的教学方式可以吸引学生的注意力，激发他们的学习兴趣和动力，让他们更加积极地参与到学习中去。

（三）在线展览

在线展览是一种非常有价值的学校美育活动形式，它可以通过网络平台展示各种艺术作品，包括绘画、雕塑、摄影、设计等，从而拓宽学生的审美视野和审美经验，提高他们的审美鉴赏能力。

1. 拓宽审美视野和审美经验

在线展览为学生提供了一个方便快捷的途径，学生可以欣赏到来自不同艺术家和机构的各种艺术作品，包括学生的原创作品。这些作品可以帮助学生了解不同的艺术风格和流派，从而拓宽他们的审美视野。

2. 提高审美鉴赏能力

通过在线展览，学生可以学习到艺术作品的构图、色彩、线条等表现手法，以及艺术家的创作理念和艺术风格。这些知识和经验有助于提高学生的审美鉴赏能力，使他们能够更好地理解和欣赏艺术作品。

3. 培养组织能力和策划能力

在线展览需要学生具备一定的组织能力和策划能力。学生需要策划展览的主题、选择参展作品、设计展览页面、组织展览开幕式等。这些活动需要学生具备良好的沟通、协调和组织能力，同时，也能够锻炼他们的策划能力。

4. 促进互动和交流

在线展览为学生提供了一个互动和交流的平台。学生可以在展览中留言评论，分享自己的看法和感受，与其他学生和艺术家进行交流和讨论。这种互动和交流有助于提高学生的表达能力和沟通能力，也可以增强他们对艺术的理解和欣赏能力。

5. 增强学校美育效果

在线展览是一种非常灵活和便捷的美育形式，它可以不受时间和空间的限制，让学生随时随地欣赏到优秀的艺术作品。这种教育形式不仅可以让学生欣赏到优秀的艺术作品，还可以通过参与展览的组织和策划，增强学校美育的效果。

（四）在线演出

在线演出作为一种美育活动，具有多种积极的影响和价值。

1. 提高学生艺术欣赏能力：在线演出提供了一个丰富的艺术资源库，学生可以通过网络平台欣赏到各种音乐会、戏剧表演、舞蹈表演等，了解不同的艺术形式和表演方式。这些表演可以来自不同的艺术团体和机构，也可以是学生自己组织的演出。通过观看和欣赏这些演出，学生可以拓宽艺术视野，提高自己的艺术欣赏能力。

（2）增强学生自信心和成就感：在线演出为学生提供了一个展示自己的舞台，让他们有机会将自己的艺术才华展示给更多的人。通过参与演出，学生可以增强自信心和成就感，感受到自己的成长和进步。同时，与其他学生和观众的互动交流也可以促进学生的社交能力和团队协作能力的发展。

3. 促进艺术教育资源的共享：在线演出可以打破地域和时空的限制，让更多的人有机会接触到各种优秀的艺术资源。通过网络直播或录播的形式，不同地区的学校和学生可以共享同一个演出资源，促进艺术教育资源的共享和普及。这不仅可以丰富学生的艺术教育体验，也有助于推动艺术教育的均衡发展。

4. 培养跨学科综合素质

在线演出涉及音乐、舞蹈、戏剧等多个艺术领域，需要学生具备综合运用不同学科知识的能力。通过参与演出，学生可以锻炼自己的语言表达、舞台表现、团队协作等多方面的能力，这有助于培养跨学科综合素质。

5. 推动美育教育的创新发展

在线演出作为一种新的美育教育形式，具有创新性和灵活性。高校可以通过网络平台开展各种形式的在线演出活动，如线上音乐会、戏剧比赛、舞蹈大赛等，为学生提供更多的艺术展示机会和选择。这些活动可以激发学生对艺术的热情和创造力，推动美育的创新发展。

五、家校合作：加强与家长的沟通，共同关注大学生的美育

（一）加强沟通，共同关注美育教育

在教育领域，学校与家长之间的沟通是至关重要的，尤其是在关注美育的过程中。通过加强沟通，高校和家长可以共同关注美育教育，制订出更加合理和有效的教学计划，提高学生的审美素质和艺术才能。以下是分条论述的几个方面：

1. 确保双方对美育教育的认知一致

高校和家长需要共同认识到美育的重要性，了解其在培养学生综合素质、促进全面发展方面的作用。通过沟通，双方可以达成共识，共同关注美育的发展。

2. 制订合理的教学计划

学校和家长需要共同讨论和规划教学计划，确保教学目标的明确性和可行性。在制订教学计划时，高校和家长可以共同参与，考虑学生的兴趣、特长和实际需求，制订出符合学生发展规律的教学方案。

3. 提高学生的审美素质

美育不仅仅是传授艺术技能，更重要的是培养学生的审美素质。通过沟通，高校和家长可以共同关注学生的审美体验，引导学生欣赏各种艺术形式，培养他们的审美感知力和创造力。

4. 促进学生的艺术才能发展

美育应该注重学生的艺术才能发展，通过沟通，高校和家长可以共同关注学生的艺术兴趣和潜力，提供多样化的艺术课程和活动，激发学生的创造力和表现力。

5. 关注学生的身心健康

美育不仅包括艺术技能的学习，还涉及学生的身心健康。通过沟通，高校和家长可以共同关注学生的心理健康，引导学生积极面对生活中的困难和挫折，培养他们的坚韧性和适应性。

6. 加强家校合作

加强高校与家长之间的沟通，有助于建立良好的家校合作关系。家长可以向学校提供宝贵的建议和意见，学校也可以及时向家长反馈学生的学习情况和进步，共同促进学生的全面发展。

7. 建立良好的教育氛围

加强沟通可以使高校和家长之间建立良好的关系，有助于建立和谐、宽松的教育氛围。这种氛围有助于激发学生的创造力、表现力和自信心，从而更好地实现美育的目标。

（二）家长了解美育计划和活动安排

1. 了解学生的学习情况

家长通过了解高校的美育计划和活动安排，可以更好地了解学生在美育方面的学习情况。这有助于家长更好地掌握学生的兴趣爱好和特长，以及他们在美育方面的进步和成就。

2. 提供适当的建议和帮助

家长可以根据自己的经验和知识，为高校的美育活动提供适当的建议和帮助。例如，家长可以提供一些教育资源或建议，帮助高校更好地开展美育活动，或者为学生提供一些学习上的支持和指导。

3. 促进家校合作

了解高校的美育教育计划和活动安排，可以帮助家长和高校之间建立更加紧密的联系和合作。家长可以更好地参与高校的教育活动，并为学生的成长和发展提供支持。

4. 提高学生的学习动力和兴趣

家长可以通过了解高校的美育计划和活动安排，为学生提供更多学习和展示自己才能的机会，激发学生的学习动力和兴趣。这样不仅可以帮助学生更好地掌握美育知识，还可以培养他们的创造力和自信心。

（三）积极参与学校的美育活动

1. 提供实践机会

美育不仅仅是理论知识的传授，更重要的是对学生实践能力的培养。家长参与高校的美育活动，可以为学生提供更多的实践机会，让学生在实践中体验艺术、感受艺术，从而增强学生的艺术兴趣和才能。

2. 增强自信心和自尊心

参与美育活动可以让学生感受到自己的价值和能力，增强自信心和自尊心。家长参与高校的美育活动，可以与学生共同参与，给予学生更多的支持和鼓励，让学生在活动中不断成长和进步。

3. 促进学生全面发展

美育是素质教育的重要组成部分，它能够培养学生的审美能力、创造力和想象力，促进学生全面发展。家长参与高校的美育活动，可以更好地了解高校的教育理念和教学方法，从而更好地配合学校的教育工作，促进学生全面发展的实现。

4. 增强家庭与学校的联系

家长参与高校的美育活动，可以增强家庭与高校的联系，让家长更好地了解学生在学校的学习和生活情况。同时，家长也可以向学校反馈学生在家庭中的表现和需求，从而更好地实现家校合作，共同促进学生的成长和发展。

（四）共同关注学生的审美素质和艺术才能的发展

共同关注学生的审美素质和艺术才能的发展是家校合作的重要方面之一，它有助于帮助学生发展自己的特长和兴趣，增强学生的自信心和创造力，同时也能够促进学生的全面发展。

1. 制订适合学生的教学计划和方法

家校合作需要双方共同制订适合学生的教学计划和方法，以确保学生能够得到全面和个性化的教育。在制订教学计划时，高校需要考虑学生的兴趣爱好、特长和潜力，并选择适合他们的教学内容和方法，同时，需要注重培养学生的审美素质和艺术才能，通过多样化的教学方式，如绘画、音乐、舞蹈、戏剧等，来激发学生的创造力和想象力。

2. 提供多样化的艺术教育资源

为了更好地培养学生的审美素质和艺术才能，高校和家庭需要提供多样化的艺术教育资源。这包括提供各种艺术器材、音乐器材、绘画材料等，以及提供多样化的艺术课程和活动。同时，家长也需要支持和鼓励孩子参加各种艺术比赛、演出和展览等活动，以增强他们的自信心和表现能力。

3. 注重培养学生的审美观念和艺术素养

审美观念和艺术素养是培养学生审美素质和艺术才能的基础。高校和家庭需要注重培养学生的审美观念和艺术素养，通过各种形式的教育活动来提高学生的审美能力和艺术鉴赏力，例如，可以通过组织学生参观美术馆、博物馆、音乐厅等场所，让他们亲身感受艺术的魅力，从而培养他们的审美观念和艺术素养。

4. 建立良好的沟通和合作机制

为了更好地关注学生的审美素质和艺术才能的发展，高校和家庭需要建立良好的沟通和合作机制。家长需要了解高校的教育理念和教育方法，同时，学校也需要了解家长的教育期望和教育需求。双方需要相互支持和配合，共同关注学生的成长和发展。例如，学校可以定期组织家长会、家访等活动，加强与家长的沟通和交流，从而更好地了解学生的需求和发展情况。

（五）在家中进行美育

在家中进行美育，是一件非常有意义的事情。除了在高校积极参与美育活动外，家长还可以通过以下方式在家中对学生进行美育。

1. 培养孩子的审美意识

审美意识的培养可以通过引导孩子欣赏各种艺术品，如画作、雕塑、音乐作品等来实现，同时，也可以通过观察自然美，如风景、花卉、动物等来培养孩子的审美意识。家长可以引导孩子欣赏艺术作品，并讨论他们的感受和想法，帮助孩子理解美的本质和多样性。

2. 培养孩子的审美习惯

审美习惯的培养需要家长在日常生活中注重细节，如注意家居环境的布置、穿着打扮、饮食等。家长可以通过引导孩子关注生活中的美，如色彩搭配、空间布局等，帮助他们形成良好的审美习惯。

3. 鼓励孩子参与艺术活动

艺术活动是培养孩子艺术兴趣和技能的重要途径。家长可以鼓励孩子参加各种艺术活动，如绘画、音乐、舞蹈等。同时，也可以在家中组织一些简单的艺术活动，如手工制作、绘画比赛等，激发孩子的创造力和想象力。

4. 培养孩子的艺术鉴赏能力

艺术鉴赏能力的培养需要家长提供多种多样的艺术作品和背景知识。家长可以引导孩子欣赏不同类型的艺术作品，如绘画、雕塑、建筑等，并解释作品的背景和意义。此外，家长还可以引导孩子对不同风格的艺术作品进行比较和评价，帮助他们形成自己的审美观点。

5. 提供良好的艺术环境

良好的艺术环境是美育的重要条件。家长可以为孩子提供一些艺术工具和材料，如画笔、颜料、乐器等，并鼓励他们自由创作和尝试。同时，也可以在家中布置一些艺术品和装饰品，营造出一种艺术氛围，激发孩子的艺术兴趣。

6. 与孩子共同欣赏艺术作品

与孩子共同欣赏艺术作品是一种很好的美育方式。家长可以与孩子一起观看电影、戏剧、音乐会等艺术表演，并讨论作品的情节、人物、音乐等元素。通过与孩子交流和讨论，家长可以更好地了解孩子的审美观点和兴趣爱好，同时，也可以促进亲子关系。

六、自我修养：鼓励大学生自觉提高审美意识，培养良好的审美习惯

自我修养是大学生实施自我美育的重要途径之一，大学生应该自觉提高自己的审美意识，培养良好的审美习惯和艺术修养。

（一）培养良好的审美习惯

大学生应该注重培养良好的审美习惯，包括正确的审美观念、审美标准、审美方式等。培养良好的审美习惯有助于提高大学生的综合素质和艺术修养，帮助大学生形成正确的审美观念和标准，对于个人的成长和发展具有重要意义。

在培养良好的审美习惯方面，大学生可以通过多种方式进行。

1. 注重个人形象的塑造

良好的个人形象是培养审美习惯的重要方面。大学生应该注重穿着、发型、化妆等方面的细节，展现自己的个性和魅力，同时，也要注意保持个人卫生和健康，保持良好的身体素质和心态。

2. 参与社交活动

社交活动是培养审美习惯的重要场所。大学生可以通过参加各种社交活动，如文艺晚会、音乐会、舞会等，接触不同风格的艺术作品和人物，拓展自己的审美视野和审美经验。

3. 关注时尚潮流

时尚潮流是不断变化的，大学生应该关注时尚潮流的发展趋势，了解不同风格的服装、发型、化妆等时尚元素，从而更好地塑造自己的个人形象和审美风格。

4. 参与校园文化活动

校园文化活动是培养大学生审美习惯的重要途径之一。大学生可以通过参加校园文化活动，如文艺比赛、音乐会、画展等，了解校园文化和艺术氛围，提高自己的审美素质和艺术修养。

（二）提高艺术修养

大学生应该注重培养自己的艺术兴趣和爱好，通过欣赏和创作艺术作品来提高自己的艺术素养。具体来说，大学生可以采取以下几种方式来提高自己的艺术修养。

1. 参加艺术培训班

参加艺术培训班是提高艺术修养的有效途径之一。大学生可以根据自己的兴趣和职业规划选择适合自己的培训班，如音乐、舞蹈、绘画等。通过系统地学习和训练，大学生可以掌握一定的艺术技巧和表现手法，提高自己的艺术水平。

2. 参加文艺活动

大学生可以积极参加各种文艺活动，如音乐会、舞蹈比赛、画展等。这些活动可以让大学生接触到不同的艺术形式和风格，了解不同的创意方式和表现手法。同时，参加文艺活动还可以锻炼大学生的组织和沟通能力，提高自己的综合素质。

3. 参观艺术展览

参观艺术展览是提高艺术修养的另一种有效途径。大学生可以通过参观各种画展、雕塑展、摄影展等展览，了解不同时代、不同地域的艺术风格和特点，同时，参观展览还可以让大学生感受到艺术的魅力和价值，激发自己的创造力和想象力。

4. 培养自己的艺术爱好

大学生应该注重培养自己的艺术爱好，通过欣赏和创作艺术作品来提高自己的艺术素养，可以尝试一些简单的手工艺品、绘画、书法等创作方式，也可以关注一些时尚的元素和文化符号，将其融入到自己的创作中。通过不断地学习和实践，大学生可以逐渐提高自己的艺术水平。

（三）表达情感和思想

大学生自我修养的方法有很多种，常见的方法包括以下几种。

（1）深入思考：大学生应该养成独立思考的习惯，不断思考自己的行为和思想，探索自己的内心世界。通过深入思考，大学生可以逐渐发现自己的情感和思想，增强自己的判断力和认知能力。

（2）自我反省：大学生应该定期对自己的行为和思想进行反省，发现自己的不足之处并加以改进。通过自我反省，大学生可以不断地提升自己的素质，增强自信心和表现力。

（3）培养兴趣爱好：兴趣爱好是大学生自我修养的重要途径之一。通过培养兴趣爱好，大学生可以拓展自己的视野和思维，增强自己的创造力和表现力。

（4）参与校园文化活动：校园文化活动是大学生展示自己才华和创造力的舞台。通过参与校园文化活动，大学生可以锻炼自己的组织能力和领导能力，增强自信心和社会认同感。

（四）更好地认识自己和发展自己

自我修养是大学生成长过程中不可或缺的一部分，它是一个认识自己和发展自己的过程。通过自我修养，大学生可以更好地了解自己的兴趣爱好、性格特点、价值观等方面的特点，从而更好地规划自己的未来和发展方向。同时，自我修养也可以帮助大学生更好地了解自己的人际关系、情感状态、心理状态等方面的特点，从而更好地调整自己的心态和行为方式。此外，大学生还可以通过自我反思和总结来发现自己的不足之处，并积极寻求改进提高的方法和途径。

自我修养可以帮助大学生更好地了解自己的兴趣爱好。通过自我反思和观察，大学生可以发现自己的兴趣所在，并尝试将兴趣转化为自己的优势和特长。这不仅可以增强大学生的自信心和自尊心，还可以为未来的职业发展打下坚实的基础。

自我修养可以帮助大学生了解自己的性格特点。通过自我评价和反思，大学生可以认识到自己的性格优点和缺点，并积极调整自己的行为方式和态度，以适应不同的环境和人际关系。这种自我认知可以帮助大学生更好地与他人相处，建立良好的人际关系，同时，也可以提高自己的情商和社交能力。

自我修养可以帮助大学生了解自己的价值观。价值观是个人行为的基石，它决定了人们如何看待世界和自己的人生目标。通过自我反思和总结，大学生可以发现自己的价值观，并积极践行符合自己价值观的行为和态度。这种自我认知可以帮助大学生更好地规划自己的未来，并为自己的人生目标而努力。

自我修养能够帮助大学生了解自己的心理状态和情感状态。通过自我观察和反思，大学生可以及时发现自己的心理问题和情感困扰，并采取相应的措施进行调节和治疗。这不仅可以提高大学生的心理健康水平，还可以增强大学生的自信心和自尊心。

第五章 大学生心理健康与德育

第一节 大学生心理健康的重要性

一、大学生心理健康的含义与标准

（一）心理健康的概念和特征

心理健康是指个体在心理方面和行为方面保持一种良好的状态，这种状态能够使个体在面对各种生活压力和挑战时，能够保持心理平衡，保持良好的思维和情绪状态，同时能够有效地应对生活中的各种挑战和问题。心理健康通常包括以下几个方面的特征。

1. 自我认知

心理健康的人通常能够正确认识自己，了解自己的优点和缺点。他们能够以客观、理性的态度看待自己，认识到自己的独特性，并且能够接纳自己的缺点和不足。这种自我认知不仅能够帮助他们更好地理解自己，还能够促使他们积极应对自己的不足之处，不断学习和成长。

2. 情绪稳定

心理健康的人通常能够保持稳定的情绪状态，不轻易受到外界因素的干扰。他们能够有效地调节自己的情绪，通过积极的情绪调节技巧，如深呼吸、放松训练、自我暗示等，来缓解紧张、焦虑等负面情绪。这种情绪稳定性不仅能够帮助他们更好地应对生活中的各种挑战和问题，还能够提高他们的生活质量。

3. 良好的社交能力

心理健康的人通常具有良好的社交能力，能够与他人建立良好的人际关系。他们能够理解他人的情感和需求，尊重他人的观点和感受，并且能够有效地处理人际冲突。这种社交能力不仅能够帮助他们更好地融入社会，还能够提高他们的社会地位和影响力。

4. 良好的适应能力

心理健康的人通常具有很好的适应能力，能够快速适应环境的变化。他们能够积极面对生活中的各种挑战和问题，通过自我调整和适应来应对变化。这种适应能力不仅能够帮助他们更好地应对生活中的各种变化，还能够提高他们的自信心和自尊心。

5. 良好的自我控制能力

心理健康的人通常能够有效地控制自己的行为和情绪，不会轻易地做出过激的行为或情绪反应。他们能够理性地看待自己的行为和情绪，并且能够采取适当的措施来控制自己的行为和情绪。这种自我控制能力不仅能够帮助他们更好地应对生活中的各种挑战和问题，还能够提升他们的个人形象和声誉。

需要注意的是，虽然心理健康的重要性不言而喻，但并不代表任何负面情绪或心理问题是正常的或可以被接受的。如果有任何负面情绪或心理问题影响到个人的生活和工作，建议寻求专业的心理咨询或治疗帮助。同时，社会也应该重视心理健康的宣传和教育，提高公众对心理健康的认知和重视程度，从而更好地促进个人和社会的健康发展。

（二）大学生心理健康的意义

大学生作为社会的重要组成部分，他们的心理健康问题不容忽视。大学生心理健康的意义主要体现在以下几个方面。

1. 提高学习效率

心理健康的大学生能够更好地集中注意力，保持清醒的头脑，提高学习效率。这意味着他们能够在有限的时间内吸收和掌握更多的知识，更有效地应对学习中遇到的各种挑战和问题。心理健康状态良好能够帮助大学生在学习中发挥更好的潜力，进而取得更好的成绩。

2. 增强自信心

心理健康的大学生往往对自己的能力有更高的评价，从而更有信心面对生活中的各种挑战和问题。这种自信可以帮助他们更好地应对各种困难和挫折，从而更好地发挥自己的潜力。同时，心理健康的大学生也更有可能保持积极的心态，对未来充满信心和希望。

3. 促进人际关系

心理健康的大学生通常具有良好的社交能力，能够与他人建立良好的人际关系。他们更善于倾听和理解他人的感受和需求，更能够尊重和包容不同的观点和立场。这些能力不仅可以帮助他们建立更健康的人际关系，而且有助于他们更好地融入社会，发挥自己的社会价值。

4. 预防心理疾病

大学生的心理健康问题应该引起广泛关注，及时的心理干预和治疗对预防心理疾病的发生具有重要意义。在大学期间，学生们面临着学业、就业、人际关系等多方面的压力和挑战，这些压力如果没有得到及时有效的处理，就容易产生心理问题。因此，高校和社会应该重视大学生的心理健康问题，提供必要的心理支持和干预措施，帮助他们更好地应对生活中的各种挑战和问题，从而预防心理疾病的发生。

二、大学生心理健康与学业成绩的关系

（一）心理健康对学业的影响

1. 心理健康在学生的学习和成长过程中起着至关重要的作用

一个健康的心理状态可以帮助学生更好地应对学业压力，提高学习效率，增强自信心，并促进学生的全面发展。这一点已经被大量的研究和实证所支持。健康的心理状态可以帮助学生更好地应对挑战和困难，保持积极的心态和情绪，从而更好地应对学习压力。同时，健康的心理状态也可以帮助学生更好地理解和掌握知识，提高记忆力，增强思维能力，从而更好地应对考试和测验。此外，健康的心理状态还可以帮助学生更好地与他人合作和交流，增强他们的社交技能和人际关系，从而促进他们的全面发展。

2. 心理健康对学生的学业成绩有积极影响是显而易见的

许多研究表明，健康的心理状态可以显著提高学生的学习成绩。健康的心理状态可以帮助学生更好地集中注意力，更深入地理解和掌握知识。此外，它还可以增强学生的自信心和自尊心，使学生更有动力去追求成功。健康心理状态的学生往往更有信心去面对挑战和困难，即使面对挫折和失败，他们也能够快速恢复并重新振作起来。这使他们更有可能在考试和测验中取得更好的成绩。

3. 心理健康问题可能会对学生的学业产生负面影响

焦虑、抑郁、自卑等心理问题可能会影响学生的学习效率和成绩，甚至可能导致学生放弃学业。因此，高校和家庭必须关注学生的心理健康问题并采取适当的措施来改善学生的心理健康状态。高校和家庭应该共同努力，为学生提供良好的学习和生活环境，帮助他们建立健康的生活习惯和积极的心态。此外，高校应该提供心理咨询和支持服务，以便在学生需要时能够为学生提供及时的帮助和支持。同时，家长也应该积极解决孩子的心理健康问题，与高校合作，共同为大学生的成长和发展创造一个良好的环境。

（二）提升心理健康的方法

1. 保持积极的心态

积极的心态有助于提高心理健康水平，减少焦虑和抑郁情绪。要保持积极的心态，可以尝试一些放松的活动，如瑜伽、冥想、听音乐等。此外，定期进行自我反思也有助于发现自身的优点和长处，增强自信心和自我认同感。同时，培养乐观的态度和幽默感也有助于更好地应对生活中的挑战和困难。

2. 建立良好的人际关系

良好的人际关系是心理健康的重要保障。与家人、朋友和老师保持良好的关系，并积极参与社交活动，可以有助于改善心理健康状态。此外，建立支持系统，如加入社区团体或寻求专业心理咨询师的帮助，也可以在遇到困难时得到支持和鼓励。

3. 学会应对压力

压力是心理健康问题的常见原因之一。要学会有效地应对压力，大学生可以尝试一些放松技巧，如深呼吸、渐进性肌肉放松等。同时，合理安排时间、制订计划、培养兴趣爱好等也有助于应对压力。此外，寻求专业心理咨询师的帮助也可以有效地应对压力和情绪困扰。

4. 寻求专业帮助

如果心理健康问题比较严重，那么寻求专业心理咨询师的帮助是非常必要的。心理咨询师可以提供专业的建议和指导，帮助患者改善心理健康状态。同时，心理咨询师也可以提供一些实用的技巧和方法，帮助患者更好地应对生活中的挑战和困难。

5. 保持健康的生活方式

健康的生活方式有助于提高心理健康水平。饮食均衡、适量运动、充足的睡眠等都有助于改善心理健康状态。此外，避免过度依赖酒精和药物也有助于保持心理健康。

6. 培养自我调节能力

培养自我调节能力是提高心理健康水平的关键。自我反思和自我激励的方法，可以帮助个体更好地掌控自己的情绪和思维模式。写日记是一种有效的自我反思方法，可以帮助个体发现自身的情绪和思维模式，并找到相应的解决方法。此外，设定目标、奖励自己等也是提高自我调节能力的好方法。

三、大学生心理健康与人际关系

（一）建立良好人际关系的技巧

1. 积极交往

建立良好人际关系的基础是积极交往。在与他人交往时，大学生要主动分享自己的兴趣爱好，建立友好关系，多参与社交活动和团体活动。这样有助于扩大人际交往圈，可以与他人建立更深入的关系，也可以为生活增添更多乐趣。

2. 主动表达

在与他人交往时，要主动表达自己的观点和想法，同时倾听他人的意见和建议。在沟通时，大学生要注意理解他人的情感和需求，这样可以更好地建立良好的沟通和交流方式。这不仅可以帮助建立更好的人际关系，也可以提高自己的社交能力。

3. 保持积极态度

积极乐观的态度有助于建立良好的人际关系。在与他人交往时，大学生要避免因为负面情绪而影响人际关系，如果感到紧张或不安，可以尝试深呼吸、放松身体、思考积极的事情等方法来调整自己的情绪。

4. 尊重他人

尊重他人的观点、情感和需求是建立良好人际关系的重要前提。在与他人交往时，要避免对他人进行贬低、批评或嘲笑。尊重他人意味着理解他人的差异和个性，这有助于建立更深入的人际关系。

5. 善于倾听

倾听他人的意见和建议，理解他人的情感和需求是建立良好的沟通和交流方式的重要步骤之一。在交往中，大学生要善于倾听他人的发言，并给予适当的反馈和回应，这样可以更好地理解对方并建立更深入的关系。

6. 保持宽容和理解

在人际交往中，大学生要保持宽容和理解的态度，不要对他人过于苛刻或挑剔，要尊重他人的差异和个性。这样可以减少冲突和误解，建立更和谐的人际关系。

（二）应对人际冲突的方法

1. 冷静分析

当遇到人际冲突时，首先要冷静分析，了解冲突的原因和双方的立场，避免情绪化的反应。这一步骤非常重要，因为它有助于人们保持客观和理性，避免让情绪影响决策。通过冷静分析，人们可以更好地理解冲突的根源，从而制订更有效的解决方案。

2. 寻求妥协

在分析冲突原因的基础上，大学生要尝试寻找双方都能接受的解决方案，通过协商达成妥协。妥协并不意味着放弃自己的立场，而是寻求一种平衡点，使双方都能接受结果。妥协有助于缓解紧张局势，并建立更紧密的合作关系。

3. 学会宽容和理解

在人际交往中，大学生要学会宽容和理解的态度，不要对他人过于苛刻或挑剔，要尊重他人的差异和个性。宽容和理解能够促进人与人之间的理解和沟通，有助于建立更加和谐的人际关系。

4. 避免攻击性语言和行为

攻击性语言和行为只会加剧冲突，大学生要避免使用攻击性的言辞或行为来对待他人，使用平和、理性的语言和行为能够更好地建立信任和合作关系，避免冲突升级。

5. 寻求专业帮助

如果人际冲突无法自行解决或升级，大学生可以寻求专业心理咨询师的帮助。专业心理咨询师可以提供更有效的解决方案，并帮助人们更好地处理人际冲突。他们能够提供一些有效的沟通技巧和方法，帮助人们更好地表达自己的观点和感受。

6. 培养沟通技巧

提高沟通技巧是应对人际冲突的重要方法之一。沟通技巧包括倾听、表达、理解和展现同理心等。通过有效的沟通，人们可以更好地理解对方的观点和感受，减少误解和冲突。此外，积极倾听对方的意见和建议，并给予积极的反馈和回应，也能够促进更好的沟通和合作。

第二节　大学生心理健康与德育的关系

一、德育与大学生心理健康的相互作用

（一）德育对心理健康的影响

德育是学校有目的、有计划、系统地对学生施加政治、思想、道德等方面的影响，使学生形成符合社会与时代所需要的思想品德的教育活动。德育对学生的心理健康起着至关重要的作用。

1. 德育有助于学生形成良好的情绪和情感

德育有助于学生形成良好的情绪和情感。情绪和情感是人对客观事物态度的体现，是个体心理生活的一个重要领域。德育能通过一系列活动，使学生产生正确的、健康的情绪体验，从而有助于学生良好性格的塑造。

2. 德育有助于学生形成良好的意志品质

德育有助于学生形成良好的意志品质。良好的意志品质是大学生心理健康的重要标准之一。德育通过引导学生树立正确的道德观念，培养学生的道德意志，使学生在面对困难和挫折时，能够坚持自己的道德信念，并采取积极的态度去克服困难。

3. 德育有助于学生形成正确的自我意识

德育有助于学生形成正确的自我意识。正确的自我意识是个体心理健康的重要标志之一。德育通过引导学生认识自己的优点和不足，培养他们自我评价的能力和自信心，帮助他们建立正确的自我概念，从而促进其心理健康。

（二）心理健康对德育的促进作用

心理健康也是影响大学生品德发展的重要因素，它对于德育具有积极的促进作用。具体表现在以下几个方面。

1. 良好的心理健康水平有助于提高德育效果

心理健康水平的高低直接影响着德育的效果。心理健康水平高的大学生更容易接受德育的影响，更容易形成正确的道德观念和行为习惯。同时，他们也更容易与教师、同学建立良好的人际关系，从而更好地融入集体和社会。

2. 心理健康有助于增强学生的道德自觉性

心理健康能够增强学生的道德自觉性。心理健康水平高的大学生往往能够更加清晰地认识自己的道德观念和行为准则，更加自觉地遵守道德规范，从而更好地实现自我约束和自我控制。

3. 心理健康有助于培养学生的道德情感

心理健康能够培养学生的道德情感。心理健康水平高的大学生往往能够更加关注他人的感受和需要，更加注重人际关系的和谐，从而更容易产生积极的道德情感，如同情心、责任感等。这些情感对于德育的开展和深入具有积极的促进作用。

二、德育在解决大学生心理问题中的应用

（一）德育在心理问题预防中的作用

大学生心理健康教育一直是高校教育的重要组成部分，德育在心理问题预防中具有重要的作用。首先，德育可以提高学生的心理素质，帮助他们更好地应对心理问题。德育强调人的内心修养和道德操守，强调积极向上的人生态度和正确的价值观，有助于学生形成健康的心理状态。其次，德育可以帮助大学生建立良好的人际关系，减少心理问题的发生。德育注重人际交往的技巧和方法，引导学生正确处理人际关系，增强人际关系的和谐性，从而减少心理问题的发生。此外，德育还可以帮助大学生树立正确的自我认知，增强自我调节能力，从而更好地应对心理问题。

在实践中，德育可以通过以下方式发挥心理问题预防的作用：

1. 开展心理健康教育课程

高校可以开设心理健康教育课程，通过讲解心理健康知识、心理调节方法等，帮助学生掌握心理健康的基本知识和技能，提高自我调节能力。这种课程可以帮助学生们更好地认识自己的情绪和行为，从而使学生更好地应对学习和生活中的各种挑战。

心理健康知识包括了各种心理学的基本原理和方法，例如心理防御机制、心理干预、

情绪管理、心理障碍等方面的知识。这些知识不仅能够帮助学生们了解自己的心理状态，也可以让他们在遇到困难时知道如何寻求帮助。此外，课程还可以结合学生的实际需求和个性特点，通过互动、实践和小组讨论等形式，增强学生的学习效果。

在实施过程中，高校需要明确教学目标和内容，制订合理的课程计划，制定评估标准，确保课程的质量和效果。同时，高校还需要注重师资力量的培养和提高，确保教师具备专业的知识和技能，能够为学生提供有效的指导和服务。

2. 组织心理健康教育活动

高校可以组织各种形式的心理健康教育活动，如心理健康讲座、心理健康知识竞赛等，增强学生对心理健康的关注和认识。这些活动可以让学生们更加深入地了解心理健康的重要性，同时也可以让他们通过互动和实践，提升自己的心理素质，提高应对能力。

心理健康讲座可以邀请专业的心理咨询师或心理学家来讲解心理健康的知识和技巧，让学生们更加全面地了解心理健康的重要性。心理健康知识竞赛则可以让学生们通过竞赛的形式，增强自己的记忆力和团队协作能力，同时也可以让他们更加深入地了解心理健康的知识和技能。

在组织心理健康教育活动时，高校需要注重活动的形式和内容，确保活动的趣味性和互动性，同时也要注重活动的质量和效果。此外，高校还需要注重活动的宣传和推广，确保更多的学生能够参与到活动中来。

3. 开展心理辅导工作

高校可以设立心理咨询室、心理辅导中心等机构，为学生提供专业的心理辅导服务，帮助学生解决心理问题，预防心理疾病的发生。这些机构可以为学生提供专业的心理咨询和治疗服务，帮助他们克服各种心理障碍和困难，提升他们的心理素质，并提高应对能力。

心理咨询室和心理辅导中心需要具备专业的设备和设施，确保服务的专业性和安全性。同时，高校还需要注重师资力量的培养和提高，确保教师具备专业的知识和技能，能够为学生提供有效的指导和服务。此外，高校还需要注重服务的质量和效果，制订合理的评估标准和反馈机制，及时发现问题和不足并加以改进。

（二）德育在心理问题干预中的策略

德育在心理问题干预中有重要的策略。德育可以通过提高学生对自我认知的程度来干预心理问题。高校应通过引导大学生进行自我反思和自我分析，让他们更加清晰地了解自己的情感、情绪和行为特点，从而更好地调整自己的心态和行为方式。同时，德育还可以培养大学生良好的情感调节能力，使他们能够更加自如地应对情绪波动和情感困扰。

德育可以通过培养大学生的社会责任感和道德观念来干预心理问题。通过强调社会责任和道德规范的重要性，引导大学生树立正确的价值观和人生观，增强他们的社会责任感和道德意识。这样可以帮助他们更好地适应社会环境，减少因社会压力和道德困境而产生的心理问题。

此外，德育可以通过建立良好的人际关系来干预心理问题，可以通过引导学生建立良好的人际关系，增强他们的人际交往能力和情感支持系统。这样可以帮助他们更好地应对人际关系的挑战和压力，减少因人际关系问题而产生的心理困扰。

在实践中，德育可以通过以下方式在心理问题干预中发挥作用。

1. 建立心理咨询机制

高校可以设立心理咨询室或心理咨询热线电话等机制，为学生提供专业的心理咨询和干预服务。同时，德育教师可以参与其中，提供心理咨询技巧和德育方面的指导。

2. 开展团体辅导活动

高校可以组织各种形式的团体辅导活动，如团队建设、心理训练等，通过集体活动和互动交流来增强学生的情感支持，并提高人际交往能力。

3. 建立学生互助组织

高校可以鼓励学生建立各种形式的互助组织，如学生社团、兴趣小组等，通过学生之间的相互支持和帮助来增强学生的情感支持，并提高人际交往能力。

第三节　大学生心理健康问题的预防与干预

一、大学生心理健康问题的识别与预警

（一）大学生心理健康问题的常见表现与识别

（1）焦虑症：表现为紧张不安、烦躁、失眠、对日常事物失去兴趣，甚至会出现身体症状，如头痛、胃痛等。

（2）抑郁症：表现为情绪低落、缺乏兴趣和活力、睡眠障碍、食欲不振等。有些大学生可能表现出自闭、疏离等行为变化。

（3）人际关系问题：包括与同学、朋友、家人、导师等的人际关系紧张，甚至出现校园欺凌等行为。

（4）学业压力：面对学业压力，部分大学生可能会表现出焦虑、失眠、注意力不集

中等症状。

（5）自我认同问题：部分大学生可能会对自己的性别、外貌、家庭背景、专业选择等方面感到不满意，进而产生自卑、抑郁等心理问题。

识别大学生的心理健康问题，可以从以下几个方面入手。

（1）观察学生的行为表现：高校应注意学生的情绪变化、言语表达、行为举止等，是否有异常表现。

（2）了解学生的生活状况：高校应了解学生的家庭背景、经济状况、人际关系等情况，是否有影响心理健康的因素。

（3）定期开展心理健康测评：通过心理健康测评工具，高校应了解学生的心理健康状况，及时发现潜在的心理问题。

（4）鼓励学生主动寻求帮助：高校应该提供心理咨询和心理辅导服务，鼓励学生主动寻求帮助，及时发现问题。

（二）预警机制的建立与实施

为了有效预防和应对大学生心理健康问题，学校应该建立预警机制，这包括以下几个方面。

1. 建立心理健康监测体系

高校应该设立专门的心理健康监测机构，定期开展心理健康测评，及时发现潜在的心理问题，同时，要关注特殊群体，如新生、贫困生、学业困难生等，他们更容易出现心理健康问题。为了建立心理健康监测体系，高校可以采取以下措施。

（1）高校应定期开展心理健康测评，包括心理问卷调查、面对面咨询、电话咨询等方式。

（2）高校应关注特殊群体，对新生、贫困生、学业困难生等重点群体进行特别关注，建立特殊群体心理健康档案。

（3）高校应建立心理危机预警机制，通过与学生的沟通交流、心理健康筛查等方式，及时发现学生的心理问题，以便采取相应的干预措施。

2. 建立预警指标体系

根据心理健康问题的表现和特点，高校应建立预警指标体系，包括情绪指标、行为指标、人际关系指标等。通过监测这些指标的变化，及时发现潜在的心理问题。为了建立预警指标体系，学校可以采取以下措施。

（1）高校应制订心理健康问题的分类标准，明确不同类型问题的预警指标。

（2）高校应定期监测预警指标的变化情况，发现异常变化时及时采取干预措施。

（3）高校应加强心理健康宣传教育，提高学生对预警指标的认识和重视程度。

3. 建立危机干预机制

对于已经出现心理问题的学生，高校应该及时启动危机干预机制，提供心理咨询和心理辅导服务，帮助学生缓解心理压力，必要时可采取适当的干预措施，如转介到专业医疗机构等。为了建立危机干预机制，高校可以采取以下措施。

（1）高校建立专业的心理咨询和心理辅导团队，为学生提供及时、专业的服务。

（2）高校建立转介机制，对于严重心理问题学生，及时转介到专业医疗机构进行治疗。

（3）高校加强心理健康教育师资队伍建设，提高心理健康教育专业水平。

4. 加强心理健康教育与宣传

学校应该加强心理健康教育，普及心理健康知识，提高学生对心理健康问题的认识和重视程度。同时，可以通过宣传活动、讲座等形式，鼓励学生主动寻求帮助，及时发现问题。具体来说，高校可以采取以下措施。

（1）高校定期开展心理健康教育课程和讲座，提高学生的心理健康意识。

（2）高校充分利用校园媒体平台，如校园广播、校报、校园网站等，加强心理健康宣传教育。

（3）高校鼓励学生积极参与心理健康活动，如心理健康社团、心理情景剧等。

5. 建立家校合作机制

高校应该与家长建立密切联系，共同关注学生的心理健康问题。通过家校合作，共同帮助学生解决问题，促进学生的健康成长。具体来说，高校可以采取以下措施。

（1）高校建立家长联系制度，定期与家长沟通交流学生的心理健康情况。

（2）高校举办家长培训活动，提高家长对学生心理健康问题的认识和重视程度。

（3）高校鼓励家长参与学校的心理健康教育活动，共同促进学生健康成长。

二、大学生心理健康问题的干预措施

（一）心理咨询与辅导的方法和技巧

大学生心理健康问题越来越受到社会的关注，心理咨询与辅导作为解决大学生心理问题的重要途径和方法，其作用和效果也日益显现。在大学生心理健康问题的干预过程中，心理咨询与辅导的方法和技巧是至关重要的。

1. 建立良好的咨询关系

建立良好的咨询关系是心理咨询与辅导的基础，也是解决大学生心理问题的关键。

为了建立良好的咨询关系，咨询师应该以真诚、尊重、共情和积极关注的态度对待学生，并与学生建立相互信任的关系。在咨询过程中，咨询师应该倾听学生的倾诉，了解学生的心理状况，并及时给予鼓励和支持，帮助学生打开心扉，愿意与咨询师交流，积极配合咨询师的辅导工作。

2. 明确咨询目标和方法

针对大学生的不同心理问题，咨询师应该明确咨询目标和方法，选择适当的咨询方法和技巧。不同的心理问题需要不同的咨询方法和技巧，如认知行为疗法、人本疗法、艺术疗法等。咨询师应该根据学生的具体情况，选择适当的咨询方法和技巧，有针对性地帮助学生解决问题。同时，咨询师应该注意与学生的互动和交流，不断调整和改进咨询方法和技巧，以达到更好的辅导效果。

此外，高校应该加强心理健康教育，提高学生的心理素质和自我调节能力。高校应该为学生提供专业的心理咨询师和心理咨询室，提供定期的咨询和辅导服务。同时，高校还应该建立心理咨询与辅导的制度化，为学生提供全面的心理支持和帮助。

3. 建立心理咨询与辅导的制度化

高校应该建立心理咨询与辅导的制度化，为学生提供专业的心理咨询服务和辅导。建立心理咨询室，配备专业的心理咨询师，定期开展咨询和辅导工作。此外，高校应该加强对学生的心理健康教育，通过开展心理健康教育课程、讲座等方式，提高大学生的心理素质和自我调节能力。同时，高校应该重视心理问题的预防工作，关注大学生的心理健康问题，及早发现和解决学生的心理问题。这样可以帮助学生及时获得有效的心理援助和辅导服务。

（二）自我调节与自助能力的培养

自我调节与自助能力是解决大学生心理健康问题的关键。大学生应该学会自我调节情绪、增强自我认知、提高自我控制能力，通过自我调节来缓解心理压力、解决心理问题。

1. 增强自我认知能力

大学生应该了解自己的性格、兴趣、优点和缺点，这是非常重要的。通过自我反思、自我评估、自我总结等方式，大学生可以发现自己的问题所在，并积极寻求解决方法。这种自我认知能力有助于大学生更好地认识自己，更好地应对生活中的挑战和困难。

在增强自我认知能力的过程中，大学生可以尝试以下方法：

（1）写日记或反思笔记：通过记录自己的想法、感受和行为，大学生可以更好地了解自己的内心世界。

（2）参加心理辅导课程：高校可以开设心理辅导课程，帮助大学生了解自我认知的重要性，并提供相关的技巧和方法。

（3）参加社会实践和团队活动：通过参与团队活动和社会实践，大学生可以更好地了解自己的优点和缺点，同时也可以提高自己的社交能力和人际交往能力。

2. 培养良好的情绪调节能力

大学生在面对学习、生活和人际关系等方面的压力时，容易出现情绪波动和情绪失控的情况。因此，培养良好的情绪调节能力对于大学生来说非常重要。大学生可以通过以下方法来培养自己的情绪调节能力。

（1）学习情绪调节技巧：如深呼吸、放松训练、积极思考等，这些技巧可以帮助大学生缓解情绪压力，保持情绪稳定。

（2）寻求他人支持：与家人、朋友、同学等交流，分享自己的感受和问题，可以获得他人的支持和理解，增强心理韧性。

（3）学会适应和应对：大学生应该学会适应和应对生活中的变化和挑战，这需要一定的自我调节和自我控制能力。

3. 建立支持系统

大学生应该建立自己的支持系统，包括家庭、朋友、同学等。大学生通过与他人交流、分享自己的感受和问题，获得他人的支持和理解，可以增强心理韧性。建立支持系统的方法包括如下。

（1）保持联系：大学生可以与家人和朋友保持联系，定期交流，分享彼此的生活和感受。

（2）加入社团和组织：大学生可以加入兴趣社团和组织，可以结交志同道合的朋友，共同成长和进步。

（3）寻求专业帮助：如果遇到难以解决的问题，大学生可以寻求专业心理咨询师的帮助，获得专业的支持和建议。

4. 参加心理健康教育活动

高校应该开展心理健康教育活动，帮助学生了解心理健康知识，提高心理素质和自我调节能力。高校可以通过以下方式来开展心理健康教育活动。

（1）心理健康讲座：高校可以邀请心理学家或专家进行讲座，普及心理健康知识。

（2）心理沙龙：高校可以组织定期的心理沙龙活动，提供交流和讨论的平台，促进心理成长。

（3）心理训练：高校可以通过专业的心理训练方法，帮助学生提高心理素质和自我调节能力。

（4）心理健康课程：高校可以将心理健康知识融入课程教学中，提高学生的心理健康意识。

三、校园环境对大学生心理健康的影响

（一）校园文化对心理健康的促进

校园文化是校园内的一种特殊的社会文化，它是由学校成员共同创造和享有的，以校园为主要空间，以校园精神为主要特征，以培养人才为目标的社会文化。良好的校园文化能够促进大学生心理健康的发展，具体表现在以下几个方面。

1. 增强大学生的自信心和自尊心

校园文化对于大学生的自信心和自尊心的增强具有积极的影响。首先，校园文化提供了一种积极的氛围，这种氛围有助于使大学生感到自己被尊重和接纳。在这种氛围中，大学生可以感到自己是一个有价值的人，而不是被忽视或排斥的个体。这种积极的心理状态有助于大学生更好地适应社会，增强自我认知和自我评价能力，从而更好地应对各种挑战和困难。

此外，校园文化还可以通过各种活动和社交机会来增强大学生的自信心和自尊心。例如，举办各种竞赛和活动可以让大学生展示自己的才华和能力，从而增强他们的自信心。同时，校园文化也可以提供一种社交平台，使大学生有机会与其他同学交流、互动、合作，从而增强人际交往能力。这些社交机会有助于大学生更好地理解他人，建立良好的人际关系，增强社会适应能力。

2. 促进大学生的人际交往能力

校园文化对于大学生的人际交往能力具有积极的促进作用。首先，校园文化提供了一种社交平台，使大学生有机会与其他同学交流、互动、合作。这种社交机会有助于大学生更好地了解他人，建立良好的人际关系，增强他们的社交技巧和沟通能力。此外，校园文化还可以通过各种团队活动和项目合作来提高大学生的团队协作能力，使他们更好地适应团队工作和集体生活。

3. 培养大学生的创新精神和创造力

校园文化对于大学生的创新精神和创造力具有积极的培养作用。首先，校园文化提供了一种创新的环境和机会，这种环境能够激发大学生的创新思维和想象力。大学生可以尝试新的想法和方法，并在实践中得到验证和发展。这种环境还提供了各种资源和支持，以便大学生在创新过程中得到帮助和支持。同时，校园文化也可以通过各种课程和

活动来增强大学生的创造力和想象力，例如，举办创意写作、设计比赛等，使大学生在实践中锻炼自己的创造力。

（二）应对压力与挫折的策略

大学生在校园生活中会面临各种压力和挫折，如学业压力、人际关系压力、就业压力等。这些压力和挫折会对大学生的心理健康产生负面影响，因此，大学生需要掌握一些应对压力与挫折的策略与方法，以保持心理健康。

1. 学会放松自己

大学生在面对学习和生活的压力时，学会放松自己是非常重要的。大学生通过运动、音乐、阅读等方式来放松自己，可以缓解压力和紧张情绪，从而更好地应对各种挑战和困难。

运动是放松的好方法，它可以促进血液循环，提高身体代谢水平，同时也能增强身体素质和免疫力。大学生可以选择适合自己的运动方式，如跑步、游泳、瑜伽等，每周至少进行三次运动，每次不少于 30 分钟。

音乐也是一种很好的放松方式，它可以缓解压力和焦虑，帮助大学生放松身心。大学生可以选择一些舒缓的音乐，如轻音乐、古典音乐等，通过聆听音乐来放松自己。

此外，阅读也是一种非常好的放松方式。阅读可以帮助大学生扩展知识面，开阔视野，同时也能帮助大学生缓解压力和紧张情绪。大学生可以选择一些轻松愉悦的书籍，如小说、散文、科普读物等，通过阅读来放松自己。

这些方法可以帮助大学生转移注意力，放松身心，从而更好地应对各种挑战和困难。因此，大学生应该积极尝试这些方法，并逐渐培养自己的放松能力。

2. 建立良好的人际关系

良好的人际关系对于大学生来说非常重要。在面对学习和生活的压力时，良好的人际关系可以帮助大学生获得更多的支持和帮助，从而更好地应对各种压力和挫折。

大学生应该学会与他人交流和沟通。在与他人交流时，应该注意表达方式和语气，避免引起误会或冲突，同时，也要尊重他人的意见和看法，积极倾听他人的想法和建议。

大学生应该学会合作和分享。在与他人合作时，大学生应该注意协调和配合，共同完成任务和目标。在分享方面，大学生可以与他人分享自己的经验和知识，增进彼此之间的了解和信任。

此外，大学生还应该积极参加各种社交活动和社团组织。通过参加社团组织或参加社交活动，大学生可以结交更多的朋友和同学，扩大自己的社交圈子和人脉资源。

通过建立良好的人际关系，大学生可以获得更多的支持和帮助，增强社会适应能力。

因此，大学生应该积极与他人交往，培养自己的社交能力，并在与他人交流和合作中不断提升自己的素质和能力。

3. 寻求专业帮助

如果大学生面临严重的心理问题或压力时，寻求专业心理咨询或治疗是非常必要的。专业的心理咨询或治疗可以帮助大学生更好地认识自己、理解自己、解决问题，从而更好地应对各种挑战和困难。

大学生应该认识到自己的心理问题或压力的严重性。如果这些问题已经影响到了自己的学习和生活，那么就应该及时寻求专业帮助。

大学生应该选择正规的心理咨询机构或医院进行治疗。这些机构或医院有专业的心理咨询师或医生，可以帮助大学生更好地认识自己、理解自己、解决问题。

此外，大学生还可以通过自我调节来缓解心理问题或压力，例如，可以通过运动、音乐、阅读等方式来放松身心；也可以通过与他人交流、倾诉来缓解心理压力；还可以通过培养自己的兴趣爱好来转移注意力。

第六章　网络文化对大学生德育的影响

第一节　网络文化的定义和特点

一、网络文化的概念和内涵

网络文化是指在网络社会产生、发展和繁荣的过程中所创造的、与现代信息网络技术相关的各种文化现象的总和。它是科技与文化的结晶，具有网络性和互动性的特点，是对传统文化和传统媒体文化在形式、内容和方式上的创新和发展。网络文化不仅包括各种网络文学、网络艺术、网络影视、网络音乐等具体文化形式，还包括与之相关的价值观念、思维方式、行为规范、审美情趣等深层次文化内涵。

二、网络文化的特征和表现形式

（一）网络文化的特征

1. 开放性

网络文化具有高度的开放性，它打破了地域和国界的限制，使得全球的文化信息得以自由交流和分享。这种开放性不仅体现在地域和国界上，也体现在文化形式和内容上。网络文化为各种文化形式提供了展示和交流的平台，使得各种文化元素得以自由碰撞和融合。这种开放性使得网络文化成为了一种全球性的文化现象，吸引了来自不同地域和背景的人们参与其中。

2. 互动性

网络文化强调互动和参与，用户可以自由发表自己的观点和意见，形成多元化的文化交流。在网络文化中，用户不再是被动接受信息的一方，而可以主动参与、表达自己的观点和意见。这种互动性使得网络文化具有高度的活力和创新性，不断推动着文化的创新和发展。

3. 多样性

网络文化形式多样，包括文字、图片、音频、视频等多种形式，可以满足不同用户的需求。网络文化的多样性不仅体现在形式上，也体现在内容上。网络文化涵盖了各种不同的文化元素和主题，在新闻、娱乐、科技、艺术、文学等多个领域都有所涉及。这种多样性使得网络文化具有高度的吸引力和影响力，吸引了不同兴趣爱好的用户参与其中。

4. 虚拟性

网络文化是基于虚拟网络创造的，具有虚拟性和现实性的双重特征。虚拟性是网络文化的显著特点之一，它使得人们可以在网络空间中以虚拟身份进行交流和互动。然而，虚拟性并不意味着网络文化完全脱离现实生活，它仍然与现实生活有着密切的联系。在虚拟空间中，人们可以分享自己的经历、情感和观点，同时，也关注着现实生活中的各种事件和文化动态。

5. 实时性

网络文化传播速度快，可以实时更新和分享最新的信息和文化动态。随着互联网技术的不断发展，网络文化的传播速度越来越快，信息可以在短时间内迅速传播到全球范围内。这种实时性使得人们可以及时了解各种新事件和文化动态，也可以及时参与到各种话题的讨论中来。网络文化的实时性也促进了文化的创新和发展，使得各种新的文化元素和理念得以迅速传播和扩散。同时，实时性也带来了一些挑战，如信息泛滥、虚假信息等问题也需要得到重视和解决。

（二）网络文化的表现形式

网络文化是一种以互联网为载体，以数字化形式进行传播和交流的文化形式。它的表现形式多种多样，包括各种网络文学、网络艺术、网络影视、网络音乐、社交媒体等。以下是对这些表现形式的详细论述。

1. 网络文学

网络文学是以互联网为平台，通过文字、图片、音频等形式，在网络平台上进行创作和分享的一种文学形式。其主要形式包括网络小说、博客文学、微信公众号文章等。其中，网络小说是较常见的一种网络文学形式，通常由作者在网络平台上进行创作，通过点击率、阅读量等方式获得关注和赞赏。

2. 网络艺术

网络艺术是以互联网为载体，通过绘画、音乐、舞蹈等形式，在网络平台上进行展示和交流的一种艺术形式。其中，网络绘画包括数字绘画、漫画、插画等；网络音乐包括在线音乐、音乐视频、音频分享等；网络舞蹈则包括在线舞蹈视频、舞蹈教学等。这些形式的网络艺术通过网络平台进行传播和交流，使得艺术作品更加广泛地传播。

3. 网络影视

网络影视是以互联网为载体，通过网络平台进行播放的一种影视作品。与传统影视作品相比，网络影视具有更加灵活的播放时间和方式，观众可以根据自己的时间安排和喜好选择观看。同时，网络影视也更加注重互动性和社交性，观众可以通过弹幕、评论等方式与演员和观众进行互动交流。

4. 社交媒体

社交媒体是互联网时代重要的社交平台之一，它通过各种社交软件（如微信、微博、抖音等）将人们连接在一起，人们在此分享自己的生活、表达自己的观点和情感，也可以了解他人的生活和观点。社交媒体不仅是人们交流和互动的平台，也是网络文化的重要载体之一。通过社交媒体，人们可以更加深入地了解和体验网络文化，同时，也能够创造和传播自己的文化价值观。

三、网络文化的传播方式和影响

（一）网络文化的传播方式

网络文化的传播方式主要有以下几种。

1. 互联网传播

互联网是网络文化传播的主要途径之一。通过互联网，人们可以访问各种网络媒体、社交媒体、在线视频等平台，浏览、分享和交流各种文化信息。这些平台提供了丰富的文化内容，包括新闻、娱乐、教育、科技、艺术等各个领域。互联网的传播速度快、覆盖面广，使得网络文化的影响力不断扩大。

2. 移动通信传播

随着移动通信技术的发展，手机成为了重要的文化传播工具。人们可以通过短信、微信、QQ 等通讯工具进行文化的交流和传播。移动通信传播具有便捷性和即时性，使得文化信息的传播更加迅速和广泛。

3. 数字图书馆传播

数字图书馆是一种新型的文化传播方式，它通过互联网提供各种电子图书、文献资料等资源，用户可以通过电脑或移动设备进行查阅。数字图书馆的资源丰富，涵盖了各种学科领域，为网络文化的传播提供了更多的渠道。

4. 在线教育传播

在线教育是一种新型的教育方式，它通过互联网提供各种在线课程和讲座，用户可以通过电脑或移动设备进行学习。在线教育打破了传统教育的时空限制，使得网络文化的影响力进一步扩大。

（二）网络文化的影响

网络文化的影响主要表现在以下几个方面。

1. 丰富人们的精神生活

2. 网络文化提供了更多的文化选择和交流平台，使人们能够接触到各种不同的文化形式，包括音乐、电影、文学、艺术等。这些文化形式使人们可以通过网络平台进行分享和交流，丰富了人们的精神生活，使人们能够更好地了解和欣赏不同的文化。

2. 促进文化的多元化发展

网络文化促进了不同国家和地区的文化在互联网上的交流和融合，这种跨地域的文化交流有利于推动文化的多元化发展，同时也增强了人们的文化自信。网络文化也为传统产业提供了新的发展机遇和商业模式，为文化产业的发展和创新提供了新的动力。

3. 推动文化产业的发展

网络平台为文化产业提供了新的销售渠道和营销手段，促进了文化产业的发展和创新。网络文化的发展也为传统媒体和出版业带来了新的挑战和机遇，推动了文化产业的发展和升级。

4. 负面影响

网络文化也带来了一些负面影响。首先，网络信息的泛滥、虚假信息的传播、网络欺诈等问题都对人们的生活造成了负面影响。其次，网络文化的快餐化、浅层化等问题也影响了人们的精神追求和文化素养的提升。这些负面影响需要引起人们的重视和关注，并采取有效的措施加以解决。

第二节 网络文化对大学生德育的影响

一、网络文化对大学生德育的积极影响

网络文化作为一种新兴的文化形式，已经对大学生的德育产生了积极的影响。以下是主要的积极影响。

（一）拓展大学生获取知识和信息的渠道

网络文化为大学生提供了一个广阔的知识和信息获取平台。大学生可以通过网络获取各种形式的知识和信息，包括文字、图片、视频、音频等，从而拓宽了他们的视野，丰富了他们的知识储备。此外，网络文化还为大学生提供了一个交流和分享的平台，使

他们能够更好地了解和掌握各种知识和信息。

（二）提高大学生的信息素养和自我管理能力

网络文化的发展对大学生的信息素养和自我管理能力提出了更高的要求。大学生需要具备一定的信息检索和筛选能力，才能在网络文化中获取有用信息。同时，网络文化的发展也要求大学生具备自我管理能力，包括时间管理、情绪控制等方面的能力。这些能力的培养和提高有助于大学生更好地适应网络文化环境，提高自身的综合素质。

（三）促进大学生德育观念的更新和变革

网络文化的发展也促进了大学生德育观念的更新和变革。网络文化强调个性和自由，倡导平等、公正、互助等价值观，这些价值观与传统的德育观念存在一定的差异。通过了解网络文化，大学生可以更加深入地思考各种道德问题，从而促进德育观念的更新和变革。同时，网络文化也为大学生提供了更多的德育资源和教育机会，有助于提高大学生的道德水平。

二、网络文化对大学生德育的负面影响

虽然网络文化对大学生的德育产生了积极的影响，但是也存在一些负面影响，需要注意的是以下几点。

（一）价值观的混乱和扭曲

网络文化中的信息内容较为复杂，存在一些不良信息和价值观的扭曲。大学生在接触这些信息时，容易受到不良信息的影响，导致价值观的混乱和扭曲。这不仅会影响大学生的道德观念，还可能影响他们的心理健康和社会适应能力。

（二）道德观念的弱化

网络文化中的匿名性和虚拟性可能导致大学生道德观念的弱化。在网络文化中，人们往往可以隐藏自己的真实身份和信息，这可能导致一些人缺乏责任感和道德约束。同时，网络文化中的一些不良行为也可能对大学生的道德观念产生负面影响。

（三）人际关系的疏离和信任危机

网络文化可能导致大学生人际关系的疏离和信任危机。在网络文化中，人们往往通过虚拟身份进行交流和互动，这可能导致人与人之间的真实情感交流减少。同时，网络文化中的一些不良行为和不道德行为也可能破坏人与人之间的信任关系。这不仅会影响大学生的社交能力和人际关系，还可能对他们的心理健康产生负面影响。

第三节　如何利用网络文化促进大学生德育

一、合理利用网络文化资源，拓展德育教育渠道

为了合理利用网络文化资源，拓展德育教育渠道，我们需要采取以下措施。

（一）精选网络资源，引导大学生正确使用网络资源

随着互联网的普及和网络资源的丰富，大学生在使用网络资源时面临着许多选择。然而，网络资源并非都是有益、健康、向上的，一些不良信息等也会对大学生的成长产生负面影响。因此，人们需要精选一些有益、健康、向上的网络资源，引导大学生正确使用网络资源。

这些资源可以是学术资料、新闻资讯、文化娱乐等，但必须符合社会主义核心价值观。在选择网络资源时，大学生应该注重以下几个方面。

1. 学术资料

大学生应选择一些权威的学术网站和数据库，提供高质量的学术资源，帮助大学生拓宽知识面，提高学术素养。以下是一些值得推荐的学术网站和数据库：

（1）中国知网（CNKI）：提供丰富的中文文献资源，包括期刊、学位论文、会议论文等，涵盖各个学科领域。

（2）维普资讯：与知网类似，也提供大量的中文文献资源。

（3）科学网：提供科学领域的学术论文、研究报告等。

（4）全球学术前沿：一个学术搜索引擎，可以按照学科领域、发表时间等条件进行文献检索。

（5）数字图书馆联盟：提供多个国内外图书馆的电子资源，包括外文文献、古籍文献等。

通过这些网站和数据库，大学生可以获取最新的学术研究成果，了解学科前沿动态，拓宽知识面，提高学术素养。

2. 新闻资讯

大学生选择一些主流媒体和新闻网站，提供最新的时事新闻和政策信息，帮助大学生了解社会动态，增强社会责任感。以下是一些值得推荐的新闻网站。

（1）新华社：官方新闻机构，发布权威、及时的新闻报道。

（2）央视新闻：提供央视的时事新闻报道，覆盖面广。

（3）界面新闻：提供高质量的新闻报道和评论，关注社会各领域的热点问题。

通过这些网站，大学生可以了解国家大事、社会热点和国际形势，增强社会责任感，培养关注社会、关心他人的意识。

3. 文化娱乐

大学生选择一些健康、积极的文化娱乐内容，如电影、音乐、动漫等，丰富大学生的精神生活，培养审美情趣。以下是一些值得推荐的文化娱乐内容。

（1）电影：推荐一些经典影片和时下热门的电影。

（2）音乐：推荐一些经典的歌曲，同时也可以推荐一些优秀的民谣。

（3）动漫：推荐一些优秀的动漫作品推荐一些优秀的国产动漫作品。

（4）纪录片：推荐一些优秀的纪录片，如《航拍中国》《地球脉动》等。这些纪录片可以丰富大学生的精神生活，培养审美情趣，同时也可以增长知识、拓宽视野。

此外，还可以推荐一些优秀的文学作品和艺术展览，如《红楼梦》《清明上河图》等，这些内容可以培养大学生的文学素养和艺术鉴赏能力。总之，通过这些文化娱乐内容，大学生可以丰富自己的精神生活，培养审美情趣和人文素养。

为了引导大学生正确使用网络资源，高校可以采取以下措施。

1. 开设网络资源导读课程

网络资源导读课程旨在传授大学生如何筛选和利用网络资源的方法和技巧。通过课程讲解、案例分析等方式，学生可以了解如何识别和评估网络资源的可信度和有效性，如何利用网络资源进行学习、研究和交流。同时，课程还可以引导学生了解网络资源的多样性，包括学术、商业、社交、娱乐等各种类型的资源，以及如何避免网络陷阱和避免网络欺诈。

2. 建立网络资源共享平台

网络资源共享平台鼓励学生分享优质的网络资源，共同学习和进步。该平台可以提供各种类型的网络资源，包括学术论文、研究报告、行业报告、视频教程等。学生可以在平台上分享自己的学习成果和经验，也可以获取其他同学分享的优质资源。通过共享平台，学生可以相互学习、相互促进，共同提高自己的网络素养和技能水平。

3. 开展网络素养教育活动

网络素养教育活动通过讲座、讨论等形式，引导学生正确认识网络、使用网络，增强学生的网络道德意识和法律意识。讲座可以邀请专业人士讲解网络安全、隐私保护、知识产权等方面的知识，引导学生树立正确的网络价值观和道德观。同时，讨论可以让学生表达自己的看法和感受，加深对网络素养的理解和认识。此外，学校还可以组织相关的实践活动，如网络安全竞赛、网络安全志愿者活动等，让学生在实践中提高自己的网络素养和能力。

（二）结合课堂教学，加强网络德育的渗透

课堂教学是德育教育的主阵地，我们可以结合教学内容，适当引入网络德育教育的元素，引导学生正确认识网络、使用网络，增强学生的网络道德意识和法律意识。

1. 结合学科特点

在各学科的教学中，培养学生的信息素养和自我管理能力是非常重要的。以下是一些具体的措施，可以结合学科特点来实现这一目标。

（1）引入信息技术应用：在课堂上引入信息技术应用，鼓励学生利用网络资源进行自主学习。例如，教师可以提供一些在线课程、学习网站或电子书等资源，引导学生自主探索和学习。教师可以利用网络平台进行合作教学。例如，教师可以创建在线讨论区或小组协作平台，让学生们可以在课堂上进行互动交流和合作解决问题。这些措施可以帮助学生更好地理解和掌握信息技术，提高他们的信息素养和自我管理能力，同时，也可以促进学生的自主学习和合作学习能力。

（2）鼓励学生利用网络平台进行互动交流：教师可以利用网络平台建立班级社区，让学生们可以在平台上分享学习心得、交流问题和经验。这样可以提高学生的沟通和协作能力，增强他们的社交技能。教师可以利用网络平台进行作业提交和评估。学生可以在平台上提交作业，教师可以在线批改和反馈，这样可以提高学生的学习效率和自我管理能力。通过这些措施，学生可以在网络平台上进行互动交流，增强他们的沟通能力、协作能力和自我管理能力。

（3）引导学生正确使用网络工具和平台：教师应引导学生正确使用搜索引擎和社交媒体等网络工具。鼓励学生利用搜索引擎进行知识搜索和解决问题，同时教育学生如何识别和避免网络上的虚假信息和诈骗。应避免学生沉迷于网络游戏和社交媒体，应教育学生合理安排时间，保持良好的生活习惯和学习态度。这些措施可以帮助学生在使用网络工具和平台时保持理性，避免学生沉迷于网络游戏和社交媒体，从而更好地保护自己的身心健康。

（4）培养学生的信息筛选和判断能力：教师应教授学生如何识别和筛选信息，引导学生正确使用网络资源，不轻易相信和传播未经证实的消息。

教师应培养学生批判性思考的能力，让他们学会对信息进行评估和分析，从而做出正确的决策。这些措施可以帮助学生更好地识别和理解信息，避免使学生受到虚假信息的误导，从而更好地保护自己的权益和利益。

2. 引入案例分析

引入案例分析是增强学生网络道德和法律意识的有效途径。通过分析网络上的热点事件和案例，教师可以引导学生了解网络道德和法律的重要性，增强学生的自我约束能力。以下是一些实现这一目标的具体方式。

（1）引导学生关注网络热点事件，讨论网络道德和法律问题。

引导学生关注网络热点事件，可以通过班级讨论、小组讨论或线上讨论等形式进行。在讨论过程中，教师可以引导学生思考网络热点事件中涉及到的道德和法律问题，如网络欺凌、隐私泄露等。通过讨论，学生可以了解网络道德和法律的重要性，并学会如何应对类似事件。

（2）分析网络上的虚假信息和网络诈骗案例，引导学生树立正确的价值观。

网络上的虚假信息和网络诈骗案例是常见的网络问题之一。通过分析这些案例，教师可以引导学生认识到虚假信息和诈骗行为的危害性，并树立正确的价值观。教师还可以引导学生了解如何识别虚假信息和避免上当受骗的方法，如不轻信陌生人、不随意泄露个人信息等。

（3）结合课程知识，介绍相关的法律法规和道德规范，提高学生的法律意识。

在课程中，教师可以结合相关法律法规和道德规范，介绍网络安全、隐私保护等方面的知识。通过讲解相关法律法规和道德规范的内容和意义，可以提高学生的法律意识，增强学生的自我约束能力。同时，教师还可以引导学生了解如何运用法律法规和道德规范维护自己的合法权益。

引入案例分析不仅可以增强学生的网络道德和法律意识，还可以培养学生的批判性思维和分析能力。通过分析网络上的热点事件和案例，学生可以学会如何识别虚假信息、如何应对网络欺凌等问题。此外，引入案例分析还可以帮助学生了解相关法律法规和道德规范的内容和意义，增强学生的自我保护能力。

3. 开展小组讨论

（1）组织小组讨论活动，鼓励学生积极参与讨论。

为了提高学生的思辨能力和道德判断力，组织小组讨论活动是一种有效的方式。首先，教师可以将学生分成若干小组，确保每个小组的学生人数和水平相当。其次，教师需要为每个小组分配一个讨论主题，主题应该围绕网络道德和法律问题，以确保讨论内容的针对性。在讨论过程中，教师可以鼓励学生积极发言，表达自己的观点和看法，同时也要给予学生充分的思考和讨论时间。

（2）引导学生从不同角度思考问题，提高思辨能力。

在小组讨论中，引导学生从不同角度思考问题是非常重要的。首先，教师需要鼓励学生从多个角度分析问题，不要局限于单一的思维方式。其次，教师可以通过提出开放性问题，引导学生从不同的角度思考问题，例如“你认为网络道德和法律应该如何平衡？”“你认为网络道德和法律应该如何影响我们的日常生活？”等。通过这种方式，学生可以逐渐提高自己的思辨能力。

（3）鼓励学生提出自己的观点和建议，增强学生的自信心。

在小组讨论中，鼓励学生提出自己的观点和建议是非常重要的。首先，教师应该给予学生充分的思考时间，让他们能够充分思考和准备自己的发言内容。其次，教师应该鼓励学生积极发言，表达自己的观点和建议，即使这些观点和建议可能与某些主流观点存在差异。这样可以增强学生的自信心和表达能力，同时也能够提高学生的思辨能力。

4. 引导学生理性对待网络信息

为了引导学生理性对待网络信息，高校和社会应该采取以下措施。

（1）培养学生正确的信息价值观：在信息化社会中，学生需要具备正确的信息价值观，能够理性看待网络信息，不轻易相信和传播虚假信息。为此，高校应该注重培养学生的信息素养，让他们认识到信息的真实性、可靠性、可信度的重要性，不轻易相信未经证实的消息。同时，高校也应该教育学生不要将网络信息作为唯一的判断依据，要结合自己的生活经验和实际情况进行思考和判断。

（2）引导学生正确对待网络新闻和信息：网络新闻和信息具有时效性、多样性、易获取性等特点，但是也存在虚假、夸大、不实等问题。因此，高校应该教育学生正确对待网络新闻和信息，提高信息辨别能力。具体来说，高校可以采取以下措施。

高校应引导学生关注权威媒体和官方渠道的信息发布，避免被虚假信息误导。

高校应引导学生学会辨别信息的真实性、可靠性和可信度，不轻易相信未经证实的消息。

高校应引导学生关注社会热点事件时保持理性和客观的态度，不盲目跟风。

（3）培养学生批判性思维：批判性思维是指一种有目的、合理的思考过程，包括对信息的真实性、可靠性、可信度进行评估和判断。高校应该教育学生培养批判性思维，提高对网络信息的辨别能力和分析能力。具体来说，高校可以采取以下措施。

高校应开设相关的课程和讲座，传授批判性思维的方法和技巧。

高校应鼓励学生多角度思考问题，不要轻易被单一观点所左右。

高校应引导学生学会独立思考和判断，不要盲目跟风或人云亦云。

（4）加强家庭教育和社会引导：家庭教育和社会引导也是引导学生理性对待网络信息的重要因素。高校应该与家庭和社会共同合作，营造一个健康、积极的网络环境。具体来说，可以采取以下措施。

在家庭教育方面，家长应该引导孩子正确对待网络信息，教育孩子保持理性和客观的态度，不要被虚假信息所迷惑。

在社会引导方面，高校应该加强对网络信息的监管和管理，打击网络谣言和虚假信息的传播；同时，媒体也应该积极传播正能量和正确的价值观，引导公众理性看待网络信息。

5. 增强学生的网络安全意识

为了增强学生的网络安全意识，高校可以采取以下措施。

（1）教育学生了解常见的网络安全威胁和攻击手段：学生应该了解常见的网络安全威胁，如钓鱼攻击、恶意软件、网络钓鱼、社交工程等。这些威胁可以通过网络上的各种形式出现，如电子邮件、社交媒体、网站等。教育学生识别这些威胁，并了解如何避免它们是非常重要的。

此外，学生还应该了解一些常见的攻击手段，如拒绝服务攻击、分布式拒绝服务攻击、网络扫描和渗透测试等。这些攻击手段可能会对个人和组织造成严重的损害，因此学生应该了解如何防范这些攻击。

（2）引导学生正确使用密码和保护个人信息的方法：为了保护个人信息的安全，学生应该采取适当的密码管理和个人信息保护措施。他们应该选择复杂的密码，并定期更改密码。他们还应该避免使用个人信息作为密码，例如生日、名字或家庭电话号码等。此外，他们应该使用加密通信工具来与他人交流敏感信息。

同时，教育学生如何安全地处理垃圾邮件和陌生人的请求也是非常重要的。他们应该学会识别垃圾邮件并避免与陌生人分享个人信息或财务信息。

（3）教育学生如何防范网络诈骗和诈骗电话等行为：网络诈骗和诈骗电话是常见的网络安全问题之一。教育学生识别这些骗局并避免上当受骗是非常重要的。他们应该了解常见的网络诈骗手段，如假冒官方机构、虚假中奖、虚假贷款等。此外，他们还应该学会识别诈骗电话，例如通过号码来源、通话时间等来判断电话的真实性。

如果学生遇到可疑情况或收到可疑邮件，他们应该及时向家长或老师报告，并采取适当的措施来保护自己的安全和隐私。

（4）提供安全上网教育课程：高校可以提供安全上网教育课程，帮助学生了解如何安全地使用互联网。这些课程可以包括网络安全基础知识、如何避免网络诈骗、如何保护个人信息、如何使用安全软件和浏览器等。这些课程可以通过讲座、讲座视频、实践活动等形式进行。

（5）鼓励学生使用安全软件和浏览器

学生应该使用安全软件和浏览器来保护自己的隐私和信息安全。这些软件和浏览器通常会提供防火墙、广告拦截、隐私保护等功能，帮助保护学生的个人信息安全。学校可以推荐一些知名安全软件和浏览器给学生使用，并教育他们如何正确安装和使用这些工具。

（6）建立网络安全小组或俱乐部

高校可以建立一个网络安全小组或俱乐部，鼓励学生参与其中，共同学习网络安全知识，分享经验，讨论安全问题，并组织相关活动。通过这种方式，学生可以互相学习、互相帮助，共同提高网络安全意识。

（7）定期进行网络安全培训和演练

高校可以定期进行网络安全培训和演练，以提高学生对网络安全的认识和应对能力。这些培训和演练可以包括模拟网络攻击、网络诈骗案例分析、应急响应演练等。通过这些培训和演练，学生可以更好地了解网络安全的重要性，并学会如何在紧急情况下采取适当的措施。

6. 培养良好的网络行为习惯

培养良好的网络行为习惯是一个重要的任务，需要从多个方面入手。以下是一些具体的措施，可以帮助教育学生遵守网络道德和法律法规，树立良好的网络形象。

（1）教育学生遵守网络礼仪和规则

教育学生了解并遵守网络礼仪和规则是非常重要的。这包括尊重他人的隐私和知识产权，不散播谣言或诽谤他人，不进行网络欺凌等行为。可以通过课堂讲解、发放相关资料、案例分析等方式，让学生了解这些规则，并学会如何在网络上与人交往。

（2）树立良好的网络形象

教育学生树立良好的网络形象，不仅有助于他们更好地融入网络社会，也有助于维护网络环境的和谐与健康。学生应该学会如何保护自己的个人信息，避免泄露；同时，也要注意自己的言行举止，不发表不当言论或攻击他人。

（3）鼓励学生举报不良信息和行为

鼓励学生举报不良信息和行为，是维护网络环境的重要手段之一。学生应该了解并掌握相关法律法规和举报渠道，积极参与到维护网络环境的行动中来。学校和家长应该给予支持和鼓励，让学生意识到自己的责任和义务。

（4）教育学生树立正确的网络道德观念

教育学生树立正确的网络道德观念，是培养良好网络行为习惯的基础。学生应该了解网络道德的基本原则和规范，如尊重他人、保护隐私、遵守法律法规等，同时，也要教育学生如何识别和应对网络欺凌等不良行为。

（5）建立良好的校园网络文化氛围：学校应该积极营造良好的校园网络文化氛围，引导学生正确使用网络资源。可以通过举办相关的讲座、活动等形式，加强学生对网络的了解和认识，同时，也可以设立相关的监督和管理机制，对学生的网络行为进行规范和引导。

7. 加强与家长的沟通和合作

为了共同关注学生的网络使用情况，引导家长正确教育孩子使用网络资源，应该采取以下措施。

（1）高校应与家长保持密切联系，及时沟通学生在校外的网络使用情况：建立定期的家长会制度，及时了解学生在家庭中的网络使用情况；利用社交媒体平台、家长群等渠道，与家长保持在线沟通，分享学生网络使用的情况和经验；建立学生网络行为记录表，记录学生在校外的网络行为，便于家长了解和关注。

（2）邀请家长参加学校组织的网络安全讲座和活动：高校应定期邀请网络安全专家、教育机构人员等，为家长举办网络安全讲座，提高家长对网络安全的认识和意识；组织学生网络安全实践活动，邀请家长共同参与，增强家长对学生网络行为的关注和理解；利用学校资源，组织网络安全竞赛、主题展览等活动，吸引家长参与，提高家长的网络安全意识和教育能力。

（3）提供家庭教育指导建议，共同引导家长关注孩子的心理健康和网络安全意识：高校应定期向家长提供家庭教育指导建议，包括如何正确引导孩子使用网络资源、如何培养孩子的网络安全意识和自我保护能力等；鼓励家长关注孩子的心理健康，引导孩子正确对待网络虚拟世界和现实生活的关系；建立家长互助机制，分享家庭教育经验和技巧，共同提高家庭教育的效果和质量。

二、营造良好的校园网络文化环境，增强德育教育的实效性

为了营造良好的校园网络文化环境，增强德育教育的实效性，我们需要采取以下措施。

（一）加强校园网络文化建设和管理

校园网络文化建设和管理是营造健康向上的网络环境的重要举措。学校应该加强校

园网络文化建设和管理，确保校园网络的健康、安全、有序。具体来说，高校可以采取以下措施。

1. 建立完善的网络管理制度

高校应该制订一套完善的网络管理制度，以确保校园网络的正常运行。该制度应该明确网络管理职责和权限，规定网络使用行为规范，并建立相应的监督机制。网络管理员应该定期检查网络设备的运行状况，及时发现和解决网络故障，确保网络设施的安全和稳定。此外，高校还应该建立网络安全应急预案，以便在发生网络安全事件时能够迅速响应和处理。

高校应该加强对网络安全的宣传和教育。高校应该定期开展网络安全知识讲座和培训，提高学生的网络安全意识和自我保护能力。此外，高校还应该加强对学生的网络安全教育，引导学生正确使用网络资源，避免泄露个人信息和隐私。同时，高校应该建立网络安全监测机制，及时发现和报告网络安全事件，确保校园网络的安全和稳定。

高校应该加强网络安全设施的建设和管理。高校应该加强校园网络的维护和管理，及时更新和升级网络设备，确保网络设施的安全和稳定运行。同时，高校应该加强对网络病毒、网络攻击等网络安全问题的防范和处理。高校应该定期进行网络安全检查和测试，及时发现和解决潜在的安全隐患。此外，学校还应该建立网络安全审计机制，定期对校园网络进行安全审计，确保网络安全管理制度的落实和执行。

2. 加强校园网的使用规范

高校应该制订明确的校园网使用规范，包括禁止发布不实信息、禁止恶意攻击他人、禁止滥用网络资源等行为。高校应该明确告知学生和教职工这些规范，并在校园内广泛宣传和推广。

高校应该加强对校园网的管理和监督。高校应该建立校园网使用监管机制，对学生的上网行为进行监控和管理。同时，高校还应该加强对校园网的安全监测和预警，及时发现和处理网络安全事件。此外，高校还可以通过技术手段限制学生在校园网上的行为，例如，限制某些网站或应用程序的访问权限，以确保校园网络的安全和稳定。

高校可以考虑与公安部门合作，共同打击校园内的网络犯罪行为。例如，如果发生网络攻击、信息泄露等事件，高校应该立即向公安部门报告并协助调查。此外，学校还可以考虑加强校园内的网络安全培训和教育，提高师生们的网络安全意识和自我保护能力。

3. 优化网络环境

高校应该加强对校园网络的维护和管理。高校应该定期检查和维护网络设备，确保网络设施的安全和稳定运行。同时，高校还应该及时更新和升级网络设备和技术，以提高网络的性能和安全性。

高校可以考虑建立虚拟专用网络（VPN）等安全措施来保护校园网络的免受外部攻击的威胁。VPN 可以提供加密通信和访问控制等功能，以确保校园网络的安全性和稳定性。

（二）开展丰富多彩的网络文化活动

开展丰富多彩的网络文化活动，增强大学生的参与度和认同感，是加强校园网络文化建设和管理的重要手段。高校可以组织各种形式的网络文化活动，如网络知识竞赛、网络文化节、网络论坛等，吸引学生积极参与，增强学生对网络文化的认同感和归属感。具体来说，高校可以采取以下措施。

1. 组织网络知识竞赛

组织网络知识竞赛是一个非常有意义的活动，它不仅可以提高学生的网络知识水平，增强学生的网络素养，还可以激发他们的学习兴趣和积极性。以下是一些关于如何成功组织网络知识竞赛的建议。

（1）制订竞赛规则：高校需要制订明确的竞赛规则，包括比赛形式、比赛时间、地点、参赛人数、参赛资格、评分标准等。这些规则应该清晰易懂，并且能够确保比赛的公平性和公正性。

（2）选择合适的比赛形式：网络知识竞赛可以采用多种形式，例如在线答题、团队竞赛、知识问答等。高校可以根据学生的兴趣和实际情况选择合适的比赛形式，以便更好地吸引学生参与。

（3）确定比赛时间和地点：高校需要提前确定比赛的时间和地点，以便学生能够提前做好准备。比赛时间应该合理安排，确保学生有足够的时间准备和参与比赛。比赛地点应该安全、舒适、方便，并且能够容纳足够的参赛人员。

（4）确定参赛人员：高校应该积极宣传网络知识竞赛，吸引更多的学生参与。同时，学校还应该制订参赛人员的选拔标准，确保参赛人员的水平较高，能够代表高校参加比赛。

（5）做好宣传工作：高校需要做好宣传工作，以便吸引更多的学生参与网络知识竞赛。可以通过校园广播、海报、社交媒体等多种渠道进行宣传，提高竞赛的知名度和影响力。

（6）培训参赛人员：在比赛前，高校可以组织培训活动，为学生提供有关网络知识的培训和指导，帮助他们更好地准备比赛。

2. 举办网络文化节

网络文化节是高校文化活动的重要组成部分，它以网络文化为主题，通过各种形式的网络文化活动，如网络音乐会、网络书画展、网络电影节等，吸引学生积极参与，增强学生对网络文化的认同感和归属感。举办网络文化节不仅可以让学生更加深入地了解网络文化，还可以增强他们的文化自信和民族自豪感。

高校需要制订一份详细的活动方案，明确活动的主题、形式、时间和地点等。同时，高校还需要选择合适的活动形式，以确保活动的多样性和吸引力，例如，可以组织网络音乐会，邀请学生和教师共同演奏和演唱各种类型的音乐；可以组织网络书画展，展示学生的书画作品，同时也可以邀请其他高校的教师和学生前来参观；还可以组织网络电影节，邀请学生和教师共同观看和讨论各种类型的电影。

高校需要加强对活动的宣传和管理，确保活动的顺利进行和成功举办。高校可以通过校园广播、海报、宣传单等方式进行宣传，让学生了解活动的相关信息。同时，高校还需要对活动进行监督和管理，确保活动的质量和效果。在活动进行过程中，高校需要及时解决可能出现的问题和纠纷，以确保活动的顺利进行。

除此之外，高校还需要关注网络文化节的影响力，以确保活动的成果和效益最大化。此类活动可以提高学生的文化素养和综合素质，增强他们对网络文化的认同感和归属感。同时，高校还可以通过活动加强与其他高校的交流和合作，促进高校之间的文化交流和合作。

3. 建立网络论坛

建立校园网络论坛是一个非常有意义的举措，可以为学生提供一个自由表达、交流和学习的平台。校园网络论坛，可以使学生更加自由地表达自己的观点和想法，促进他们之间的交流和互动，增强他们的交流能力和表达能力。

校园网络论坛可以为学生提供一个自由表达的平台。在这个平台上，学生可以自由地发表自己的观点和想法，与其他学生进行交流和讨论。这种交流方式可以帮助学生更好地了解彼此的观点和想法，增强他们的沟通和表达能力。同时，论坛还可以为学生提供一个展示自己才华的平台，让他们有机会展示自己的才能和创意。

校园网络论坛可以促进学生之间的交流和互动。通过论坛，学生可以相互了解彼此的生活、学习和兴趣爱好等方面的信息，增进彼此之间的了解和友谊。同时，论坛还可以为学生提供一个讨论和分享学习经验、方法和技巧的平台，帮助他们更好地学习和发展。

为了确保论坛的健康发展，学校应该加强对论坛的管理和引导。学校应该制订论坛规则和管理制度，明确学生的行为规范。同时，高校应该加强对论坛的管理和监督，确保论坛的规范化和合法化，避免出现不良信息和言论。此外，高校还可以邀请专业人士对论坛进行指导和建议，提高论坛的质量和影响力。

在选择论坛平台时，高校应该考虑选择一个适合学生使用的、安全的、可靠的平台。同时，高校还应该制订相应的管理策略和技术措施，确保论坛的稳定运行和数据安全。此外，高校还可以鼓励学生参与论坛的管理和监督工作，让他们成为论坛的积极贡献者和参与者。

三、提高大学生的信息素养和自我管理能力，促进德育的内化

为了提高大学生的信息素养和自我管理能力，促进德育的内化，我们需要采取以下措施。

（一）加强信息素养教育，培养大学生的信息意识和信息能力

1. 高校应该重视信息素养教育

在当今信息化社会，信息素养已经成为当代大学生必备的基本素质之一。信息素养不仅包括对信息的获取、处理和利用的能力，还包括对信息伦理、信息道德和信息法律的认知。加强信息素养教育对于提高学生的综合素质具有重要意义，这不仅关乎学生个人的未来发展，更关乎整个社会的信息化进程。

信息素养教育有助于学生建立正确的信息价值观。在信息时代，信息的价值是多元化的，既有积极向上的正面信息，也有消极错误的负面信息。信息素养教育能够帮助学生在纷繁复杂的信息世界中，树立正确的价值观，区分真假、善恶、美丑，避免被错误或有害的信息所误导。

信息素养教育能够增强学生对信息的敏感度和利用能力。在信息化社会，信息的更新速度极快，如何快速获取、处理和利用信息，成为了一个重要的能力。通过信息素养教育，学生可以掌握各种信息工具和技能，提高自己的信息处理能力，从而更好地适应信息化社会的发展。

信息素养教育还有助于培养学生的信息道德和信息法律意识。在获取和使用信息的过程中，学生需要遵守一定的道德和法律规范，尊重他人的知识产权，避免侵犯他人的合法权益。通过信息素养教育，学生可以了解并遵守相关的信息伦理和法律规范，增强自身的信息道德和法律意识。

因此，高校应该将信息素养教育作为一项重要的教学内容，并将其纳入到课程体系中。高校可以通过开设相关的课程、组织相关的活动、提供相关的资源等方式，提高学

生的信息素养水平。同时，教师也应该在教学中注重培养学生的信息素养，引导学生正确地获取、处理和利用信息，避免陷入信息的陷阱和误区。

2. 制订详细的教学计划，并明确目标

教学计划和目标的制订对于学校的教学工作至关重要。为了确保教学内容的针对性和有效性，高校应该根据学生的实际情况和教学需求制订详细的教学计划和目标。

评估学生信息素养水平：高校应该对学生的信息素养水平进行评估，以了解学生的现有水平，并根据评估结果制订相应的教学计划、明确目标。这将有助于高校更准确地确定教学重点和难点，从而更好地满足学生的需求。

制订教学计划：教学计划应该包括教学时间、教学内容、教学方法和考核方式等方面的安排。首先，高校应该根据评估结果和教学目标确定合适的教学时间，以确保学生有足够的时间掌握所需知识和技能。其次，教学内容应该具有系统性和连贯性，以帮助学生建立完整的知识体系。教学方法应该灵活多样，以满足不同学生的需求和能力水平。最后，考核方式应该能够反映学生的学习成果，以便教师及时发现问题并加以改进。

明确教学目标：教学目标应该明确、具体，能够反映学生信息素养的提升程度。学校应该根据学生的实际情况和教学需求制订可量化的教学目标，以便评估学生的学习成果。这些目标应该包括知识、技能和态度等方面的要求，以确保学生能够全面提升自己的信息素养。

3. 完善教学内容和教学方法

完善教学内容和教学方法对于提高教学质量和培养具有信息素养的人才至关重要。

（1）教学内容。

信息意识：信息意识是信息素养的重要组成部分，包括对信息的敏感度和认知度。教学内容应该包括如何识别信息、理解信息的价值和意义等方面的知识。

信息能力：信息能力是信息素养的核心，包括获取、处理、分析和利用信息的能力。教学内容应该包括如何使用各种信息工具和平台，如搜索引擎、数据库、社交媒体等。

信息道德：信息道德是信息素养的重要组成部分，包括如何遵守信息道德规范和法律法规，尊重他人的知识产权和隐私权等。教学内容应该包括信息道德教育，让学生了解并遵守相关法律法规。

信息法律：信息法律是信息素养的重要组成部分，包括如何遵守信息法律法规，如版权、隐私权、信息安全等。教学内容应该包括相关的法律知识和案例分析，让学生了解并遵守相关法律法规。

在选择和组织教学内容时，高校应该根据教学计划和目标进行，确保教学内容的全面性和系统性，涵盖上述各方面的知识，使学生能够全面地了解和掌握信息素养的内涵。

（2）教学方法。

教学方法应该注重实践性和操作性，使学生能够通过实践操作来掌握信息知识和技能。高校可以采用多种教学方式，如课堂教学、案例分析、实践操作等，以提高学生的学习兴趣和效果。

课堂教学：课堂教学是常见的教学方式之一，通过讲解、演示和互动交流，帮助学生理解和掌握信息知识和技能。

案例分析：案例分析能够帮助学生将理论知识应用于实际场景中，了解信息和信息素养在实际生活中的重要性。

实践操作：实践操作是培养学生动手能力和实际应用能力的关键方式之一。教师可以通过布置实践任务、组织实践活动等方式，让学生通过实际操作来掌握信息知识和技能。

4. 培养学生的信息意识

信息意识的培养对于提高学生的信息素养至关重要。在当今信息爆炸的时代，信息已经成为了一种重要的资源，如何有效地获取、处理和应用信息，成为了每个人都必须面对的问题。因此，高校应该注重培养学生的信息意识，让他们了解信息的重要性，增强他们的信息敏感度和利用能力。

高校可以通过课堂教学的方式，让学生了解信息的重要性和作用。在课堂上，教师可以引入各种实际案例，让学生了解信息在各行各业中的应用，以及信息对个人和社会的影响。通过这种方式，学生可以更加直观地感受到信息的重要性，并意识到自己在信息时代应该如何利用信息来提高自己的竞争力。

高校可以通过案例分析的方式，让学生了解如何有效地获取、处理和应用信息。教师可以引导学生分析各种案例，让他们了解如何从海量的信息中筛选出有用的信息，如何对信息进行分类、整理和存储，以及如何利用信息来解决实际问题。通过这种方式，学生可以更加深入地了解信息的价值和作用，并学会如何有效地利用信息来提高自己的学习、工作和生活的效率。

高校可以通过开展各种活动来提高学生的信息意识和信息素养水平。例如，高校可以组织信息竞赛，让学生通过比赛来展示自己的信息处理和应用能力；可以邀请专家进行信息讲座，让学生了解最新的信息技术和信息应用趋势；可以组织学生参加各种社会实践活动，让他们在实际应用中了解信息的价值和作用。

高校应该注重培养学生的自主学习和合作学习能力。在信息时代，学生需要具备自主获取、处理和应用信息的能力，同时也需要学会与他人合作，共同解决问题。因此，高校应该注重培养学生的自主学习和合作学习能力，让他们在未来的学习和工作中能够更好地适应信息时代的需求。

5. 提高学生的信息能力

提高学生的信息能力是高校教育的重要任务之一，因为信息能力在现代社会中具有非常重要的地位。为了提高学生的信息能力，高校应该通过实践操作等方式，使学生掌握获取、处理、利用信息的方法和技巧。

高校应该为学生提供各种实践机会和资源，如实验室、实践基地等，使学生能够在实际操作中学习和掌握信息技术的技能和方法。这些实践机会和资源应该包括各种信息技术工具和软件，如计算机、互联网、数据库等，以及各种实验设备和材料，如打印机、扫描仪等。高校还应该为学生提供相关的课程和培训，以帮助他们掌握信息技术的知识和技能。

高校应该鼓励学生参加各种与信息相关的竞赛和活动，以激发学生的积极性和提高他们的实践能力。这些竞赛和活动可以包括信息技术比赛、创新比赛、编程比赛等，这些比赛可以帮助学生更好地了解信息技术的发展和应用，同时也可以增强他们的自信心和成就感。

高校应该注重培养学生的信息素养，即学生应该具备的信息意识和能力。学生应该学会如何获取、处理、利用信息，如何识别和评估信息的质量和可靠性，以及如何保护自己的个人信息和隐私。这些技能和意识的培养需要学校提供相关的课程和培训，同时也需要学生在日常生活中不断实践和积累经验。

高校应该注重培养学生的创新能力和创造力。信息技术的快速发展和应用为创新和创造提供了广阔的空间和机会。学生应该学会如何利用信息技术工具和平台来创新和创造，同时也应该学会如何与其他人合作和交流，以实现共同的目标和愿景。

6. 鼓励学生自主学习和探索

高校作为教育机构，应该致力于培养学生的信息素养，使他们能够自主地学习和探索信息知识，并提高其自主学习和创新能力。自主学习是信息时代的一种重要能力，学生应能够运用批判性思维和创新能力来分析和评价信息。

高校应提供各种资源和平台，为学生提供多种途径获取信息知识。在线课程和自主学习平台是两种非常有效的方式，它们能够提供多样化的学习资源，并鼓励学生自主选择和学习信息知识。此外，高校还可以组织各种研讨会、讲座和实践活动，以拓宽学生的知识视野，培养他们的实践能力和创新精神。

高校应注重培养学生的创新能力和实践能力。创新项目和实践活动是激发学生创新精神和提高其实践能力的重要途径。通过参与这些项目和活动，学生可以运用所学知识解决实际问题，培养他们的团队合作精神和问题解决能力。同时，高校还可以鼓励学生参加各种竞赛和展示活动，以展示他们的创新成果和实践能力。

高校应注重培养学生的自主学习习惯和自我管理能力。学生应学会如何制订学习计划、选择学习资源、评估学习效果等。高校可以通过提供学习指导、设立学习支持中心、开展自主学习培训等方式，帮助学生培养良好的自主学习习惯和自我管理能力。

高校应注重培养学生的信息道德和信息安全意识。学生应了解如何正确使用信息工具和资源，遵守信息道德规范，并保护自己的信息安全。高校可以通过开展信息道德和信息安全教育活动，培养学生的信息素养和信息意识。

7. 加强网络道德教育和法律教育

加强网络道德教育和法律教育对于大学生来说是非常重要的，因为网络道德和法律是大学生应该具备的基本素质之一。高校应该加强对学生的网络道德教育和法律教育，引导学生树立正确的价值观和道德观，这是非常必要的。

随着互联网的普及和发展，网络道德和法律问题越来越受到人们的关注。网络行为规范和要求在网络空间中非常重要，因为网络空间是一个开放、自由、多元的环境，但也存在一些不规范的行为和言论，这些行为和言论可能会对他人造成伤害和不良影响。因此，高校应该加强对学生的网络道德和法律教育，使他们了解网络行为的规范和要求，并树立正确的价值观和道德观。

高校可以通过多种方式来加强网络道德和法律教育。首先，高校可以开设相关的课程，让学生系统地学习网络道德和法律知识，了解网络行为的规范和要求。其次，高校可以举办讲座、研讨会等活动，邀请专家、学者、律师等来讲解网络道德和法律问题，引导学生树立正确的价值观和道德观。此外，高校还可以通过开展实践活动，如组织学生参加网络文明志愿者活动、网络安全宣传活动等，让学生亲身参与其中，增强他们的网络道德意识和法律意识。

在加强网络道德和法律教育的过程中，高校应该注重培养学生的独立思考能力和判断力。学生应该学会分辨是非、识别真伪，不参与网络欺诈、诽谤、恶意攻击等不良行为。同时，高校还应该注重培养学生的自律意识，让他们自觉遵守网络道德和法律规范，维护网络空间的秩序和安全。

（二）引导大学生树立正确的网络道德观念，增强自律意识

1. 大学生应该自觉遵守网络道德和法律规范，树立正确的网络道德观念

大学生作为网络社会的重要参与者，应该自觉遵守网络道德和法律规范，树立正确的网络道德观念，为维护网络秩序和安全做出贡献。

大学生应该认识到网络道德和法律规范的重要性。网络道德和法律规范是维护网络秩序和安全的基础，只有遵守这些规范，才能保证网络空间的健康、安全和有序。在网络世界中，每个人都应该对自己的言行负责，不传播虚假信息、不侵犯他人隐私、不攻击他人、不恶意评论等，这些都是基本的网络道德规范。

大学生应该自觉遵守网络道德规范。在网络空间中，大学生应该尊重他人的权利和隐私，不随意泄露他人的个人信息和隐私。同时，大学生也应该保持理性思考和判断能力，不盲目跟风、不传播负面情绪和不良信息。在网络世界中，大学生应该保持一颗平常心，不轻易被情绪左右，避免在网络空间中产生不良影响。

大学生应该树立正确的网络道德观念。正确的价值观、道德观和责任意识是建立正确的网络道德观念的基础。在网络空间中，大学生应该保持一颗敬畏之心，时刻提醒自己要遵守网络道德规范，不要做出违反法律法规的行为。同时，大学生也应该积极传播正能量，传播积极向上的信息，为营造一个健康、和谐的网络环境做出自己的贡献。

2. 增强自律意识，自觉维护网络安全和秩序

增强自律意识，自觉维护网络安全和秩序，是每个大学生都应该积极践行的责任。在网络空间日益发展的今天，大学生需要更加注重自身的自律，以维护网络空间的秩序和安全。

大学生应该加强自身的自律意识和行为规范。大学生应该自觉遵守网络道德和法律规范，不参与恶意攻击等不良行为。在网络空间中，大学生应保持理性、客观的态度，尊重他人，不发表过激言论，避免引发不必要的争议和冲突。同时，大学生也要积极参与网络空间的公共事务，发表言论前要三思，避免因情绪化言论引发不良影响。

大学生应该加强自身的安全意识。在网络世界中，个人信息的安全至关重要。大学生应该不随意泄露个人信息，不轻信网络诈骗等违法行为。同时，大学生也要提高自身的技术能力，掌握基本的网络安全知识，如防范病毒、钓鱼等攻击手段。只有具备了足够的安全意识和技术能力，我们才能更好地保护自己和他人免受网络攻击和侵害。

大学生应该积极参与网络空间的治理工作。大学生应该关注网络空间的公共问题，积极提出自己的意见和建议，为网络空间的治理和发展贡献自己的力量。同时，我们也要积极参与网络空间的监督工作，对于违反网络道德和法律规范的行为，大学生应该敢

于举报，共同维护网络空间的秩序和安全。

3. 高校应加强对学生的网络道德教育和法律教育

高校在教育学生过程中起着至关重要的作用，它不仅是传授知识、技能和文化的场所，更是塑造学生品德、价值观和人生观的摇篮。特别是在互联网技术快速发展的今天，网络道德和法律教育显得尤为重要。因此，高校应该加强对学生的网络道德教育和法律教育，引导学生树立正确的价值观和道德观。

高校应该开设相关的课程或讲座，让学生了解网络道德和法律规范的重要性，了解如何遵守网络道德和法律规范。网络道德教育旨在培养学生的道德判断能力和自律意识，让他们在网络世界中能够明辨是非、坚守底线。法律教育则让学生明白网络世界也有其规则和约束，违反法律将会受到相应的惩罚。

高校应该注重引导学生树立正确的价值观和道德观。在网络时代，信息传播迅速、影响广泛，学生的一言一行都可能对社会和他人的生活产生影响。因此，学校应该教育学生尊重他人、尊重知识产权、保护个人隐私等基本道德规范，同时也要教育学生树立诚信、公正、平等的价值观。

高校应该加强对学生的监督和管理。对于违反网络道德和法律规范的行为，学校应该及时制止和教育，以防止不良信息在网络上扩散，避免这些不良信息对学生造成不良影响。同时，高校也应该加强与家长的沟通和合作，共同关注学生的网络行为，发现问题及时干预。

高校应该鼓励学生积极参与公共事务和社会活动，提高学生的社会责任感和公民意识。在网络时代，每个人都是信息的传播者和参与者，只有具备社会责任感和公民意识的人才能更好地适应社会的发展和变化。因此，高校应该通过各种途径和方式，引导学生关注社会问题、参与公益活动，培养他们的社会责任感和公民意识。

4. 学生之间应相互监督和提醒

学生之间相互监督和提醒是非常重要的，这有助于维护网络空间的秩序和安全。为学生应该时刻保持警惕，不要随意发布不当言论或传播不良信息，以避免对他人造成伤害或影响网络空间的秩序。

学生之间的相互监督和提醒可以促进学生的自律意识和行为规范的养成。在网络空间中，人们经常会遇到各种不良行为和言论，如恶意攻击、造谣诽谤、散播谣言等。如果不加以制止和提醒，这些不良行为可能会进一步扩散，甚至影响到整个网络空间的秩序和安全。因此，学生之间应该相互提醒和监督，共同维护网络空间的秩序和安全。

此外，学生之间的交流也可以增强学生对网络空间的认知和理解。在网络空间中，学生需要对各种信息进行鉴别和判断，以便做出正确的决策。学生之间的交流可以帮助学生更好地了解网络空间的现状和问题，以提高网络素养和自我保护意识。

学生应该尊重他人的权利和隐私，不随意泄露他人的个人信息或隐私。在网络空间中，学生应该遵守法律法规和道德规范，不参与违法犯罪行为。同时，高校也应该积极参与网络空间的治理和监督工作，为维护网络空间的秩序和安全贡献自己的力量。

四、加强网络道德和法律教育，规范大学生的网络行为

为了规范大学生的网络行为，高校需要加强网络道德和法律教育。

（一）开展网络道德和法律教育，增强大学生的网络道德意识和法律意识

在信息化社会的今天，网络已经成为大学生学习、生活的重要组成部分。然而，网络道德和法律问题也日益凸显。为了增强大学生的网络道德意识和法律意识，学校应该采取以下措施。

1. 开设相关的课程或讲座

网络道德和法律是现代社会中非常重要的话题，它们对于维护网络秩序、保护个人隐私和安全、促进社会公正等方面具有至关重要的作用。因此，高校应该开设相关的课程或讲座，让学生了解网络道德和法律的基本原则和规范，帮助他们更好地适应现代社会的网络环境。

开设网络道德和法律相关的课程或讲座是培养具备网络素养的学生的必要途径。在信息时代，网络素养不仅仅包括对信息的获取、处理和传递的能力，还包括对网络道德和法律的认知和理解。通过学习网络道德和法律知识，学生可以更好地认识到网络行为的责任和义务，学会尊重他人的权利和隐私，避免侵犯他人的合法权益，从而树立正确的网络道德观念。

这些课程或讲座应该注重理论与实践相结合，通过案例分析、小组讨论等方式，让学生深入了解网络道德和法律的重要性。案例分析可以让学生了解网络犯罪、网络欺诈、网络谣言等不良行为的危害和后果，从而增强他们的自我保护意识。小组讨论则可以让学生互相交流自己的网络行为和经验，分享自己的心得和体会，从而增强他们的自我约束和自我管理能力。

此外，高校还可以邀请专业的法律人士和网络专家来为学生们讲解网络道德和法律的相关知识。他们可以结合实际案例，深入浅出地讲解网络犯罪的危害和后果，以及如何通过遵守法律法规来保护自己的合法权益。这样的讲座不仅可以增强学生的法律意识

和法律素养，还可以为他们今后的工作和生活提供有益的指导。

2. 鼓励学生参与相关的实践活动

高校除了常规的课堂教学之外，鼓励学生参与相关的实践活动是非常重要的。这些实践活动不仅可以帮助学生更好地理解和掌握所学的知识，还可以培养他们的实践能力、团队合作能力和社会责任感。

高校可以组织志愿者活动，让学生参与社会公益事业，如环保、扶贫、助学等。这些活动可以让学生亲身体验到社会问题的存在，增强他们的社会责任感和同情心。同时，通过参与这些活动，学生可以了解到网络道德和法律的重要性，如尊重他人隐私、不传播谣言等。这些网络道德和法律意识的培养对于学生的未来发展和社会和谐至关重要。

高校可以组织各种社会实践活动，如参加学术会议、实地考察、社会调查等。这些活动可以让学生了解社会的发展和变化，增强他们的实践能力和创新精神。同时，这些活动也可以帮助学生了解网络犯罪和网络侵权等违法行为，增强他们的法律意识。

除此之外，高校还可以开设相关的课程和讲座，加强学生对网络道德和法律的认识和理解。这些课程和讲座可以邀请专业的法律人士、网络专家等进行授课，让学生了解网络道德和法律的基本原则、规范和案例等。通过这些课程和讲座的学习，学生可以更好地掌握网络道德和法律知识，提高自身的网络素养和法律意识。

（二）建立健全网络监管机制，维护网络安全和秩序

为了维护校园网络的网络安全和秩序，高校应该建立健全的网络监管机制，加强校园网络的监管和管理。具体措施如下。

1. 建立健全的网络监管机制

建立健全的网络监管机制是高校管理工作的重要组成部分，对于维护校园网络秩序、保障学生网络安全具有重要意义。

高校应该建立完善的网络监管机制，明确各部门和人员的职责，加强对校园网络的监管和管理。具体来说，高校可以设立专门的网络安全管理部门，负责制订网络监管规章制度、监督网络行为、处理网络事件等，同时，应该建立相应的网络监管系统，对校园网络进行实时监控和管理，及时发现和处理不良信息、网络攻击等行为。

高校应该建立相应的规章制度和处罚措施，规范学生的网络行为。高校应该制订明确的网络行为规范，明确哪些行为是允许的，哪些行为是不允许的，并对学生违反规范的行为进行相应的处罚。同时，高校应该加强对学生网络行为的宣传和教育，引导学生树立正确的网络观念和行为准则。

高校应该加强与家长、社会各界的沟通和合作，共同维护校园网络秩序。高校应该定期向家长通报校园网络情况，加强与家长的沟通和合作，共同引导学生树立正确的网络观念和行为准则。同时，高校应该加强与社会各界的合作，共同打击网络犯罪和不良信息传播，营造良好的网络环境。

高校应该加强对教师和学生的培训和教育，提高他们的网络安全意识和技能水平。高校应该定期组织网络安全培训和教育活动，提高教师和学生的网络安全意识和技能水平，使他们能够正确使用网络、防范网络风险、维护网络安全。

2. 加强与相关部门的合作和联动

加强与相关部门的合作和联动是维护高校网络安全和秩序的重要措施。为了实现这一目标，高校应该积极与相关部门和机构合作，共同制订并实施相关政策和管理措施，确保学校网络系统的安全、稳定和有效运行。

高校应该与公安部门合作，共同打击网络犯罪和网络犯罪分子。网络犯罪已成为社会普遍存在的问题，严重影响着社会的安全和稳定。高校作为教育和人才培养的重要场所，更应该采取有效措施来防止和打击网络犯罪。通过与公安部门合作，高校可以获取更多有关网络犯罪的信息和情报，同时加强自身的安全管理措施，及时发现和处理相关问题。

高校应该与网络安全部门合作，共同维护网络安全环境。网络安全部门是专门负责维护网络安全的机构，他们具有丰富的经验和专业知识，可以为高校提供专业的技术支持和指导。通过与网络安全部门的合作，高校可以更好地了解网络安全形势，及时发现和处理网络安全威胁，确保学校网络系统的安全和稳定。

第七章　就业指导在大学生德育中的应用

第一节　就业指导在大学生德育中的理论基础

一、就业指导的定义和重要性

（一）就业指导的定义

就业指导是指针对求职者或正在寻找工作的人提供的一系列帮助和指导，旨在帮助他们更好地了解自己，找到适合自己的工作，提高就业率。就业指导包括提供就业信息、职业咨询、职业规划、求职技巧、面试技巧等方面的指导。

就业指导可以通过提供就业信息来帮助求职者了解当前就业市场的状况和各种职业的需求。这些信息可能包括招聘信息、招聘趋势、行业前景等，帮助求职者更好地规划自己的职业发展道路。

职业咨询可以帮助求职者了解自己的兴趣、能力和价值观，从而找到适合自己的职业方向。通过与专业咨询师的交流，求职者可以发现自己的优势和不足，并制订出符合自己特点的职业规划。

职业规划是就业指导的重要组成部分，它可以帮助求职者明确自己的职业目标，制订出可行的职业发展计划。通过职业规划，求职者可以了解自己的职业发展路径，并制订出适合自己特点的学习计划、技能提升计划和职业发展计划。

就业指导提供求职技巧和面试技巧等方面的指导。这些技巧可以帮助求职者更好地准备简历、面试和申请材料，提高求职的成功率。求职者可以学习如何写一份有吸引力的简历，如何回答面试官的问题，以及如何在面试中展示自己的优势和特长。

（二）就业指导的重要性

就业指导的重要性主要体现在以下几个方面。

1. 提高就业率

就业指导可以帮助求职者更好地了解自己，找到适合自己的工作。通过就业指导，求职者可以了解各种职业的特点、要求和市场需求，从而更好地规划自己的职业发展道路。这不仅可以提高求职者的就业意愿，还可以帮助他们找到更适合自己的工作，从而提高就业率。

就业指导可以提供一些实用的求职技巧，如简历撰写、面试技巧等。这些技巧可以帮助求职者提高自己的竞争力，增加获得工作的机会。通过指导，求职者可以了解如何编写一份吸引人的简历，如何展示自己的技能和经验，以及如何在面试中表现出色，从而更好地展现自己。这些技巧还可以帮助求职者在竞争激烈的就业市场中脱颖而出，从而获得更多的面试机会和就业机会。

就业指导可以帮助企业和招聘者更好地理解求职者的需求和期望。通过提供更加专业和精准的职位招聘信息和岗位介绍，就业指导可以帮助企业和招聘者找到最适合自己企业的人才，从而提高招聘效率和质量。同时，这也将帮助求职者更好地了解自己和市场的需求，从而更好地规划自己的职业发展道路。

为了提高就业率，高校还需要注重职业培训和技能提升。通过提供各种职业培训和技能提升课程，可以帮助求职者提高自己的技能和知识水平，增强自己的竞争力。这不仅可以提高求职者的就业机会，还可以为企业的可持续发展提供更多的人才支持。

2. 增强求职能力

增强求职能力是每位求职者都需要关注的重要方面，而就业指导则是一种非常有效的途径，可以帮助求职者提高自己的求职能力，从而提高自己的竞争力。

就业指导可以帮助求职者更好地了解自己的职业规划和发展方向。通过职业规划培训，求职者可以明确自己的职业目标，了解自己需要具备哪些技能和知识，以及如何实现这些目标。这样的规划不仅有助于提高求职者的求职成功率，还能为个人职业发展打下坚实的基础。

就业指导可以帮助求职者更好地准备简历和面试。简历是求职者展示自己的第一印象，也是企业了解求职者的主要方式之一。通过简历撰写培训，求职者可以了解如何写出吸引人的简历，如何突出自己的优势和技能，如何展示自己符合职位要求等特点。此外，面试技巧培训也是就业指导的重要组成部分，通过这些培训，求职者可以更好地应对面试官的提问，展示自己的能力和素质，从而增加自己的面试成功率。

就业指导可以帮助求职者提高自己的综合素质。除了专业技能和知识外，求职者还需要具备一些软技能，如沟通、团队合作、领导力等。这些技能对于求职者来说同样重要。通过就业指导的培训，求职者可以更好地了解这些技能的重要性，并针对性地提高自己的能力。

就业指导可以提供一些实用的求职技巧和建议。这些技巧和建议可以帮助求职者在求职过程中更好地应对各种问题，如如何投递简历、如何准备面试、如何应对招聘歧视等。这些技巧和建议不仅有助于提高求职者的成功率，还能为个人职业发展提供有益的帮助。

3. 促进个人发展

就业指导在促进个人发展方面起着至关重要的作用。它不仅能够帮助求职者找到适合自己的工作，还能帮助他们实现个人成长和发展。

就业指导可以帮助求职者更好地了解自己的职业兴趣和职业发展方向。通过职业测评、职业咨询和职业规划等环节，求职者可以更全面地了解自己的性格、价值观、技能和兴趣，从而更好地认识自己，发现自己的潜力和特长。这有助于求职者更好地规划自己的职业生涯，选择适合自己的工作，并在工作中充分发挥自己的优势。

就业指导可以为求职者提供一些实用的职业咨询和建议。这些建议包括但不限于如何准备面试、如何撰写简历、如何提高职业技能、如何应对职场挑战等等。通过这些建议和指导，求职者可以更好地应对职场中的各种问题，提高自己的职业素养和技能水平，从而更好地实现个人价值和发展。

就业指导可以帮助求职者建立良好的人际关系和社交网络。在寻找工作或面试过程中，求职者需要与各种人打交道，包括招聘人员、面试官、同事等等。通过就业指导，求职者可以更好地了解如何与他人交流、建立良好的人际关系和社交网络，从而提高自己的职业形象和人际交往能力。

就业指导能够帮助求职者树立正确的职业价值观和人生观。在就业指导中，高校可以向求职者传递一些积极的职业观念和价值观，如敬业、诚信、创新、团队合作等等。这些观念和价值观不仅有助于求职者在工作中取得成功，还能帮助他们在个人成长和发展中树立正确的方向和目标。

二、就业指导与大学生德育的关系

（一）就业指导可以帮助大学生树立正确的职业观和就业观念

1. 了解就业市场需求和趋势

就业指导可以帮助大学生了解当前就业市场的需求和趋势，使他们能够更好地调整自己的职业期望和目标。通过提供有关行业动态、职业发展前景和就业机会的信息，就业指导能够帮助大学生更好地认识自己所学专业或感兴趣领域的就业前景，从而帮助他们做出更明智的职业选择。

2. 树立正确的职业观

通过就业指导，大学生可以认识各种职业的特点和要求，了解不同职业所需的技能和素质。这有助于他们形成正确的职业观，明确自己的职业定位和发展方向。通过了解各种职业的实际要求和挑战，大学生可以更好地规划自己的职业生涯，并培养符合市场需求的能力和素质。

3. 提升就业能力

就业指导不仅提供有关职业的信息，还可以帮助大学生提升就业能力。就业指导通常包括职业技能培训、面试技巧、职业规划等方面的指导，这些可以帮助大学生提高求职技能和自信心。此外，就业指导还可以提供有关职业道德、团队合作、沟通技巧、解决问题能力等方面的培训，这些都是现代职场中重要的素质要求。

4. 德育的组成部分

在大学阶段，德育是大学生教育的重要组成部分。就业指导可以帮助大学生培养正确的价值观、职业道德和团队合作意识，这些素质对于未来的职业生涯发展至关重要。通过就业指导，大学生可以了解不同职业的道德规范和行为准则，从而更好地适应职场环境，并在未来的职业生涯中取得成功。

（二）就业指导可以帮助大学生增强社会责任感和职业道德意识

就业指导对大学生社会责任感和职业道德意识的重要性可以归纳为以下四个方面。

1. 了解职业道德和责任的重要性

就业指导可以帮助大学生了解职业道德和责任在企业中的重要性，包括诚信、公正、勤奋、尊重他人等基本素质。通过就业指导，大学生可以更好地理解这些素质对于职业发展的重要性，从而更好地应对各种职业挑战和压力。

2. 增强社会责任感

就业指导可以帮助大学生了解企业的社会责任，包括对社会、环境、文化的贡献等。通过就业指导，大学生可以更好地理解自己的职业对社会的影响，从而增强自己的社会责任感，更加关注社会责任的履行。

3. 提升职业素养

就业指导可以帮助大学生了解企业所需的职业技能和素质，包括团队合作、沟通协调、解决问题的能力等。通过就业指导，大学生可以更好地掌握这些技能和素质，从而更好地适应企业的工作环境，提升自己的职业素养。

4. 增强职业道德意识

就业指导可以帮助大学生了解企业的价值观和文化，包括企业倡导的道德观念和行为准则。通过就业指导，大学生可以更好地融入企业文化，增强自己的职业道德意识，遵守企业道德规范，维护企业的形象和声誉。

（三）就业指导可以为大学生提供更多的职业机会和资源

就业指导在大学生就业过程中起着至关重要的作用，它能够为大学生提供更多的职业机会和资源，帮助他们更好地实现自己的职业目标。

1. 就业指导可以帮助大学生了解各种招聘渠道和招聘会的信息

在当前就业市场竞争激烈的情况下，大学生需要了解各种招聘渠道和招聘会的信息，以便更好地寻找适合自己的工作机会。就业指导可以为大学生提供这些信息，帮助他们了解招聘会的时间、地点、要求等信息，并帮助他们更好地准备面试和申请材料。

2. 就业指导可以为大学生提供职业咨询和指导

在求职过程中，大学生可能会遇到许多问题，如职业规划、简历撰写、面试技巧等。就业指导可以为他们提供专业的职业咨询和指导，帮助他们了解自己的职业兴趣和发展方向，并制订出适合自己的职业规划。此外，就业指导还可以提供一些求职技巧和面试经验，帮助大学生更好地应对面试官的提问，提高面试成功率。

3. 就业指导可以为大学生提供更多的职业机会和资源

除了提供招聘信息和职业咨询外，就业指导还可以为大学生提供一些实习、兼职和志愿者的机会。这些机会可以帮助大学生积累工作经验、提高自己的技能水平，同时也可以为他们的简历增添一些亮点。此外，就业指导还可以为大学生提供一些职业资源，如行业协会、专业组织等，帮助他们更好地了解自己所处的行业和市场，以便更好地规划自己的职业生涯。

就业指导是大学生德育的重要组成部分之一。在现代社会中，就业已经成为一个重要的问题，大学生的职业规划和发展也是德育的重要组成部分。因此，就业指导不仅能够帮助大学生更好地实现自己的职业目标，还有助于培养他们的责任感、自主性和创造力等优秀品质。

三、理论基础在就业指导中的作用

就业指导需要一定的理论基础作为支撑，这些理论包括教育心理学、社会学、经济学等。这些理论可以为就业指导提供科学的依据和指导，使就业指导更加科学、有效。

（一）教育心理学在就业指导中的重要性

教育心理学是研究教育教学情境中教与学相互作用的心理的学科，它对于就业指导工作具有重要意义。通过了解学生的心理需求和心理特点，就业指导人员可以更好地指导学生进行职业规划和求职，帮助他们找到适合自己的职业发展方向。具体来说，教育心理学在就业指导中的应用主要体现在以下几个方面。

1. 帮助学生认识自我，发掘潜力

教育心理学是一门研究人类学习、教育规律和方法的学科，它强调个体差异的重要性，认为每个人都有自己独特的优势和潜力。通过教育心理学的指导，学生可以更好地认识自己，了解自己的兴趣、能力和价值观，从而发掘自己的潜力，为未来的职业规划打下坚实的基础。

在教育心理学的指导下，学生可以学会如何正确评估自己的能力、兴趣和价值观，从而选择适合自己的职业方向。此外，教育心理学还可以帮助学生了解自己的学习风格和习惯，从而更好地适应不同的学习环境和工作岗位。

2. 帮助学生提高职业决策能力

职业决策是一个人职业生涯中至关重要的环节，需要充分考虑个人兴趣、能力和价值观等因素。教育心理学认为，个体的认知和情感因素在职业决策中起着至关重要的作用。通过教育心理学的指导，学生可以更好地了解自己的职业兴趣、能力和价值观，从而提高自己的职业决策能力。

在教育心理学的指导下，学生可以学会如何进行自我评估和职业规划，从而做出更明智的决策。此外，教育心理学还可以提供一些实用的方法，如职业探索、职业咨询和职业规划工具等，帮助学生更好地了解自己的职业发展方向。

3. 提供个性化职业规划建议

教育心理学关注学生的个体差异和需求，因此可以为每个学生提供个性化的职业规划建议。每个学生都有自己独特的优势和潜力，教育心理学可以通过对学生个体的深入了解，为其量身定制职业规划方案。

在教育心理学的指导下，学生可以根据自己的兴趣、能力和价值观等因素，选择适合自己的职业发展方向。此外，教育心理学还可以为学生提供一些实用的职业规划工具和资源，如职业发展课程、实习机会、职业咨询等，帮助学生更好地实现自己的职业目标。

（二）社会学在就业指导中的运用

社会学是研究社会运行和发展的学科，对于就业指导工作具有重要意义。通过了解社会需求和市场变化，就业指导人员可以更好地指导学生进行职业规划和求职，帮助他们找到适合自己的职业发展方向。具体来说，社会学在就业指导中的应用主要体现在以下几个方面。

1. 帮助学生了解市场需求

社会学是一门关注社会变化和市场趋势的学科，它可以通过数据和案例帮助学生了解当前市场需求和未来发展趋势。通过了解市场需求，学生可以更好地了解就业市场的需求，从而选择适合自己的职业方向。例如，社会学可以通过分析市场趋势和数据来预测未来的职业需求，并为学生提供相关的信息和建议。此外，社会学还可以通过案例研究来帮助学生了解不同职业领域的发展状况和趋势，从而帮助他们做出明智的职业选择。

2. 引导学生适应社会变化

社会学不仅关注社会结构和文化变迁，还可以帮助学生适应这些变化。随着社会的不断变化，学生需要不断更新自己的知识和技能以适应新的工作环境和职业需求。社会学可以通过分析社会变迁和文化差异来帮助学生理解不同的职业领域和文化背景，从而更好地适应不同的工作环境和职业需求。此外，社会学还可以通过提供相关的培训和指导来帮助学生提高自身的竞争力，以便更好地适应不断变化的市场需求。

3. 提供多元化职业规划建议

社会学关注多元化的职业领域和就业机会，它可以根据市场需求提供多元化的职业规划建议，帮助学生找到适合自己的职业发展方向。社会学可以帮助学生了解不同的职业领域和发展机会，并为其提供相关的信息和建议。例如，社会学可以通过分析行业趋势和数据来预测未来的职业领域和发展机会，并为相关领域提供针对性的建议。此外，社会学还可以为学生提供多元化的就业机会和建议，包括创业、自主创业、网络创业等，以帮助他们找到适合自己的职业发展方向。

（三）经济学在就业指导中的运用

经济学是研究经济运行和发展的学科，对于就业指导工作具有重要意义。通过了解经济形势和市场需求，就业指导人员可以更好地指导学生进行职业规划和求职，帮助他们做出更明智的决策。具体来说，经济学在就业指导中的应用主要体现在以下几个方面。

1. 帮助学生了解经济形势

经济学是一门关注经济运行规律和市场变化趋势的学科，通过学习经济学，学生可以更好地了解当前经济形势和未来发展趋势，从而更好地应对市场变化。因此，作为学生，了解经济形势是非常重要的。为了实现这一目标，高校可以从以下几个方面入手。

学习一些基本的经济学原理和概念，例如供需关系、市场机制、价格波动等。这些原理和概念可以帮助大学生更好地理解市场运行规律和变化趋势。

关注经济新闻和数据，了解当前经济形势和行业发展趋势。通过阅读新闻和数据，大学生可以了解当前经济形势的各个方面，包括经济增长、通货膨胀、就业情况等。

大学生可以与教师、同学、家长等进行交流和讨论，共同探讨当前经济形势和未来发展趋势。与他人交流可以更好地了解他人的观点和看法，同时也可以从中获取更多的信息和知识。

通过以上方法，高校可以帮助学生更好地了解当前经济形势和未来发展趋势，从而更好地应对市场变化。

2. 提供职业发展建议

经济学不仅关注经济运行规律和市场变化趋势，还关注行业发展和市场竞争。因此，学习经济学可以为学生的职业发展提供很多帮助。以下是一些可能的职业发展建议。

了解市场需求和行业发展趋势：通过学习经济学，大学生可以更好地了解市场需求和行业发展趋势，从而更好地选择适合自己的职业发展方向。

培养自己的分析能力和判断力：经济学需要学生具备分析和判断市场变化趋势的能力，这可以帮助学生在职业发展中更好地应对各种挑战和机遇。

学习一些投资理财知识：经济学还关注投资和理财问题，学习一些投资理财知识可以帮助学生在就业过程中理性投资，提高自身财务素养。

3. 引导学生理性投资

投资和理财问题是经济学的另一个重要领域。学习经济学可以帮助学生理性投资，提高自身的财务素养。以下是一些可能的方法：

学生可以学习基本的投资知识，如股票、债券、基金等基本概念和特点。这可以帮助他们理解各种投资工具的特点和风险收益特征。

学生可以学习如何评估投资风险和收益。通过学习经济学中的风险收益理论和方法，学生可以更好地评估各种投资工具的风险和收益水平，从而做出更明智的投资决策。

学生可以学习如何制订合理的投资计划和策略。通过学习经济学中的投资组合理论和方法，学生可以制订适合自己的投资计划和策略，从而更好地管理自己的财务状况。

第二节　就业指导在大学生德育中的实践应用

一、课堂教学与实践教学相结合的就业指导方式

课堂教学和实践教学是就业指导中的两种重要方式。将二者结合起来，既能帮助学生系统地了解就业形势和政策，又能提供实践机会，提高他们的就业能力和素质。具体来说，高校可以通过以下几种方式实现。

（一）课堂教学

课堂教学是传授知识和技能的主要方式之一，通过课堂讲解，可以让学生了解就业

市场的现状、发展趋势以及相关的政策法规。在讲解过程中，教师可以通过案例分析、小组讨论等方式，引导学生思考和讨论，帮助他们更好地理解和掌握就业市场的相关知识。同时，教师也要注重培养学生的职业规划能力，帮助他们明确自己的职业目标。

为了达到更好的教学效果，教师还可以采用以下方法。

（1）案例分析：教师选择一些具有代表性的就业市场案例，让学生进行分析和讨论，帮助他们更好地了解就业市场的实际情况。

（2）小组讨论：教师组织学生进行小组讨论，围绕就业市场中的某一主题进行讨论，提高他们的沟通能力和协作能力。

（3）实践操作：在教学过程中适当引入一些实践操作环节，教师让学生在实践中掌握相关的知识和技能，提高他们的实践能力。

（二）实践教学

实践教学是培养学生实际操作能力和应变能力的重要方式之一。通过实习、实训等方式，学生可以在实践中了解职业要求和就业市场的实际情况。这种方式有助于提高学生的实践能力和应变能力，增强他们的就业竞争力。

具体而言，实践教学可以采用以下方法。

（1）实习：高校组织学生参加相关的实习活动，让他们在实际工作中了解职业要求和就业市场的实际情况，提高他们的实践能力和应变能力。

（2）实训：高校开展相关的实训课程，通过模拟实际工作环境和任务，学生可以在实际操作中掌握相关的知识和技能，提高实践能力和应对复杂问题的能力。

（3）企业合作：高校与相关企业建立合作关系，为学生提供更多的实践机会和资源支持，帮助他们更好地了解就业市场的实际情况和职业要求。

二、针对不同专业、不同需求的个性化就业指导

针对不同专业、不同需求的学生，高校应该提供个性化的就业指导。这种指导应该包括以下内容：

（一）专业分析

1. 计算机科学与技术

就业前景：随着互联网技术的不断发展，计算机科学与技术的人才需求量一直很高。毕业生可以从事软件开发、系统维护、网络管理等工作，就业范围非常广泛。

市场需求：目前市场对计算机科学与技术人才的需求量非常大，尤其是在人工智能、大数据、云计算等领域，需求更加旺盛。

职业发展方向：高级软件工程师、系统架构师、网络安全工程师等。

2. 医学专业

就业前景：医学专业是永远的热门专业，随着人们健康意识的不断提高，医疗行业的需求量也在不断增加。毕业生可以从事临床医疗、卫生保健、医药研发等工作。

市场需求：医疗行业的需求量随着人口老龄化和健康意识的提高而增加，特别是在高端医疗领域，如三甲医院和高端诊所，对医学人才的需求更为旺盛。

职业发展方向：临床医生、药剂师、医学研究员、医学教育工作者等。

3. 市场营销专业

就业前景：市场营销专业是商业活动中必不可少的一环，随着市场竞争的日益激烈，市场营销人才的需求量也在不断增加。毕业生可以从事市场营销、品牌推广、销售管理等工作。

市场需求：市场营销专业人才的需求量非常大，尤其是在一些大型企业和品牌公司，对市场营销人才的需求更为旺盛。

职业发展方向：市场营销经理、品牌经理、销售总监等。

（二）职业规划

根据学生的兴趣、特长和职业目标，提供以下职业规划建议。

1. 如果学生喜欢编程和软件开发，可以考虑成为一名高级软件工程师或系统架构师，在互联网行业有广阔的发展前景。

2. 如果学生喜欢医学，可以考虑成为一名临床医生或药剂师，为人们的健康做出贡献。

3. 如果学生善于与人沟通，对市场营销感兴趣，可以考虑成为一名市场营销经理或品牌经理，在商业竞争中发挥重要作用。

无论选择哪个专业和职业方向，学生都需要不断学习和提高自己的专业技能和素养，以适应市场的变化和职业发展的需要。

（三）技能培训

根据学生的专业和职业需求，高校提供以下技能培训建议。

1. 对于计算机科学与技术专业的学生，高校可以提供编程语言培训、数据结构与算法培训、数据库管理培训等，以提高他们的软件开发能力和系统管理能力。

2. 对于医学专业的学生，高校可以提供临床技能培训、医学基础知识培训、医药研发技能培训等，以提高他们的医学专业素养和未来的职业竞争力。

3. 对于市场营销专业的学生，高校可以提供市场调研技能培训、营销策略培训、沟通技巧培训等，以提高他们的市场营销能力和商业素养。

三、就业指导在校园文化活动、社会实践中的应用

校园文化活动和社会实践是就业指导的重要载体。通过以下方式，高校可以将就业指导融入校园文化活动和社会实践中。

（一）举办就业讲座和论坛

为了帮助学生了解就业市场和职业发展，高校可以邀请企业代表、职业规划师等来校举办讲座和论坛。这些讲座和论坛可以让学生了解就业市场的现状和趋势，了解不同行业和职业的发展前景，同时也可以帮助学生更好地规划自己的职业发展道路。

通过这些讲座和论坛，学生可以了解一些实用的求职技巧和职业规划方法，例如如何写简历、如何面试、如何处理职场人际关系等。这些技巧和方法对于学生未来的职业生涯非常重要，可以帮助他们更好地适应职场环境，提高自己的职业竞争力。

（二）组织实习和实践活动

除了讲座和论坛，高校还可以组织各种实习和实践活动，鼓励学生参加各种实习和实践活动，提高他们的实践能力和社会适应能力。这些活动可以包括企业参观、实习岗位安排、志愿者活动等。通过这些活动，学生可以亲身感受到职场环境，了解企业的运作和管理方式，同时也可以提高自己的沟通能力和团队协作能力。

这些实践活动还可以帮助学生更好地了解自己的兴趣和特长，从而更好地规划自己的职业发展方向。同时，这些实践活动也可以为学生提供一些实践经验，帮助他们更好地应对未来的职场挑战。

（三）举办模拟面试

为了帮助学生了解面试技巧和面试流程，提高他们的面试能力，高校可以组织模拟面试活动。这些模拟面试可以由学校老师或企业代表主持，邀请学生参加。通过模拟面试，学生可以了解到面试官的提问方式、面试流程和面试技巧，从而更好地应对真实的面试场景。

同时，模拟面试还可以帮助学生发现自己的不足之处，例如语言表达、心理素质、应变能力等方面的不足，从而及时进行调整和提高。这些面试技巧和经验对于学生未来的职业生涯非常重要，可以帮助他们更好地适应职场环境，提高自己的职业竞争力。

四、针对就业心理问题的就业指导

在就业指导中，关注学生的就业心理问题非常重要。通过以下方式，可以提供针对

性的就业心理指导。

（一）心理健康知识普及

向学生普及心理健康知识是非常重要的，因为这可以帮助他们了解常见的心理问题及应对方法。心理健康问题在当今社会越来越受到关注，了解心理健康知识可以帮助学生更好地认识自己，提高自我调节能力，增强心理素质。

在普及心理健康知识的过程中，高校可以采取多种形式，如开展讲座、举办心理辅导活动、发放心理健康手册等，同时，可以鼓励学生积极参与心理健康相关的社团、组织等，通过交流互动，增强他们对心理健康的认识和理解。

此外，学校还可以通过开设心理健康教育课程，系统地传授心理健康知识，帮助学生掌握基本的心理调节方法，如情绪管理、压力应对、人际交往等。

（二）心理咨询服务

建立心理咨询服务渠道是为学生提供专业心理支持的重要途径。高校可以设立专门的心理健康咨询室，配备专业的心理咨询师，为学生提供个性化的心理咨询服务。

咨询师应该具备丰富的心理学知识和实践经验，能够根据学生的不同需求，提供针对性的解决方案。此外，高校还可以通过网络平台、电话热线等方式，提供便捷的心理咨询服务，确保学生能够随时得到帮助和支持。

在心理咨询过程中，咨询师应该尊重学生的隐私权，保守学生的秘密，让学生感受到安全和信任。同时，高校应该积极宣传心理咨询的重要性，鼓励学生积极寻求帮助，共同营造一个健康、积极的校园环境。

（三）心理辅导和干预

针对个别存在严重心理问题的学生，提供专业的心理辅导和干预是非常必要的。这些学生可能面临就业障碍及自卑、焦虑等心理问题，需要专业的指导和支持。

高校可以设立专门的心理辅导室，为这些学生提供个性化的辅导和干预。在辅导过程中，教师应该注重倾听和理解学生的感受和需求，帮助他们建立自信心和应对问题的能力。同时，高校应该与家长密切合作，共同关注学生的心理健康状况，共同为学生提供全面的支持和帮助。

此外，高校还可以与其他相关机构、组织建立合作关系，共同开展心理辅导和干预工作，例如，可以与专业的心理治疗机构合作，为学生提供专业的心理治疗服务；与社区、企业等合作，为学生提供实习、实践的机会，帮助他们更好地适应社会环境，增强自信心和竞争力。

第三节　大学生通过就业指导实现成功就业的案例

一、成功就业的案例介绍

小明是一位毕业于某普通高校计算机专业的本科生，他目前在一家知名互联网公司担任软件工程师的职位。在过去的几年中，他通过不断的努力和就业指导，成功地实现了就业目标。

（1）就业单位：某知名互联网公司

（2）就业岗位：软件工程师

（3）学生背景：小明在大学期间努力学习计算机专业知识，并积极参加各种实习和社团活动，锻炼了自己的沟通能力和团队协作能力。

二、案例中就业指导的具体应用和效果

（一）就业指导课程

在大学期间，小明参加了一项就业指导课程，这是一门对职业规划、面试技巧、简历撰写等就业关键要素进行全面培训的课程。小明的职业生涯在这一课程中得到了积极的推动。他学习了如何合理规划自己的职业生涯，如何准备面试，以及如何撰写一份引人注目的简历。这些知识为他之后的求职打下了坚实的基础。

（二）实践机会

在就业指导老师的推荐下，小明获得了几次实践机会。这些机会不仅让他积累了宝贵的工作经验，还提高了他的专业技能和沟通能力。通过实践，小明更好地理解了职业环境，也更加明确了自己的职业发展方向。

（三）就业指导老师的作用

小明的就业指导老师为他提供了许多就业方面的建议和帮助。例如，老师为他修改了简历，提供了面试技巧的指导，甚至在职业发展规划上也给予了小明许多宝贵的建议。这位老师的专业性和经验让小明受益匪浅，使他更加明确了自己的职业发展方向。

（四）效果和反馈

经过就业指导的培训和老师的帮助，小明成功地获得了心仪的职位，并在工作中表现出色，得到了公司的认可和赞扬。这样的结果对小明来说是最好的反馈，也证明了他的就业指导经历的价值。同时，他成为其他学生积极的榜样，鼓励他们也去寻求就业指

导，为自己的职业生涯做好准备。

三、从案例中提炼出的成功经验

（一）积极心态

在求职过程中保持积极的心态非常重要。小明在求职过程中不仅不惧失败，而且勇于尝试，这显示了他的自信和乐观的态度。求职并不是一个简单的任务，需要不断尝试、耐心和决心。这种积极的心态可以帮助学生克服困难，并最终获得成功。因此，学生应该学习小明的态度，保持自信和乐观，勇于尝试，不怕失败，这样才能在求职过程中取得成功。

（二）技能提升

小明通过学习和实践不断提升了自己的专业技能和工作经验，这是他成功就业的关键之一。技能是我们在职场中取得成功的关键因素之一。学生应该注重学习和实践，不断提升自己的专业技能和综合素质。这不仅可以帮助学生获得更好的工作机会，还可以提高竞争力，使学生能够在职场中脱颖而出。

（三）职业规划

小明在大学期间就制订了明确的职业发展规划，这为他之后的求职和就业提供了明确的方向。职业规划对于学生的职业发展非常重要。尽早制订职业发展规划，明确自己的职业目标和发展方向，可以帮助学生更好地规划自己的职业生涯，避免盲目和浪费时间。学生应该尽早考虑自己的职业规划，并制订相应的计划和行动方案，以便在未来的职业生涯中取得成功。

四、对其他学生的启示和建议

（一）提升自身素质

学生应该注重提升自己的综合素质，包括专业技能、沟通能力、团队协作能力等。这些素质不仅有助于学生在求职过程中脱颖而出，还能为未来的职业发展打下坚实的基础。在提升自身素质的过程中，学生可以通过以下几个方面来实现：

（1）努力学习专业知识：学生应该认真学习专业知识，掌握扎实的基础知识，以便在求职过程中能够更好地应对各种问题。

（2）提高沟通能力：沟通是人与人之间最重要的交流方式之一。学生应该注重提高自己的沟通能力，包括口头表达和书面表达能力。

（3）培养团队协作能力：在现代社会中，团队协作能力越来越重要。学生应该积极参与团队活动，培养自己的团队协作能力，以便更好地适应团队工作环境。

（二）积极参加实践和实习

实习和实践是提升自身能力和积累经验的重要途径。通过实习和实习，学生可以了解实际工作环境和职业要求，积累工作经验和技能，为未来的职业发展打下坚实的基础。在实践和实习中，学生可以通过以下几个方面来实现。

（1）寻找实习机会：学生可以通过学校就业指导中心、招聘网站、社交媒体等途径寻找实习机会，了解相关行业和职位的要求，以便更好地准备面试和实习。

（2）认真对待实习：在实习过程中，学生应该认真对待每一个机会，积极参与工作，积累经验和技能。

（3）积极反馈和总结：在实习结束后，学生应该认真总结自己的表现和经验教训，以便更好地规划未来的职业发展。

（三）制订职业发展规划

学生应该尽早制订职业发展规划，明确自己的职业目标和发展方向。职业发展规划有助于学生在求职过程中更有针对性地准备和投递简历，也有助于学生更好地规划自己的职业发展路径。在制订职业发展规划时，学生可以通过以下几个方面来实现。

（1）了解行业和职位：学生应该通过各种途径了解相关行业和职位的要求和发展趋势，以便更好地规划自己的职业发展方向。

（2）设定明确的职业目标：学生应该根据自己的兴趣、能力和职业发展方向，设定明确的职业目标和发展方向。

（3）制订实施计划：为了实现职业目标，学生应该制订具体的实施计划，包括学习计划、实践计划、求职计划等。

（四）寻求就业指导

学生应该寻求就业指导，包括参加就业指导课程、实践机会、面试技巧等方面的指导。这些指导将有助于学生更好地准备求职和实现就业目标。学校就业指导中心通常提供各种就业指导服务，包括就业咨询、简历修改、面试技巧培训等。学生可以通过学校就业指导中心或其他途径寻求就业指导服务，以便更好地准备求职和实现就业目标。同时，学生也可以通过社交媒体、招聘网站等途径主动联系相关企业或招聘机构，了解招聘需求和面试技巧，为未来的职业发展打下坚实的基础。

第八章　创新创业在大学生德育中的应用

第一节　创新创业与德育的关系

一、创新创业的定义和特点

（一）创新创业的定义

创新创业是指个人或团队通过创造性地运用创新思维、创新模式、创新技术等手段，打破传统框架和常规思维，发掘潜在的市场机会，创造新的商业价值或社会效益的过程。

创新创业具有以下几个关键要素：

（1）创新思维：创新创业者需要具备敏锐的市场洞察力，能够发现市场空白、需求未满足和竞争不足的领域，从而创造出具有差异化优势的产品或服务。

（2）创新模式：创新创业者需要灵活运用商业模式、营销策略、管理方法等手段，探索出新的运营模式和组织结构，以满足市场需求并实现商业价值。

（3）创新技术：技术创新是创新创业的核心驱动力。研发新的技术或产品可以提高生产效率、降低成本、提高产品质量，从而获得竞争优势。

（4）商业价值：创新创业的最终目标是实现商业价值。通过创新思维、创新模式和创新的技术的运用，创新创业者需要创造出具有市场潜力的产品或服务，并实现商业上的成功。

同时，创新创业还需要具备团队协作能力、风险控制能力、市场应变能力等素质，以应对各种挑战和不确定性。创新创业不仅是一种商业行为，更是一种社会进步的动力，它能够推动经济发展、提高社会福祉、促进就业和创新文化的发展。

（二）创新创业的特点

1. 创新性

创新创业的核心在于创新，包括产品、服务、商业模式、管理方式等方面的创新。创新的本质在于创造出新颖、独特、有价值的成果，这种成果可以带来更高的生产力和更好的经济效益。只有通过创新，人们才能在竞争激烈的市场中脱颖而出。因此，创新创业者需要具备敏锐的市场洞察力、创新的思维方式和扎实的专业知识，需要不断探索新的商业模式和管理方式，以满足市场的需求和变化。

2. 创业性

创新创业不仅仅是空想，而是要将创新思维转化为实际的商业行动。创新创业者需要具备创业精神，包括敢于冒险、勇于创新、善于沟通、注重细节、善于团队协作等。同时，他们还需要进行市场调研、商业计划、筹资、营销等一系列的行动，将创新思维转化为实际的商业成果。因此，创新创业者需要具备丰富的实践经验和较强的执行力，才能在竞争激烈的市场中取得成功。

3. 风险性

创新创业的过程存在着很多不确定因素，创新创业者需要面对各种风险。首先，市场风险是最大的不确定因素之一，市场需求的变化、竞争对手的行为、政策法规的变化等都可能影响企业的经营状况。其次，技术风险也是不可忽视的因素，技术的更新换代、技术失败的风险等都可能对企业造成影响。此外，财务风险也是创新创业过程中需要考虑的重要因素之一，包括资金筹措、资金使用、成本控制等都需要谨慎处理。因此，创新创业者在创业过程中需要具备风险意识，制订合理的风险控制措施，以应对各种不确定因素带来的风险。

4. 持续性

创新创业不是一蹴而就的过程，需要不断的探索、试错、改进。一个成功的创新创业项目需要经过多次的探索和试错，才能逐渐形成稳定的商业模式和管理方式。在这个过程中，创新创业者需要不断地学习新知识、积累经验、改进管理方式等，以提高自身的综合素质和执行力。同时，他们还需要不断关注市场变化和客户需求的变化，及时调整商业模式和管理方式，以适应市场的变化和客户的需求。因此，创新创业是一个持续发展的过程，需要创新创业者具备持续学习的能力和坚持不懈的精神。

二、创新创业与德育之间的联系和互动

（一）创新意识和创业精神的培养

1. 思考能力的培养

在德育中，教师应强调培养学生的思考能力，鼓励学生独立思考、分析和解决问题。这种思考能力的培养不仅有助于学生更好地理解世界，还有助于培养学生的创新意识和创业精神。当学生能够独立思考、分析和解决问题时，他们更有可能发现新的机会和问题，从而激发他们的创新意识和创业精神。

2. 批判性思维的培养

德育强调批判性思维的培养，鼓励学生勇于质疑、挑战传统观念和权威。这种思维方式有助于培养学生的创新意识和创业精神，因为只有敢于挑战和突破传统，才能发现新的机会和可能性。同时，批判性思维也有助于学生更好地评估风险和机会，从而做出更明智的决策。

3. 勇于探索的精神

德育鼓励学生勇于探索未知领域，培养他们的冒险精神和探索精神。这种精神不仅有助于学生更好地适应不断变化的环境，还有助于培养学生的创新意识和创业精神。当学生勇于探索未知领域时，他们更有可能发现新的机会和问题，从而激发他们的创新意识和创业精神。

4. 树立正确的价值观和人生观

德育强调树立正确的价值观和人生观，鼓励学生追求个人价值和事业成功。这种价值观和人生观的树立有助于培养学生的创新意识和创业精神，因为只有具备正确的价值观和人生观，才能更好地面对挑战和机遇，从而更好地实现自己的创业梦想。

（二）德育为创新创业提供动力和支持

1. 德育中的坚韧不拔精神

在创新创业的过程中，我们会遇到各种各样的挑战和困难。这时候，德育中的坚韧不拔精神就起到了至关重要的作用。它可以帮助我们保持积极的心态，不畏艰难，不轻易放弃，不断地努力，直到实现创业目标。因此，在德育中，培养学生的坚韧不拔精神，将有助于他们更好地应对创新创业过程中的各种挑战。

2. 德育中的勇于探索精神

创新创业的过程就是一个不断探索的过程。在这个过程中，我们需要不断地尝试新的思路和方法，以找到最适合自己的发展道路。德育中的勇于探索精神鼓励学生勇于尝试、不断探索，不怕失败，这样才能够不断地进步，找到成功的道路。

3. 德育中的团队合作意识

在创新创业的过程中，团队合作是非常重要的。人只有通过团队合作，才能够更好地发挥每个人的优势，共同实现创业目标。德育中的团队合作意识可以帮助学生更好地理解团队合作的重要性，学会与他人合作、沟通、协调，形成良好的团队氛围，从而提高创业成功的概率。

4. 德育中的诚信品质

诚信是创新创业的基础。人只有诚实守信，才能够赢得他人的信任和支持。德育中的诚信品质可以帮助学生树立正确的价值观和道德观念，遵守商业道德和市场规则，提高自身的信誉度和可信度，从而获得更多的资源和支持。在创新创业的过程中，诚信不仅是一种道德要求，更是企业发展的基础。

5. 德育中的创新思维培养

创新是创新创业的核心。只有不断地创新，才能够适应市场变化和竞争压力。德育中的创新思维培养可以帮助学生培养创新意识和创新能力，激发他们的创造力和想象力，从而更好地应对市场变化和竞争压力。同时，创新思维也能够让他们更好地发现新的商机，开拓新的市场。

6. 德育中的社会责任意识

创新创业不仅是为了个人利益，更是为了社会和人民的福祉。因此，德育中的社会责任意识是非常重要的。它可以帮助我们树立正确的创业观和价值观，关注社会问题，积极履行社会责任，为社会发展和进步做出贡献。在创新创业的过程中，人们需要考虑到社会和环境的影响，注重可持续发展，只有这样才能够赢得社会的认可和支持。

（三）创新创业的过程成为德育的实践平台

1. 精神品质与德育的契合

在创新创业的过程中，学生需要具备坚韧不拔、勇于探索的精神，这些精神品质正是德育中强调的重要内容。通过参与创新创业活动，学生可以更好地理解德育的内涵和价值，从而更好地践行德育的理念。

在创新创业过程中强调的坚韧不拔的精神品质应与德育中的毅力、自律和自我控制等元素相契合。在创新创业过程中，学生需要面对各种困难和挑战，需要有足够的毅力和耐心去克服这些困难，不断追求自己的目标。毅力培养可以帮助学生在创新创业过程中更好地应对各种困难和挫折，坚定自己的信念和决心。

在创新创业过程中，勇于探索的精神品质应与德育中的好奇心、求知欲和探索精神等元素相契合。在创新创业过程中，学生需要勇于尝试新的事物、新的思路和方法，不断探索新的机会和可能性。好奇心和求知欲可以帮助学生在创新创业过程中保持对未知领域的探索欲望，不断拓展自己的视野和知识面。

通过参与创新创业活动，学生可以更好地理解德育的内涵和价值，从而更好地践行德育的理念。这不仅有助于提高学生的综合素质，也有助于培养学生的创新精神和创业意识，为未来的职业发展打下坚实的基础。

2. 创新创业实践提高学生的实践能力

在创新创业的过程中，学生需要不断地尝试、探索和实践，这有助于提高学生的实践能力和解决问题的能力。

创新创业实践有助于提高学生的动手能力和操作技能。通过实际操作和实践，学生可以更好地掌握各种技能和方法，提高自己的实践能力和技术水平。

创新创业实践有助于提高学生的问题解决能力。在实践中，学生需要面对各种实际问题，需要运用自己的知识和技能去解决这些问题。通过不断尝试和探索，学生可以更好地掌握各种解决问题的方法和技巧，提高自己的问题解决能力。

此外，创新创业实践还有助于培养学生的创新意识和创新精神。在实践中，学生需要不断尝试新的思路和方法，不断追求创新和进步。这种创新意识的培养有助于学生在未来的职业发展中更好地适应不断变化的市场需求，提高自己的竞争力和发展潜力。

通过参与创新创业活动，学生可以更好地认识和应对各种现实问题，从而更好地适应社会和职场的需求。因此，学校应该积极鼓励学生参与创新创业实践活动，为学生提供更多的实践机会和资源支持，帮助他们提高自己的实践能力和问题解决能力。

3. 创新创业实践培养学生的团队协作精神

在创新创业的过程中，学生需要与团队成员共同合作、相互支持，这有助于培养学生的团队协作精神和合作能力。

团队协作精神是创新创业过程中不可或缺的重要素质之一。在创新创业过程中，团队成员需要相互协作、共同合作，才能实现共同的目标和愿景。这种协作精神的培养有助于学生在未来的职业环境中更好地与他人合作，共同解决问题和实现目标。

创新创业实践有助于培养学生的沟通和表达能力。在实践中，学生需要与团队成员进行有效的沟通和交流，表达自己的想法和意见。通过不断的沟通和交流，学生可以更好地理解他人的想法和需求，从而更好地协调和达成共识。这种沟通和表达能力的培养有助于学生在未来的职业环境中更好地与他人合作和交流。

因此，学校应该为学生提供更多的团队协作实践机会，例如创业团队、社团活动、实习项目等。通过这些实践活动，学生可以更好地了解团队协作的重要性，培养自己的团队协作精神和合作能力。

4. 创新创业实践增强学生的责任感和使命感

在创新创业的过程中，学生需要承担一定的风险和责任，这有助于增强学生的责任感和使命感。

创新创业是一种风险较高的实践活动，需要学生承担一定的风险和失败的后果。这种风险意识的培养有助于增强学生的责任感和担当精神，让他们更加珍惜自己的机会和资源，认真对待自己的工作和学习。

创新创业实践有助于培养学生的使命感和奉献精神。在实践中，学生需要为实现自己的目标和愿景而努力奋斗，为团队和社会做出贡献。这种使命感和奉献精神的培养有助于学生在未来的职业环境中更好地履行自己的职责和使命，为社会和他人做出更大的贡献。

因此，学校应该积极鼓励学生参与创新创业实践活动，让他们在实践中承担一定的责任和风险。同时，学校也应该为学生提供更多的支持和指导，帮助他们更好地应对创新创业过程中的挑战和困难。这样不仅可以增强学生的责任感和使命感，还可以培养他们的创新精神和创业意识，为未来的职业发展打下坚实的基础。

（四）创新创业的成功成为德育中的成功案例

1. 激发学生积极性和动力

创新创业的成功经验可以成为德育中的正面激励，鼓励学生勇于尝试、不断探索，培养他们的创新精神和创业能力。通过分享这些成功案例，可以让学生看到创业的成功之路并不是遥不可及的，而是可以通过自己的努力和奋斗实现的。这种激励可以让学生更加自信、更加积极地面对学习和生活，不断追求自己的梦想和目标。

2. 增强学生风险意识和抗压能力

创业成功需要面对各种风险和挑战，而这些成功案例可以让学生了解创业的风险和挑战，增强他们的风险意识和抗压能力。通过分析这些经验，学生可以明白创业并非一帆风顺，需要面对各种困难和挫折，需要具备坚韧不拔的精神和顽强的毅力。这种教育可以帮助学生更好地应对未来的挑战和机遇，培养他们的心理承受能力和应对压力的能力。

3. 提供可借鉴的经验和教训

创新创业的成功案例可以为其他学生提供可借鉴的经验和教训。这些成功案例中包含了许多成功的因素和失败的教训，如市场分析、商业模式、团队建设、资金筹措等。通过分享这些经验，学生可以了解创业的成功之道，并从中吸取经验教训，为自己的创业之路提供有益的参考和指导。

4. 培养德育目标

创新创业的成功案例符合德育目标，不仅可以培养学生的创新精神、创业意识和实践能力，还可以培养他们的诚信、责任、合作等优秀品德和价值观。德育不仅仅是传授知识，更重要的是培养学生的品德和价值观。通过引导学生了解创业的艰辛和挑战，教师可以培养他们的创新思维、创业意识和实践能力，同时也可以培养他们的道德品质和正确的价值观。

第二节　创新创业在大学生德育中的应用方式

一、创新创业教育课程的设计和实施

创新创业教育课程是培养学生创新创业意识和能力的重要途径。在设计创新创业教育课程时，教师需要考虑到学生的实际情况和需求，结合实际案例和经验，注重实践性和实用性。以下是一些建议。

（一）明确教学目标

创新创业教育课程的教学目标可以分解为以下几个主要方面。

（1）培养学生的创新创业意识：创新创业教育课程的核心目标是培养学生的创新意识和创业精神。通过课程的学习，学生应能够理解创新和创业之间的联系和区别，理解创新在企业发展和社会进步中的重要性，以及如何将创新思维转化为实际的创业行动。

（2）培养学生的创新能力：创新能力是创新创业教育的重要组成部分。通过课程的学习，学生应能够掌握基本的创新思维方法，了解创新过程的基本规律，并能够在实际问题中运用创新思维解决问题。

（3）培养学生的综合素质：创新创业教育不仅关注学生的专业技能，还注重学生的综合素质培养。通过课程的学习，学生应能够提升自身的沟通、协作、领导、问题解决等综合能力，以适应未来职业发展的需要。

（4）了解创新创业的过程和规律：创新创业教育课程应让学生了解创新创业的过程和规律，包括市场调研、商业计划书撰写、融资、团队建设、市场营销等环节。通过课程的学习，学生应能够掌握这些基本技能，为未来的创业实践做好准备。

（5）为未来的职业发展和社会创新做出贡献：创新创业教育课程的最终目标是让学生能够在未来的职业发展中发挥自己的创新能力和创业精神，为社会创新做出贡献。通过课程的学习，学生应能够了解行业发展趋势，掌握新兴技术，积极探索新的商业模式，为社会的可持续发展贡献力量。

（二）精选教学内容

精选教学内容可以包括以下内容。

（1）创新创业的基本概念和理论：包括创新、创业、创新精神和创业精神等概念，以及一些重要的理论，如创新扩散理论、资源基础理论等。

（2）核心要素：包括市场需求、创新技术、商业模式、团队能力、资金资源等核心

要素，以及如何识别和把握这些要素的方法和技巧。

（3）市场分析：包括市场调研、竞争对手分析、消费者行为分析等市场分析方法，以及如何利用这些方法进行市场定位和策略制订。

（4）商业模式：包括商业模式的定义、类型和设计原则，以及如何设计一个有效的商业模式，包括盈利模式、成本结构、销售渠道、合作伙伴等要素。

（5）团队建设：包括团队成员的角色和职责、团队沟通与协作、团队领导力等方面的内容，以及如何构建一个高效、协作的创业团队。

（6）风险控制：包括创业风险的类型和来源，如市场风险、技术风险、财务风险、法律风险等，以及如何进行风险评估、风险应对和风险控制的方法和技巧。

（7）实际案例讲解和分析：教师精选一些成功的创新创业案例，如一些知名企业的创业历程和成功经验，以及一些失败的案例的教训，让学生能够更好地理解和应用创新创业的理论知识。

（8）实践知识：除了理论知识外，教师还应该注重实践知识的传授，例如，如何撰写商业计划书、如何进行市场调研、如何进行商业谈判等实用技能，让学生能够更好地应对创业过程中的实际问题。

（三）注重实践教学

实践教学在创新创业教育课程中具有重要地位，以下是其优势和作用。

1. 加深理论知识理解

2. 通过实践教学，学生可以更直观地理解创新创业的理论知识，将理论知识与实际应用相结合，加深对理论知识的理解。

2. 培养思考和解决问题的能力

实践教学通常会涉及到实际问题或案例，学生需要通过分析、思考和解决这些问题，培养思考和解决问题的能力。这不仅有助于学生更好地理解和应用创新创业的理论知识，也有助于学生在未来的创业实践中更好地应对各种挑战。

3. 增强团队协作能力和沟通交流能力

在实践教学中，学生通常会以小组形式进行，需要与小组其他成员密切合作，共同解决问题。这种协作和沟通的过程可以增强学生的团队协作能力和沟通交流能力，这对于创新创业成功非常重要。

4. 激发创新精神和实践能力

实践教学通常会鼓励学生尝试新的思路和方法，这可以激发学生的创新精神和实践能力。学生可以通过实践来验证自己的想法，不断尝试、探索和创新，从而更好地实现自己的创业梦想。

5. 提升综合素质和就业竞争力

通过实践教学，学生可以全面提升自己的综合素质和就业竞争力。在竞争激烈的就业市场中，具有实践经验、创新精神和解决问题能力的人才更受欢迎。因此，实践教学不仅有助于学生更好地理解和应用创新创业的理论知识，也有助于提高学生的就业竞争力。

（四）多元化教学方法

多元化教学方法是一种教学策略，它采用多种教学方法，如讲授、讨论、案例分析、角色扮演等，以提高学生的学习兴趣和参与度，并增强教学效果和质量。以下是对多元化教学方法的分条论述。

1. 增强学生的学习积极性

多元化的教学方法能够提供多样化的学习体验，使学习内容更具有趣味性和吸引力，从而激发学生的学习兴趣和积极性。

2. 提高教学效果

不同的教学方法有不同的优点和缺点，因此，多元化教学方法能够针对不同的教学内容和目标，使学生选择最适合的教学方法，从而提高教学效果和质量。

3. 提高学生的参与度

多元化的教学方法可以鼓励学生积极参与教学过程，通过讨论、案例分析、角色扮演等方式，使学生能够更好地理解和掌握知识，同时也能提高学生的自信心和表达能力。

4. 培养学生的创新能力和批判性思维

多元化的教学方法鼓励学生思考和探索，通过案例分析、角色扮演等方式，使学生能够从不同的角度思考问题，培养他们的创新能力和批判性思维。

5. 促进师生互动

多元化的教学方法需要教师和学生之间的互动和交流，通过讨论、案例分析等方式，能够促进师生之间的互动和交流，增强师生之间的信任和尊重。

6. 适应不同学生的学习风格

不同的学生有不同的学习风格和学习习惯，多元化的教学方法能够提供多样化的学习体验，适应不同学生的学习风格和学习需求。

（五）建立评估体系

建立评估体系是一个重要的教育管理手段，它可以帮助教师和学校更好地了解学生的学习情况和效果，及时发现问题并采取相应的措施。以下是一个可能的评估体系，包括学生的参与度、学习成果和实践成果等方面，并结合过程评估和结果评估。

1. 学生的参与度

学生的参与度是评估教学质量的重要指标之一。教师可以通过观察学生的课堂表现、参与讨论、完成作业等方式来评估学生的参与度。同时，教师也可以通过学生自我评价、小组评价等方式收集学生参与度的信息，以更全面地了解学生的学习态度和行为习惯。

评估学生的参与度可以帮助教师及时发现学生的学习问题和困难，调整教学方法和策略，以提高教学效果。

2. 学习成果

学习成果是评估教学质量的核心指标之一。教师可以通过学生的作业、考试成绩、学习报告等来评估学生的学习成果。此外，教师还可以通过与学生的交流和沟通，了解学生对知识的掌握程度和应用能力，以便更好地指导学生的学习。

学习成果评估可以帮助教师及时发现学生在学习中存在的问题和困难，并提供相应的辅导和支持，帮助学生更好地掌握知识和技能。

3. 实践成果

实践成果是评估教学质量的重要组成部分之一。教师可以通过学生的实验报告、项目成果、竞赛成绩等来评估学生的实践成果。此外，教师还可以通过观察学生在实践活动中的表现和团队合作能力，评估学生的实践能力和综合素质。

实践成果评估可以帮助教师及时发现学生在实践活动中存在的问题和不足，并提供相应的指导和建议，帮助学生更好地提高实践能力和综合素质。

4. 过程评估和结果评估的结合

过程评估和结果评估是评估教学质量的重要手段，它们各有优势和不足。过程评估可以及时发现学生学习过程中的问题，及时调整教学策略和方法；结果评估可以全面了解学生的学习情况和效果，为教学改进提供依据。因此，教师在建立评估体系时应该注重过程评估和结果评估的结合，以便更全面地了解学生的学习情况和效果。

（六）注重学生的个性化发展

学生个性化发展是现代教育的重要理念之一，它强调尊重学生的个体差异，关注学生的兴趣、特长和需求，为学生提供多样化的课程和活动，以促进学生的全面发展。

1. 尊重学生的个体差异

每个学生都是独一无二的个体，具有不同的兴趣、特长和需求。因此，高校应该尊重学生的个体差异，根据学生的不同特点制订个性化的教育方案，为他们提供符合自己兴趣和需求的课程和活动。这样，学生可以在自己擅长的领域得到充分的发挥和发展，同时也能更好地实现自我价值。

2. 提供多样化的创新创业课程

当今社会对创新型人才的需求越来越大，高校应该为学生提供多样化的创新创业课程，以培养学生的创新思维和实践能力。这些课程应该涵盖不同领域的知识和技能，以适应不同学生的兴趣和需求。此外，学校还应该鼓励学生参与各种创新创业活动，让他们在实践中不断探索和成长。

3. 关注学生的兴趣和特长

每个学生都有自己的兴趣和特长，高校应该关注学生的兴趣和特长，为他们提供相应的课程和活动。这样，学生可以在自己感兴趣的领域充分发挥和发展，同时也能培养自己的兴趣爱好，提高自己的综合素质。

4. 培养学生的自主性和责任感

个性化教育需要培养学生的自主性和责任感。学生应该被鼓励去独立思考、自主选择和承担责任。高校应该提供机会让学生自主选择课程和活动，让他们在选择的过程中逐渐学会权衡利弊、做出决策。同时，高校也应该培养学生的责任感，让他们明白自己的行为和选择会对他人产生影响，从而更好地承担自己的责任。

5. 建立良好的师生关系

个性化教育需要建立良好的师生关系。教师应该尊重学生的个性差异，关注学生的需求和情感，与学生建立良好的沟通和互动关系。这样，学生可以更加信任教师，愿意与教师交流自己的想法和感受，从而更好地实现个性化发展。

（七）加强师资培训

1. 创新创业教育课程的重要性

创新创业教育课程是当前社会发展所需要的，也是培养学生创新精神和创业能力的必要手段。在现代社会，创业已经成为一种趋势，学生需要掌握创新创业的基本知识和技能，以便在未来社会中更好地适应和应对各种挑战。因此，创新创业教育课程需要一支专业的教师队伍来执教。

2. 专业教师队伍的重要性

创新创业教育课程需要一支专业的教师队伍，他们不仅需要具备扎实的专业知识和技能，还需要具备创新精神和创业实践经验。只有这样，教师才能更好地引导学生掌握创新创业的基本知识和技能，培养学生的创新精神和创业能力。同时，专业教师队伍还能够为学生提供更加系统、全面、实用的创新创业教育服务，提高教育质量和效果。

3. 加强师资培训的必要性

当前创新创业教育课程在师资方面存在一定的问题，很多教师缺乏创新创业教育的专业知识和实践经验，这导致教育质量不高，无法满足学生的需求。因此，学校应该加强师资培训，提高教师的专业素养和实践能力，让他们更好地掌握创新创业教育的理念和方法，为学生的发展提供更好的支持和帮助。

4. 提供专业的培训和指导

为了加强师资培训，学校应该为教师提供专业的培训和指导。这包括创新创业教育的理论学习、实践操作、案例分析等方面的培训。通过培训和指导，教师可以更好地了解创新创业教育的内涵和要求，掌握创新创业教育的理念和方法，提高自己的专业素养和实践能力。同时，学校还应该为教师提供更多的实践机会，让他们在实际操作中更好地掌握创新创业教育的技能和方法。

5. 建立激励机制

为了激发教师的积极性和主动性，高校应该建立激励机制，对表现优秀的教师给予适当的奖励和表彰。这可以包括设立优秀教师奖、优秀教学成果奖等，让教师在工作中获得更多的荣誉感和成就感，从而更加积极地投入到创新创业教育工作中去。

二、创新创业实践活动在德育中的应用

创新创业实践活动是培养学生创新创业意识和能力的重要途径之一，同时也可以在德育中发挥重要作用。以下是一些建议。

（一）组织创业比赛

创业比赛是一种激发学生创新意识和竞争意识的有效方式。通过参加创业比赛，学生可以更深入地了解创业的实际情况和挑战，同时也可以锻炼自己的团队协作能力和解决问题的能力。此外，创业比赛还可以为学生提供一个展示自己创新成果的平台，有助于提高学生的自信心和成就感。

1. 培养学生的创新意识和竞争意识

创业比赛是一种非常有效的教育方式，它能够培养学生的创新意识和竞争意识，激发他们的创业热情，让他们更加积极地参与到未来的创业活动中。通过参加创业比赛，学生可以获得许多宝贵的经验和教训，这对于他们的未来发展具有非常重要的意义。

创业比赛可以让学生了解市场需求和行业趋势，从而激发他们的创新思维。通过与行业专家和竞争对手的交流，学生可以了解市场的现状和未来的发展趋势，这对于他们创新思维的培养具有非常重要的意义。在创业比赛中，学生需要思考如何利用市场机会

和行业趋势，创造具有市场竞争力的产品或服务，这将帮助他们更好地发挥自己的创新潜能。

创业比赛能够培养学生的竞争意识，鼓励他们勇于挑战自己。在创业比赛中，学生需要与其他参赛者竞争，这将会激发他们的竞争意识。通过与其他参赛者的比较和竞争，学生可以更好地了解自己的优势和不足之处，从而不断改进自己的想法和思路。同时，创业比赛也能够让学生更加自信和勇敢地面对挑战和竞争，这对于他们未来的创业活动具有非常重要的意义。

此外，创业比赛还可以锻炼学生的团队合作能力，增强他们的团队协作精神。在创业比赛中，学生需要与团队成员共同合作，共同面对挑战和竞争。通过与团队成员的沟通和协作，学生可以更好地了解彼此的优势和不足之处，从而更好地发挥自己的潜力。同时，创业比赛也能够增强学生的团队协作精神，让他们更加注重团队合作的重要性。

2. 提高学生的实践能力

提高学生的实践能力是教育的一个重要目标，而创业比赛是实现这一目标的有效途径之一。创业比赛不仅可以帮助学生提高实践能力，还可以为他们未来的创业之路打下坚实的基础。

创业比赛可以让学生了解创业过程中需要具备的各种技能和知识。通过参加比赛，学生可以了解创业的全过程，包括市场调研、产品研发、市场营销、财务管理等方面，从而更好地理解创业的本质和难点。同时，创业比赛也可以帮助学生更好地掌握创业所需的各种技能，如团队合作、沟通协调、决策制订等，这些技能对于未来的创业至关重要。

创业比赛可以锻炼学生的沟通能力和团队协作能力。在创业比赛中，学生需要与团队成员密切合作，共同完成各种任务和挑战。这需要他们具备良好的沟通技巧和团队协作精神，能够有效地协调团队成员的意见和想法，共同解决问题。通过参加创业比赛，学生可以更好地锻炼自己的沟通和团队协作能力，这对于未来的创业和职业生涯都非常重要。

创业比赛可以培养学生的风险意识和市场敏感度。在创业比赛中，学生需要面对各种不确定性和风险，如市场竞争、政策变化等。通过参加比赛，学生可以更好地了解市场动态和行业趋势，从而更好地应对各种挑战和风险。同时，创业比赛也可以帮助学生更好地把握市场机会，发掘潜在的商业机会，从而为未来的创业做好充分的准备。

参加创业比赛可以让学生在实际操作中不断积累经验，为将来的创业做好充分的准备。在创业比赛中，学生需要不断尝试、探索和实践，不断总结经验教训，从而更好地提高自己的实践能力和创业水平。这种实践经验对于未来的创业至关重要，可以帮助学生在创业过程中少走弯路，提高创业的成功率。

3. 增强学生的团队协作能力

创业比赛确实是一个增强学生团队协作能力的良好平台。通过参与创业比赛，学生可以以团队的形式共同面对挑战，从而培养他们的团队合作精神和沟通能力，学会如何有效地沟通和协作。在这个过程中，他们需要学会如何分配任务和资源，以实现团队的目标。此外，面对团队中的分歧和挑战，他们需要学会如何协调和处理，以保持团队的凝聚力和稳定性。

这些技能和素质对于未来的创业是非常重要的。在创业过程中，团队协作能力是至关重要的，因为团队成员需要共同努力，相互支持，才能克服各种挑战和困难。此外，通过参加创业比赛，学生还可以结识更多的志同道合的人，拓展自己的社交圈子和人脉资源。这不仅有助于他们建立良好的人际关系，还可以为未来的创业活动提供更多的机会和资源。

此外，创业比赛还可以为学生提供一个展示自己才华和能力的平台。在比赛中，他们需要展示自己的创新思维、领导能力和解决问题的能力。这些技能和素质不仅有助于他们在比赛中取得成功，还可以为他们未来的职业生涯打下坚实的基础。

为了增强学生的团队协作能力，高校和教师可以采取一些措施。例如，可以鼓励学生参加各种团队项目和活动，如社团、竞赛和项目合作等。这些活动可以帮助学生更好地了解自己和他人，学会如何与他人合作和协调。此外，高校和教师可以为学生提供一些指导和支持，帮助他们更好地应对团队中的分歧和挑战，提高他们的协作能力和沟通能力。

（二）参加创业社团

创业社团是一种为学生提供交流和学习的平台，同时也可以让学生在实践中学习创新创业知识和技能。通过参加创业社团，学生可以与其他创业者进行交流和互动，了解更多的创业经验和成功案例，同时，也可以参加各种实践活动和培训课程，不断提高自己的创新创业能力。

1. 提供一个交流的平台

创业社团可以为在校学生提供一个宝贵的交流平台，使他们能够与其他创业者分享自己的经验和想法，共同探讨创新创业的思路和方法。通过这样的交流，学生们可以获得更多的灵感和启示，从而激发他们的创新思维，提高他们的创业能力。

2. 学习创新创业知识和技能

创业社团可以为学生提供各种培训课程和讲座，帮助他们学习创新创业的知识和技能。这些课程和讲座通常会涵盖市场分析、商业计划制订、营销策略、团队管理等关键领域，帮助他们为将来的创业做好充分的准备。

3. 提高实践能力和社交能力

参加创业社团还可以帮助学生提高实践能力和社交能力。在社团活动中，学生需要与其他成员合作，共同完成任务和项目，这有助于培养他们的团队合作精神和沟通能力。此外，通过与来自不同背景和行业的人士交流，学生可以拓展自己的社交圈子，增加人脉资源，为将来的创业寻求更多的机会和帮助。

（三）加强学生心理素质培养

创新创业需要学生具备一定的心理素质，如勇气、耐心、责任感等。因此，德育应该加强这些心理素质的培养，为学生提供更多的实践机会和指导，帮助他们更好地应对创新创业过程中的挑战和压力。

1. 培养学生的勇气和决心

在德育的过程中，高校应该注重培养学生的勇气和决心，让他们敢于尝试新的事物和想法，不怕失败和挫折。创新创业是一种挑战和创新的过程，需要学生具备勇敢、坚定和创新的品质。高校应该鼓励学生们勇于探索自己的兴趣爱好和潜能，勇敢地追求自己的梦想，并在创新创业中不断成长和进步。通过这样的教育，学生可以培养出更强的自信心和意志力，为自己的未来打下坚实的基础。

2. 培养学生的耐心和毅力

在德育的过程中，高校应注重培养学生的耐心和毅力，让他们学会坚持和不断努力，不断追求卓越。创新创业是一项需要持续努力和不懈追求的事业，需要学生具备高度的耐心和毅力。在这个过程中，学生们需要不断克服困难和挑战，保持坚定的信念和不屈不挠的精神。因此，高校应该引导学生学会坚持不懈、不放弃的精神，并让他们明白耐心和毅力的重要性。

3. 培养学生的责任感和使命感

在德育的过程中，高校应注重培养学生的责任感和使命感，让他们认识到自己的责任和使命，为国家和社会的进步和发展做出贡献。创新创业不仅是个人成长和发展的过程，也是国家和社会发展的动力。学生，高校应该认识到自己的责任和使命，为国家和社会的进步和发展做出自己的贡献。高校应该教育学生认识到自己的社会责任，培养他们的社会责任感和使命感，让他们在创新创业中发挥自己的作用，为国家和社会的繁荣发展贡献力量。

（四）引入企业导师制度

引入企业导师制度可以为学生提供实践经验和指导，帮助学生更好地了解创业的过程和挑战。企业导师可以为学生提供实际案例和经验分享，帮助他们更好地理解创业的实际运作方式和市场竞争环境。此外，企业导师还可以为学生提供职业规划和发展的建议和指导，帮助他们更好地规划自己的职业生涯。

1. 提供实践经验和指导

企业导师通常是在创业领域拥有丰富经验和专业知识的人，他们可以为学生提供实际案例和经验分享，帮助他们更好地了解创业的实际运作方式和市场竞争环境。通过与导师的交流和讨论，学生可以了解创业过程中的各种挑战和机遇，以及如何应对市场变化和竞争压力。这种实践经验和指导不仅可以帮助学生更好地理解创业的本质，还可以提高他们的技能和知识水平，为将来的创业做好充分的准备。

2. 帮助学生规划职业生涯

企业导师还可以为学生提供职业规划和发展的建议和指导。导师通常具有广泛的行业经验和人际关系网络，他们可以为学生提供有关职业发展的建议和指导，包括职业规划、技能提升、职业转型等方面的建议。通过与导师的交流和讨论，学生可以更好地了解自己的兴趣、优势和潜力，从而更好地规划自己的职业生涯，为将来的创业做好充分的准备。

三、利用网络平台将创新创业与德育的相结合

随着互联网的发展，网络平台成为越来越多人进行创新创业学习的渠道。

（一）利用网络平台开展线上教育

随着互联网技术的不断发展，网络平台在教育领域的应用越来越广泛。利用网络平台开展线上教育可以打破时间和空间的限制，提高教学的灵活性和便捷性。学生可以在任何时间、任何地点进行学习，不再受限于传统的课堂教学。同时，网络平台还可以提供丰富的教学资源，如视频课程、在线讲座、字题库等，帮助学生更好地理解和掌握知识。此外，网络平台还可以实现师生之间的实时互动，教师可以及时了解学生的学习情况，调整教学策略，提高教学效果。

（二）建立网络社区

建立网络社区可以为学生的学习和交流提供一个平台。学生可以在社区中分享经验、交流想法、互相帮助，形成一个良好的学习氛围。社区还可以提供一些学习资源，如学

习资料、参考书籍、在线课程等，帮助学生更好地进行自主学习。此外，社区还可以成为学生之间互相评价、互相激励的平台，促进学生之间的良性竞争和共同进步。

（三）利用网络平台进行德育工作

网络平台可以成为德育工作的重要载体。通过网络平台，高校可以宣传创新创业精神和德育理念，引导学生树立正确的价值观和人生观。在网络平台上，学生可以接触到更多的信息和观点，从而更好地认识自己和社会，形成正确的价值观和人生观。同时，网络平台还可以加强师生之间的沟通和交流，教师可以及时了解学生的思想动态，帮助学生解决思想上的困惑和问题。此外，网络平台还可以成为学生之间互相帮助、互相鼓励的平台，促进学生之间的友谊和团结。

四、校园文化中的创新创业与德育融合

校园文化是学校教育的重要组成部分，也是培养学生创新创业意识和能力的重要途径之一。

（一）举办创新创业讲座和论坛

1. 了解创业实际，激发创新思维

高校通过邀请成功创业者、投资人、专家学者等分享他们的经验和见解，学生可以更全面地了解创业的实际情况和挑战，包括市场分析、团队建设、资金筹集、法律合规等。这样的讲座和论坛能够拓宽学生的视野，让他们不再停留在书本和理论中，而是真实感受到创业的过程和挑战，从而激发他们的创新思维和创业精神。同时，这种形式的交流有助于培养学生对创业的兴趣，以及对不同领域的理解。

2. 提供一个交流平台，促进互动学习

在讲座和论坛中，学生可以相互学习、交流心得、共同成长。通过与来自不同领域的人士交流、讨论、提问，学生可以借鉴他人的成功经验，发现自己的不足之处，并寻找改进的方法。这样的平台能够增强学生的团队协作能力和沟通能力，为未来的创业生涯打下坚实的基础。

3. 明确创业方向和目标，规划职业生涯

通过听取成功人士的分享和讨论，学生可以更好地了解创业的全貌，明确创业的方向和目标。这些讲座和论坛不仅提供了创业的理论知识，还提供了实际案例和经验教训，有助于学生从多个角度思考创业问题，制订更为实际和可行的创业计划。同时，这些讲座和论坛还能帮助学生了解市场需求和行业趋势，为他们未来的职业生涯规划提供参考。

此外，这些讲座和论坛还能为学生提供一个展示自己才华的机会，让他们有机会与他人分享自己的想法和创意，增强自信心和表达能力。这些技能对于未来的职业生涯也是非常重要的。

4. 营造创新创业氛围，推动学校教育发展

举办创新创业讲座和论坛有助于营造一种创新创业的氛围，激发更多学生的创新意识和兴趣。这种氛围的营造不仅可以促进学校创新创业教育的发展，还可以激发学生的创新潜能，培养更多的创新型人才。同时，这种氛围的营造还能吸引更多的社会资源投入到学校创新创业教育中，推动学校与社会的互动合作。这种合作模式不仅可以为学生提供更多的实践机会和资源支持，还能促进学校与企业之间的交流与合作，为学生提供更多的实习和就业机会。

（二）鼓励师生参与创新创业活动

1. 设立创新创业中心

设立创新创业中心可以为学生提供一个实践和创新的空间和设备，从而激发学生的创新精神和创业意愿。在这个空间中，学生可以利用提供的设备进行实验、研发和项目开发，这不仅可以提高他们的实践技能，还可以帮助他们积累创业经验。此外，创新创业中心还可以为师生提供项目开发所需的资源和设备，如办公设施、研发工具等，为师生提供更多的便利和支持。

2. 与企业合作

高校与企业合作可以为学生提供实践和实训的机会，让他们了解创业的实际运作和市场需求。这种合作方式不仅可以为学生提供实践经验，还可以为企业提供人才储备，实现双赢。通过与企业合作，学生可以参与到实际的项目中，了解企业的运作方式和市场需求，这将对他们的创业过程产生积极的影响。

3. 设立创新创业奖学金

高校设立创新创业奖学金可以鼓励学生积极参与创新创业活动，激发他们的创新热情和创业信心。这种激励措施可以鼓励学生投入到创新创业中，提高他们的创新能力和创业意愿，从而推动高校创新创业的发展。同时，这种奖学金也可以吸引更多的优秀学生参与到创新创业中来，为学校培养更多的创新创业人才。

4. 邀请创业导师或企业家

高校邀请创业导师或企业家为学生提供指导和支持，帮助他们解决创新创业过程中遇到的问题和挑战。这种指导方式可以帮助学生更好地了解创业过程，提高他们的创业成功率。创业导师或企业家的经验可以为学生的创新创业提供宝贵的建议和指导，帮助

他们更好地规划自己的创业道路。同时，这种指导方式还可以增强学校、企业和社会的联系，促进高校创新创业的发展。

第三节　创新创业在大学生德育中的应用效果

一、学生对将创新创业和德育相结合的学习方式的接受程度和反馈

（一）学生对将创新创业和德育相结合的学习方式的接受程度

在现代教育背景下，许多学生对于创新创业和德育的结合持有积极的接受态度。他们认为，这种结合不仅有助于个人技能的提升，还能够增强团队合作和领导能力。在我们的实际调查中，大多数学生表示愿意尝试将创新创业和德育相结合的学习方式，认为这种学习方式有助于提高自己的综合素质，增强自己的竞争力，并为未来的职业发展打下坚实的基础。

（二）学生对创新创业教育的认识

学生认识到创新创业不仅仅是一种经济活动，更是一种创新思维和创业精神的体现。他们认为创新创业教育不仅能够帮助他们掌握创业的基本知识和技能，还能够培养他们的创新思维和创业精神，使他们能够更好地适应未来的社会和职业发展。

同时，学生也意识到德育在创新创业中的重要性。他们认为良好的道德品质和行为习惯是创新创业成功的关键因素之一。他们认为德育能够培养他们的责任感、诚信、合作精神等优秀品质，这些品质对于创新创业的成功至关重要。

（三）学生对将创新创业和德育相结合的学习方式的反馈

在接受程度方面，大多数学生表示愿意尝试将创新创业和德育相结合的学习方式。然而，也有部分学生表示对这种学习方式存在疑虑，认为将创新创业和德育相结合的学习方式可能会增加学习负担，影响学业成绩。这部分学生希望学校能够合理安排课程和学习时间，确保学生在保证学业成绩的同时，也能够接受到创新创业和德育的全面教育。

此外，也有一些学生表示对创新创业教育的内容和方法存在一定的困惑和不理解。他们希望学校能够提供更加具体、实用的创新创业教育课程，帮助他们更好地理解和掌握创新创业的基本知识和技能。

二、创新创业对大学生德育的影响和效果

（一）创新创业教育有助于培养大学生的创新思维和创业精神

创新创业教育是一种以培养大学生创新思维和创业精神为主要目的的教育方式。通过创新创业教育，大学生可以了解创业的基本知识和技能，培养自己的创新思维和创业精神，增强自信心和责任感，提高社会责任感和道德意识。这种教育方式有助于大学生更好地适应社会的发展和变化，提高自己的综合素质和能力，为未来的职业发展打下坚实的基础。

（二）创新创业教育有助于培养大学生的团队合作精神和领导能力

在创新创业过程中，团队合作是非常重要的因素之一。通过与他人合作，大学生可以更好地理解他人，增强沟通和协作能力。这种教育方式有助于培养大学生的团队合作精神和领导能力，为他们未来的职业发展打下坚实的基础。

（三）创新创业教育有助于培养大学生的实践能力和解决问题的能力

创新创业教育需要大学生面对各种实际问题，需要通过实践和探索来寻找解决方案。这种实践过程有助于培养大学生的实践能力、问题解决能力和创新能力。这种教育方式有助于大学生更好地适应未来的职业需求和发展趋势，提高自己的综合素质和能力。

（四）创新创业教育对大学生德育的影响是复杂的

创新创业教育对大学生德育的影响是复杂的，既有积极的一面，也有消极的一面。积极的一面包括培养大学生的创新思维、创业精神、团队合作精神和领导能力等，这些素质对于大学生的未来职业发展和社会责任感具有重要意义。消极的一面则可能是一些学生过于关注经济利益而忽视道德原则和社会责任，导致道德“滑坡”现象的出现。因此，在创新创业教育中需要加强德育的引导和教育，帮助大学生树立正确的价值观和道德观念。

（五）加强德育在创新创业教育中的重要性

为了确保创新创业教育对大学生德育的积极影响得到充分发挥，需要加强德育在创新创业教育中的重要性。首先，高校应该加强德育课程的建设和教学工作，引导学生树立正确的价值观和道德观念。其次，高校应该鼓励大学生积极参与创新创业活动，同时加强指导和教育，确保他们能够将道德原则和社会责任贯穿于整个创新创业过程中。最后，高校应该注重培养大学生的综合素质和能力，帮助他们树立正确的职业观念和发展方向，为未来的职业发展打下坚实的基础。

三、创新创业教育对大学生未来职业发展的影响

（一）创新创业教育可以增强大学生的创业意识和创业能力

创新创业教育不仅传授创业知识和技能，还注重培养大学生的创业意识和创业精神。通过创新创业教育，大学生可以了解创业的基本流程和要求，掌握创业所需要的技能和知识，从而为他们未来的创业打下坚实的基础。

（二）创新创业教育可以提高大学生的市场适应能力和竞争力

创新创业教育不仅关注创业，更注重市场和商业环境的变化，注重培养大学生的市场适应能力和竞争力。通过创新创业教育，大学生可以了解市场动态和商业环境，掌握市场分析、商业计划书撰写、市场推广等技能，提高他们的市场适应能力和竞争力，为未来的职业发展打下坚实的基础。

（三）创新创业教育可以帮助大学生拓展人脉资源

创新创业教育注重培养大学生的社交能力和人际关系能力，通过参加各种创新创业活动和比赛，大学生可以结识更多的志同道合的人，拓展自己的人脉资源。这些人际关系可以为大学生未来的职业发展提供更多的机会和可能性。

（四）创新创业教育可以提高大学生的团队合作和领导能力

创新创业教育注重培养大学生的团队合作和领导能力，通过参加团队项目和担任领导职务，大学生可以锻炼自己的团队合作和领导能力。这些能力对于许多职业领域都是非常重要的，可以帮助大学生更好地适应工作环境和工作要求。

（五）创新创业教育培养解决问题的能力及创新能力

创新创业教育不仅教授解决问题的方法，更注重培养大学生的创新能力。通过实践和探索，大学生可以培养自己的问题解决能力和创新能力，这些能力在许多职业领域中都是非常重要的。因此，创新创业教育不仅有助于大学生未来职业发展，而且对大学生个人的成长和发展具有重要意义。

第四节　创新创业在大学生德育中面临的挑战和对策

一、创新创业在大学生德育中面临的挑战

（一）学生压力

大学生在创新创业过程中往往会面临较大的压力，这些压力主要来源于以下几个

方面。

1. 学业压力

大学阶段是学生追求学术成就的关键时期，这个阶段的学生不仅要面对繁重的学业压力，还要面对创新创业带来的挑战。创新创业不仅需要学生具备丰富的专业知识，还需要具备一定的实践能力和创新思维。因此，学生们在创新创业过程中可能会面临学业成绩下降、课程进度落后等问题，这些问题可能会导致学生们产生较大的心理压力。

在这种情况下，学生应该学会合理分配时间和精力，既要注重专业知识的学习，又要积极参与创新创业活动。此外，学生们还应该学会寻求帮助和支持，与老师、同学、家人和朋友交流，寻求他们的建议和帮助，以便更好地应对创新创业过程中的挑战。

2. 就业压力

创新创业的最终目的是为了就业，但当前就业市场竞争激烈，大学生在创新创业过程中可能会面临就业难、就业岗位不满意等问题。这些问题可能会使大学生感到焦虑和无助，因为他们的未来发展取决于能否找到一份理想的工作。

为了应对就业压力，大学生应该积极寻求就业机会，扩大自己的社交网络，积极参加各种招聘会和实习机会。此外，他们还应该注重提高自己的综合素质和能力，包括专业技能、沟通能力和领导能力等，以便在就业市场上更具竞争力。

3. 竞争压力

随着社会的发展和科技的进步，创新创业领域的竞争越来越激烈。学生们在创新创业过程中可能会面临其他同学、校友、企业等竞争者的压力，这种压力可能会使他们感到不安和失落。

为了应对这种竞争压力，学生们应该积极寻求合作机会，与其他同学、校友和企业建立良好的合作关系。此外，他们还应该注重提高自己的创新能力和实践能力，以便在创新创业过程中更具优势。同时，他们还应该学会调整自己的心态，保持积极乐观的态度，相信自己能够克服困难，取得成功。

（二）资源限制

高校在创新创业教育方面的资源有限，主要包括以下几个方面。

1. 师资力量

创新创业教育是一项综合性强、实践性高的教育形式，需要具备丰富实践经验和专业知识的教师队伍来支撑。然而，当前许多高校在创新创业教育方面存在师资力量不足的问题。许多教师缺乏相关的实践经验和专业知识，导致课程质量和教学效果受到影响。为了提高创新创业教育的质量和效果，高校应该积极引进具有丰富实践经验和专业知识的教师，同时加强对现有教师的培训和指导，提高他们的教学水平和专业素养。

2. 教学设施

创新创业教育需要具备一定的教学设施和场地，如实验室、实践基地等，以便学生能够进行实践操作和创新能力培养。然而，许多学校由于资金投入不足、场地资源有限等原因，难以提供充足的教学设施和场地。这不仅会影响学生的实践操作和创新能力培养，还会影响学生的学习积极性和兴趣。因此，高校应该加大对教学设施和场地的投入，建设更多的实验室和实践基地，为学生提供更好的实践操作和创新能力培养的环境。

3. 资金投入

创新创业教育需要一定的资金支持，包括教学经费、科研经费、实践经费等。这些资金对于课程建设和教学质量提升至关重要。然而，许多学校在资金投入方面存在不足，导致课程质量和教学效果受到限制。高校应该加强与政府、企业和社会各界的合作，争取更多的资金支持，同时优化经费使用和管理，确保资金能够真正用于课程建设和教学质量提升。

此外，高校还可以通过加强与企业的合作，为学生提供更多的实践机会和资源支持。企业可以为学校提供实习基地和实践机会，帮助学生更好地了解企业运营和管理模式，提高他们的实践能力和职业素养。同时，高校也可以为企业提供技术支持和人才支持，促进产学研合作，实现互利共赢。

二、相应的对策和建议

（一）提供心理支持

高校在创新创业教育中，除了教授学生知识和技能外，还应该关注学生的心理健康，为他们提供心理咨询服务和心理辅导。学生在创新创业过程中可能会面临许多压力和挑战，如市场竞争、资金短缺、人际关系等问题，这些问题可能会影响他们的情绪和行为。因此，学校应该建立一个完善的心理健康体系，为学生提供以下支持：

1. 开设心理辅导课程

开设心理辅导课程是一项非常有益的做法，可以帮助学生更好地了解自己的情绪和思维模式，进而增强自我认知。在心理辅导课程中，学生可以学习如何应对压力和挑战，这有助于他们更好地适应环境并保持积极的心态。此外，通过专业的心理辅导课程，学生还可以增强自信心和创造力，这对于他们的个人成长和职业发展都非常重要。

具体来说，心理辅导课程可以包括以下内容。

（1）自我认知和情绪管理：教师教授学生如何识别和理解自己的情绪，以及如何有效地管理它们。

（2）压力应对技巧：教师提供一些实用的技巧和策略，帮助学生应对生活中的压力和挑战。

（3）创新思维训练：教师教授学生如何打破思维定势，培养创新思维和解决问题的能力。

为了确保课程的成功实施，高校可以考虑以下措施。

（1）高校聘请有经验的心理健康专家或心理咨询师来授课，以确保课程的质量和效果。

（2）高校与学校其他部门合作，为学生提供更多机会了解和接触心理健康方面的知识和技能。

（3）高校定期评估和反馈课程效果，以便不断改进和调整课程内容。

2. 建立心理咨询室

建立心理咨询室可以为学生们提供一个专门的空间，供他们寻求心理支持。在这个空间里，学生可以放松身心，与专业心理咨询师进行面对面的交流，获得个性化的建议和支持。心理咨询室还可以提供一些必要的设施和设备，如舒适的座椅、安静的环境、私密的谈话空间等，以帮助学生更好地倾诉和寻求帮助。

为了确保心理咨询室的顺利运行，高校可以考虑以下措施。

（1）确保心理咨询室的位置和设施符合学生的需求和期望，提供舒适和安全的环境。

（2）聘请有经验的心理咨询师来为学生提供服务，确保咨询的质量和效果。

（3）高校定期对心理咨询室进行评估和维护，确保设施的完好和可用性。

3. 定期举办心理健康讲座

定期举办心理健康讲座可以为学生提供更多关于心理健康的知识和技能，帮助他们更好地应对创新创业过程中的压力和挑战。心理健康讲座可以邀请专业人士来为学生讲解心理健康方面的知识，如情绪管理、压力应对、沟通技巧等。这些讲座还可以提供一些实用的练习和活动，帮助学生将所学知识应用到实践中。

为了确保心理健康讲座的成功举办，高校可以考虑以下措施。

（1）高校与相关部门合作，确定讲座的主题和时间安排，确保讲座的针对性和有效性。

（2）高校邀请有经验的心理健康专家或心理咨询师来为学生讲解心理健康方面的知识，确保讲座的质量和效果。

（3）在讲座后，高校提供反馈和建议，以便学生能够更好地应用所学知识和技能。

（二）优化课程设计

高校应该根据学生的需求和兴趣，优化创新创业课程的设计。创新创业教育不仅需要理论知识的学习，更需要实践经验的积累。因此，高校应该注重课程的实用性，通过以下方式优化课程设计。

1. 实际操作和案例分析

为了使学生深入了解创新创业的过程和技巧，提高他们的实践能力和创新意识，高校可以采取以下方式进行实际操作和案例分析。

高校可以组织学生进行实际操作，例如，让他们分组设计并实施一项创新项目，项目包括市场调研、产品设计、营销策略等环节。通过这种方式，学生可以在实践中学习和掌握创新创业的技巧和方法。同时，高校还可以提供一些成功的创业案例，让学生了解不同行业的创业模式和成功因素，从而拓宽他们的视野和思路。

高校可以通过案例分析的方式，让学生了解不同创业阶段的成功经验和失败教训。例如，高校可以邀请一些成功的创业者或企业家来高校进行讲座和分享，让学生了解真实的创业环境和过程。通过与成功者的交流和互动，学生可以增强他们的创业意识和实践能力，同时也可以学习到一些实用的技巧和方法。

通过实际操作和案例分析等方式，学生可以更加深入地了解创新创业的过程和技巧，提高他们的实践能力和创新意识。这种教学方式不仅可以激发学生的学习兴趣和动力，还可以培养他们的创新思维和创业精神。

2. 邀请成功创业者或企业家分享经验

邀请一些成功的创业者或企业家来高校进行讲座和分享是一种非常有效的方式，可以增强学生的创业意识和实践能力。

学生可以了解真实的创业环境和过程。成功的创业者或企业家通常具有丰富的创业经验和市场洞察力，他们可以为学生提供一些实用的建议和指导，帮助他们更好地了解创业的实际情况。

学生可以从成功者的经历中学习到一些实用的技巧和方法。成功的创业者或企业家通常会面临各种挑战和困难，但他们能够通过自己的经验和智慧找到解决问题的方法。通过听取他们的分享，学生可以学习到一些实用的技巧和方法，从而更好地应对创业过程中的各种挑战。

邀请成功创业者或企业家来学校进行讲座和分享，还可以增强学生的自信心和积极性。成功者的故事和经验可以激励学生勇敢地追求自己的梦想，并激发他们的创新精神和创业意识。

（三）增加资源投入

高校应该增加对创新创业教育的资源投入，为学生提供更好的学习和实践环境。具体而言，高校可以通过以下措施增加资源投入。

1. 引进优秀的师资力量

为了提高教学质量和学生的创业能力，高校需要引进优秀的师资力量。为此，高校计划招聘具有丰富创业经验和教学能力的教师，他们不仅具备扎实的专业知识，还能够将理论与实践相结合，为学生提供更加实用和有效的教育。

高校需要明确招聘标准。高校需要寻找那些有创业经历的教师，他们已经在实际中取得过成功，并愿意将其经验分享给学生。同时，高校也需要他们具备一定的教学能力，能够将复杂的创业理念和技巧转化为简单易懂的内容，以便学生能够理解和掌握。

高校需要在招聘过程中加强考核和筛选。高校将组织面试、试讲和实际操作考核等方式，对教师的创业经验和教学能力进行全面评估，以确保他们能够胜任教学工作。

高校将为引进的优秀师资提供良好的工作环境和待遇。高校将为他们提供良好的教学设施和资源，帮助他们更好地发挥自己的专业优势，同时也会为他们提供培训和发展机会，帮助他们不断提高自己的教学水平和创业能力。

通过引进优秀的师资力量，高校不仅可以提高师资队伍的整体水平，还可以为学生的创业教育提供更加专业和实用的支持。

2. 更新教学设施

为了为学生提供更好的学习和实践环境，高校需要更新教学设施。首先，高校需要加强教学设施的建设，包括实验室、实训基地和创业园区等。这些设施将为学生提供实践和操作的机会，帮助他们更好地理解和掌握创业知识和技能。

高校需要定期更新教学设施。随着技术的不断发展和更新，高校需要及时更新教学设施，以确保它们能够适应市场需求和学生的需求。这将为学生提供更加先进和实用的学习环境，帮助他们更好地适应未来的创业环境。

高校还需要加强与企业的合作。高校将积极寻求与企业的合作机会，为学生提供更多的实践机会和经验积累。这将帮助学生更好地了解企业的运作和管理方式，提高他们的创业能力和实践能力。

通过更新教学设施，高校可以为学生提供更加实用和先进的学习和实践环境，帮助他们更好地理解和掌握创业知识和技能。

3. 提供资金支持

为了支持学生的创新创业活动和实践项目，高校需要提供资金支持。

高校需要设立专门的创新创业基金，为学生提供创业启动资金和项目经费。这将帮助学生克服资金难题，使他们能够顺利开展自己的创业项目和实践项目。

高校还需要为学生提供贷款和担保等金融服务支持。这将帮助学生解决融资难题，使他们能够更加自由地开展自己的创业活动和实践项目。同时，高校也会加强对学生融资的指导和帮助，确保他们能够获得更加安全和可靠的金融服务支持。

高校还需要加强与企业的合作和支持。高校将积极寻求与企业的合作机会，为学生提供更多的实践机会和经验积累。同时，企业也可以为学生提供资金支持和项目合作机会，帮助他们更好地实现自己的创业梦想和实践目标。

通过提供资金支持，高校可以帮助学生克服资金难题，使他们能够更加自由地开展自己的创业活动和实践项目。这将有助于提高学生的创业能力和实践能力，为他们未来的创业之路打下坚实的基础。

三、对未来发展趋势的预测和展望

（一）未来大学生创新创业教育面临的发展机遇

随着社会对创新创业的重视程度不断提高，未来大学生创新创业教育将面临更多的机遇。首先，社会对创新型人才的需求将不断增加，这为大学生提供了更多的就业机会和发展空间。随着科技创新和产业升级的不断加快，企业和社会对具有创新精神和创业能力的人才需求越来越高，而大学生作为未来的职业新人，他们的创新意识和创业精神将成为企业和社会发展的重要支撑。其次，随着市场竞争的加剧，大学生的创新创业能力和综合素质也将得到更加广泛的关注和重视。在未来的市场竞争中，企业将更加注重人才的综合素质和创新能力，大学生作为未来的职业新人，他们的创新创业能力和综合素质也将成为企业和社会关注的重点。

同时，随着互联网技术的发展和普及，大学生创新创业教育也将迎来更多的发展机遇。互联网技术为大学生提供了更加便捷的学习途径和丰富的教育资源，使得他们能够更加方便地获取创新创业知识和技能。此外，互联网技术也为大学生提供了更多的实践机会和交流平台，使得他们能够更加深入地了解创新创业的实际操作和市场需求。

（二）未来大学生创新创业教育面临的挑战

虽然未来大学生创新创业教育面临更多的机遇，但也面临着更多的挑战。首先，市场竞争的加剧将使大学生面临更加激烈的竞争，他们的创新创业能力和综合素质必须达到更高的水平才能脱颖而出。此外，随着社会对创新创业的期望和要求不断提高，大学生需要不断提升自己的知识水平和技能水平，以满足企业和社会的需求。

此外，未来大学生创新创业教育还面临着师资力量不足的问题。创新创业教育需要教师具备丰富的实践经验和专业知识，能够为学生提供实际、有效的指导。然而，目前许多高校缺乏具有丰富实践经验的创新创业教育师资，这将对教育质量和效果产生一定的影响。

第九章　大学生德育评估与反馈机制的建立

第一节　大学生德育评估的方法与标准

一、评估方法

（一）同学互评

在大学生活中，大学生经常需要相互评价和监督。通过与同学们的交流和观察，大学生在德育方面表现都很不错。他们都很尊重师长、关心他人、积极参与校园文化活动，有良好的行为举止和礼仪习惯。学生之间互相监督和互相学习，共同促进德育发展。

当然，也有一些学生在某些方面存在不足，如偶尔出现迟到、早退、课堂纪律不好等问题。但总体来说，大家都在积极改进自己的行为，力求做到更好。

（二）家庭和社会评价

家庭和社会是学生成长的重要环境，他们对学生的德育表现也有着重要的评价。家人和社会对学生的行为规范、思想道德素质、心理健康等方面都有很高的期望和要求。

家人通常关注学生的日常行为和表现，对学生的思想道德素质给予肯定和支持。同时，社会对学生的德育表现也有着广泛的关注和评价，包括对校园文化、社会公德等方面的评价。这些评价对学生的德育发展有着重要的影响。

（三）考核评估

高校为了全面了解大学生的德育表现，组织了专门的考核评估小组进行综合评价。考核评估主要包括思想道德素质、行为规范、心理健康等方面的内容。评估小组通过观察、问卷调查、学生自评和他评等方式进行评估，以确保评估结果的客观性和准确性。

考核评估结果将作为大学生德育发展的重要参考依据，高校将根据评估结果对大学生进行有针对性的指导和帮助，促进其德育水平的进一步提高。同时，高校也将根据考核评估结果对德育教育进行反思和改进，以提高德育教育的实效性和针对性。

二、评估标准

（一）思想道德素质

一个人的思想道德素质关乎其为人之道，是衡量一个人是否具有高尚品格和良好道德情操的重要标准。一个具有良好思想道德素质的人，通常具备正确的世界观、人生观、价值观，能够以积极向上的态度面对生活中的各种挑战和困难。具体表现如下。

1. 具备正确的世界观

一个具备正确世界观的人能够透过现象看本质，用客观、理性的态度看待世界，不受个人主观情感或偏见的影响。这样的人通常能够站在更高的角度，全面地看待问题，不被局部或片面的信息所误导。他们能够理解事物的本质，把握事物的规律，从而更好地应对各种挑战和变化。

在实践中，具备正确世界观的人通常会注重学习和思考，不断拓宽自己的知识面和视野，提高自己的认知水平。他们也会注重自我反思和总结，不断调整自己的思维方式，以适应不断变化的环境和需求。

2. 具备积极的人生观

一个具备积极人生观的人能够正视生活中的挫折和困难，不屈不挠地追求个人成长和进步，有明确的人生目标和理想。这样的人通常具有强烈的自我驱动力和自我管理能力，能够积极主动地面对各种挑战和机遇。

在实践中，具备积极人生观的人通常会注重自我规划和自我管理，制订明确的人生规划并明确目标，并不断调整和优化自己的计划。他们也会注重自我激励和自我成长，不断寻找和尝试新的机会和挑战，不断提高自己的能力和素质。

3. 具备良好的价值观

一个具备良好的价值观的人能够坚守道德底线，尊重他人，尊重社会公德和法律法规，不做违法乱纪的事情。这样的人通常具有高度的道德感和责任感，能够自觉遵守社会公德和职业道德，为他人和社会做出积极的贡献。

在实践中，具备良好的价值观的人通常会注重自身的修养和提升，不断增强自身的道德感和责任感。他们也会积极参与社会公益事业和社会活动，为社会做出积极的贡献。

4. 具备良好的道德品质和行为习惯

一个具备良好的道德品质和行为习惯的人能够以身作则，遵守社会公德和职业道德，以良好的道德行为影响他人。这样的人通常具有高度的道德标准和行为准则，能够自觉遵守社会公德和职业道德规范，为他人树立良好的榜样和示范作用。

在实践中，具备良好的道德品质和行为习惯的人通常会注重自身的言行举止和行为表现，不断增强自身的道德意识和行为规范。他们也会积极参与各种道德教育和培训活动，不断提高自身的道德素质和能力水平。

（二）行为规范

行为规范是指人们在日常生活和学习中应该遵守的行为准则，它包括良好的学风、态度和生活习惯等方面。一个具有良好行为规范的人，通常能够遵守学校规章制度，积极参与校园文化活动，树立良好的形象和声誉。具体表现如下。

1. 遵守学校规章制度

作为学生，遵守学校规章制度是非常重要的。遵守规章制度不仅能够帮助你更好地融入校园生活，还能够维护校园秩序，保障自己的权益。因此，学生应该认真学习学校各项规章制度，了解自己的权利和义务，自觉遵守和维护校园秩序。

在遵守规章制度的同时，学生应该注重自己的言行举止，保持良好的形象。在学校中，学生应该尊重师长，友善同学，做一个有礼貌、有教养的学生。

2. 具备良好的学风

校园中的学风是非常重要的。一个良好的学风能够激励学生们勤奋学习，不断提高自己的专业素养和综合素质。因此，学生应该勤奋学习，刻苦钻研，不断追求进步。

在学习的过程中，学生也应该注重方法，找到适合自己的学习方式，可以多与同学交流，互相学习，共同进步，同时，也应该积极参加各种学术讲座、科研项目等活动，拓宽自己的知识面，提高自己的能力。

3. 积极参与校园文化活动

校园文化活动是校园生活中不可或缺的一部分。通过参加各种校园文化活动，学生可以丰富自己的校园生活，拓展自己的社交圈，提高自己的综合素质，因此，应该积极参加各种校园文化活动，如学术讲座、文艺演出、体育比赛等。

在参加活动的过程中，学生也应该注重自己的表现和态度，保持良好的形象和礼貌，同时，也应该尊重活动组织者和参与者，遵守活动规则和纪律。

4. 养成良好的生活习惯

良好的生活习惯对于一个人的健康和成长非常重要。在学校中，应该保持健康的生活方式，如合理饮食、规律作息、适度运动等。

在饮食方面，学生应该注重营养均衡，少吃零食和高热量的食物。在作息方面，学生应该保持规律的作息时间，保证充足的睡眠时间。在运动方面，学生可以参加各种体育活动，如篮球、足球、瑜伽等，增强身体素质和免疫力。

此外，学生也应该注意个人卫生和环境卫生，保持宿舍和教室的整洁。在校园中，如果遇到困难时，学生可以寻求帮助和支持，如向老师、同学或学校相关部门求助。

（三）心理健康

心理健康是指一个人在心理和情绪上保持健康的状态，包括积极面对生活和学业中的挑战和困难，具有良好的心理素质和自我调节能力。一个心理健康的人通常能够保持乐观、开朗、自信的心态，更好地应对生活中的各种问题，具体表现如下。

1. 具备健康的心理素质

拥有健康的心理素质是一个人成功的关键因素之一。拥有健康的心理素质的人，首先要能够正确认识自己，接受自己，这样才能在面对生活中的挫折和困难时，能够积极应对，不轻易放弃；其次，要能够控制自己的情绪，保持情绪稳定，避免因情绪波动而影响学习和生活；同时，也要学会应对压力和焦虑等负面情绪，保持心理健康。这些都需要通过不断地自我反思、学习和实践来培养。

2. 具备良好的情绪管理能力

情绪管理是现代人必须具备的能力之一。一个能够调节自己情绪的人，往往能够更好地应对生活中的各种挑战和困难。要学会控制自己的情绪，首先要了解自己的情绪特点，找到适合自己的情绪调节方法，如深呼吸、放松训练等；其次，要学会识别和处理自己的负面情绪，如焦虑、抑郁等，避免因情绪波动而影响学习和生活。此外，能调节自己情绪的人要学会与他人建立良好的人际关系，共同应对生活中的挑战和困难。

3. 具备良好的人际关系

人际关系是一个人在社会中生存和发展所必须具备的能力之一。良好的人际关系可以帮助我们更好地适应社会环境，提高我们的社会适应能力。要建立良好的人际关系，首先要学会倾听和理解他人，尊重他人的观点和感受；其次，要学会表达自己的观点和感受，同时也要学会宽容和谅解他人，避免因人际冲突而影响彼此的关系。此外，要建立良好的人际关系还要积极参加各种社交活动，扩大自己的人际交往圈，从而更好地适应社会环境。

4. 积极面对学业挑战

在现代社会中，学业是一个人成长和发展的重要途径之一。在学业中面临各种挑战和困难时，学生需要积极面对，不断学习和探索新知识，不断提高自己的综合素质。首先，学生要制订合理的学业规划，明确自己的学习目标和计划，以便更好地应对各种挑战和困难。其次，学生要善于利用各种学习资源和方法，如网络资源、图书馆资料等，提高自己的学习效率和质量。此外，学生要积极参与各种学术活动和交流，扩大自己的知识面和视野，从而更好地适应社会发展的需要。

（四）社会责任感

社会责任感是指一个人对社会、国家、集体和他人的责任感和使命感，具有社会责任感的人会积极参与社会公益活动和社会实践，为社会发展和进步贡献自己的力量。一个具有社会责任感的人通常具有强烈的社会意识和高度的社会责任感，愿意为社会的进步和发展贡献自己的力量。具体表现如下。

1. 具有社会意识和国家情怀

一个人若想在社会中取得成功，首先需要具备社会意识和国家情怀。这意味着他需要关注社会问题，关心国家发展，积极参与公益事业和社会实践活动。只有真正关心社会和国家的命运，才能在这个充满挑战和机遇的时代中找到自己的定位，为社会做出贡献。

在社会意识方面，一个人需要关注社会公平、正义和进步，积极关注弱势群体的权益，参与环保、教育、医疗等领域的公益事业。这些实际行动可以促进社会的和谐发展，营造一个更加美好的社会环境。

在国家情怀方面，一个人需要认识到自己的公民身份和国家责任，关心国家的发展和进步。大学生应该积极参与爱国主义教育，了解国家的历史和文化，增强民族自豪感和自信心。同时，大学生也要关注国家的未来发展，为国家的繁荣和富强贡献自己的力量。

2. 具备团队合作精神

团队合作在现代社会中越来越重要，具备团队合作精神的人能够与他人合作共事，共同解决问题，为团队的成功和发展贡献力量。在团队合作中，大学生需要学会倾听、表达、沟通和协作，尊重他人的意见和观点，共同实现团队的目标。

团队合作不仅需要个人的努力和付出，更需要团队成员之间的默契和配合。通过良好的沟通和协作，大学生可以克服困难，取得更好的成果。同时，团队合作也可以增强大学生的领导能力和沟通能力，为个人的职业发展打下坚实的基础。

3. 积极参与社会实践

积极参与社会实践是个人成长和发展的重要途径之一。通过参与社会实践活动，大学生可以利用自己的专业知识和技能为社会做出贡献，如参与志愿服务、科技创新等活动。这些实践活动不仅可以丰富我们的阅历和经验，还可以增强我们的责任感和使命感。

在参与社会实践的过程中，大学生需要勇于尝试新事物，积极探索适合自己的方式和方法。同时，大学生们也要注重实践的效果和质量，不断反思和总结经验教训，不断提高自己的能力和水平。

4. 具有高度的使命感和责任感

在现代社会中，每个人都应该具有高度的使命感和责任感。这意味着大学生应该勇于承担社会责任和使命感，为社会的进步和发展尽自己的一份力量。只有具备高度的使命感和责任感，大学生才能在工作和生活中保持积极向上的态度，不断追求卓越和进步。

社会责任是指个人应该承担的对社会、家庭、职业等方面的责任和义务。大学生应该在工作中尽职尽责，不断提高自己的职业素养和能力水平；在生活中关心家人和朋友，积极参与公益事业和社会活动；在面对困难和挑战时，大学生应该勇于担当，积极寻求解决方案。

第二节　评估结果反馈机制的建立与实践

一、反馈机制建立

（一）定期反馈

1. 了解德育表现

德育表现是一个人在道德、价值观、行为等方面的综合体现，对于一个人的成长和发展具有至关重要的意义。定期反馈是帮助学生了解自己的德育表现的一种有效方式，通过这种方式，学生可以清晰地看到自己的优点和不足，从而更好地认识自己，并在此基础上进行自我调整和改进。

定期反馈可以帮助学生了解自己在道德方面的表现。一个人的道德品质是他的核心价值观和行为准则的综合体现。通过定期反馈，学生可以了解自己在道德方面的表现是否符合社会规范和道德标准，是否表现出诚实、正直、尊重他人等优秀品质。如果学生在反馈中发现自己存在道德问题，他们可以及时调整自己的行为，提高自己的道德水平。

定期反馈可以帮助学生了解自己在价值观方面的表现。一个人的价值观是他的世界观、人生观、价值观的综合体现。通过定期反馈，学生可以了解自己在价值观方面的取向是否正确，是否符合社会主流价值观。如果学生在反馈中发现自己存在价值观偏差，他们可以及时调整自己的价值观，树立正确的价值观念。

此外，定期反馈还可以帮助学生了解自己在行为方面的表现。一个人的行为是其思想、情感和环境等多种因素的综合体现。通过定期反馈，学生可以了解自己在行为方面的表现是否得当，是否符合社会规范和道德标准。如果学生在反馈中发现自己存在不良行为习惯，他们可以及时调整自己的行为方式，养成良好的行为习惯。

通过定期反馈，学生还可以清晰地看到自己的优点和不足。在反馈中，学生可以发现自己哪些方面表现优秀，哪些方面需要改进和提高。这样，学生就可以有针对性地进行自我调整和改进，不断提高自己的德育水平。同时，定期反馈还可以帮助学生建立自信心和自我认同感，让他们更加自信地面对生活中的各种挑战和困难。

2. 及时发现问题

在德育教育中，及时发现问题并采取相应的措施是非常关键的。定期反馈机制是发现学生在德育方面存在问题的一种有效方法，它可以帮助高校和教师及时发现学生的不良行为和情绪，并采取适当的干预和指导。这种反馈机制不仅可以帮助学生更好地了解自己的德育状况，而且也可以使高校和教师更好地掌握学生的情况，从而更好地指导学生进行改进。

定期反馈机制有助于学校和教师及时发现学生在德育方面存在的问题。学生可能在某些情况下表现出不良的行为或情绪，如违反校规、欺负同学等。这些行为可能被视为潜在的问题，需要得到及时的关注和处理。通过定期反馈机制，高校和教师可以及时发现这些问题，并采取适当的措施进行干预和指导。

定期反馈机制可以增强高校和教师对学生的了解和关注。在德育教育中，教师对学生的了解是非常重要的。通过定期反馈机制，高校和教师可以获取学生对待学习的态度、行为习惯、兴趣爱好等信息。这些信息可以帮助教师更好地了解学生的内心世界，更好地关注学生的成长和发展。同时，高校和教师可以根据学生的表现和反馈进行相应的指导和教育，帮助他们更好地认识自己、提高道德素养。

此外，定期反馈机制还有助于提高德育教育的针对性和有效性。在德育的过程中，教育方法和手段需要根据学生的特点和情况进行调整和优化。通过定期反馈机制，高校和教师可以更好地了解学生的需求和问题，从而制订更加符合学生实际情况的教育方案。这不仅可以提高德育教育的效果，还可以增强学生对德育的认同感和参与度。

3. 促进自我反思

促进自我反思在教育过程中具有重要的作用。定期反馈是一种有效的方法，可以帮助学生意识到自己的不足之处，并思考如何改进。通过这种方式，学生可以更好地认识自己的行为和思想，从而更好地调整自己的行为和态度，提高自己的德育水平。

定期反馈可以帮助学生意识到自己的行为和思想的偏差。学生在成长过程中，由于缺乏经验和自我控制能力，往往会犯错或者表现出不当的行为。通过定期反馈，学生可以了解到自己的行为和思想存在的问题，以及如何纠正这些偏差。

自我反思可以帮助学生在反思中成长。反思是一个思考、分析和总结的过程，它可以帮助学生更好地认识自己，了解自己的优点和不足之处。通过定期反馈，学生可以对自己的行为和思想进行反思，从而更好地调整自己的行为和态度。这种反思不仅有助于提高学生的学习成绩，还可以培养他们的自律性和自我管理能力。

此外，自我反思还可以帮助学生培养正确的价值观和道德观念。在反思的过程中，学生可以意识到自己的行为是否符合社会规范和道德标准，从而更好地塑造自己的道德品质。同时，自我反思还可以培养学生的批判性思维，让他们能够独立思考问题并做出正确的判断。

提高德育水平是教育的重要目标之一。德育不仅包括知识的学习，还包括品德的培养和价值观的塑造。通过自我反思和定期反馈，学生可以更好地了解自己的品德和价值观，从而更好地调整自己的行为和态度。这有助于提高学生的综合素质，为未来的发展打下坚实的基础。

4. 增强德育效果

增强德育效果是一个重要而复杂的问题，涉及到学生的成长、价值观的塑造以及社会的未来。为了提高德育效果，定期反馈是一个非常有效的方法。通过这种方式，学生可以了解到自己的进步和不足，从而更有针对性地进行改进。同时，高校和教师也可以根据反馈结果调整德育策略和方法，更好地满足学生的需求，提高德育效果。

定期反馈可以帮助学生了解自己的进步。在德育过程中，学生可能会遇到各种问题和挑战，而定期反馈可以让他们了解自己在哪些方面做得比较好，哪些方面还有待提高。这种反馈不仅可以增强学生的自信心，还可以让他们更有动力去改进自己的行为和态度。通过不断反思和调整，学生可以逐渐形成良好的道德品质和行为习惯。

定期反馈可以帮助高校和教师更好地了解学生的需求和问题。在德育过程中，高校和教师需要关注学生的个体差异，针对不同学生的特点制订相应的德育策略和方法。通过定期反馈，高校和教师可以了解学生的思想动态、行为表现以及家庭背景等信息，从而更好地把握学生的需求和问题，制订更有针对性的德育方案。

此外，定期反馈还可以帮助高校和教师调整德育策略和方法。在德育过程中，学校和教师需要不断尝试和改进德育方法，以适应学生的变化和发展。通过定期反馈，学校和教师可以了解德育方法的实际效果，及时调整策略和方法，以提高德育效果。同时，高校和教师还可以借鉴其他高校的成功经验，不断更新德育方法，以适应时代的发展和学生的需求。

5. 提高学生自我管理能力

增强德育效果是一个重要且复杂的问题，涉及到学生的成长、价值观的塑造以及社会的未来。为了提高德育效果，定期反馈是一个非常有效的方法。通过这种方式，学生可以了解到自己的进步和不足，从而更有针对性地进行改进。同时，学校和教师也可以根据反馈结果调整德育策略和方法，更好地满足学生的需求，提高德育效果。

定期反馈可以帮助学生了解自己的进步。在德育过程中，学生可能会遇到各种问题和挑战，定期反馈则可以让他们了解自己在哪些方面做得比较好，哪些方面还有待提高。这种反馈不仅可以增强学生的自信心，还可以让他们更有动力去改进自己的行为和态度。通过不断反思和调整，学生可以逐渐形成良好的道德品质和行为习惯。

定期反馈可以帮助高校和教师更好地了解学生的需求和问题。在德育过程中，高校和教师需要关注学生的个体差异，针对不同学生的特点制订相应的德育策略和方法。通过定期反馈，高校和教师可以了解学生的思想动态、行为表现以及家庭背景等信息，从而更好地把握学生的需求和问题，制订更有针对性的德育方案。

此外，定期反馈还可以帮助学校和教师调整德育策略和方法。在德育过程中，高校和教师需要不断尝试和改进德育方法，以适应学生的变化和发展。通过定期反馈，高校和教师可以了解德育方法的实际效果，及时调整策略和方法，以提高德育效果。同时，高校和教师还可以借鉴其他学校的成功经验，不断更新德育方法，以适应时代的发展和学生的需求。

（二）个性化反馈

1. 建立个性化档案

高校可以通过建立个性化的档案，更好地了解学生的需求和问题，提供更有针对性的反馈和建议。个性化档案应该包括学生的家庭背景、学习经历、兴趣爱好、德育表现等详细信息。通过这些信息，高校可以更好地了解学生的个性特点和发展潜力，为学生的个性化发展提供更好的支持和指导。

在建立个性化档案的过程中，高校应该注重保护学生的隐私和信息安全，确保档案的保密性和完整性。同时，高校应该鼓励学生积极参与德育实践活动，让学生在实践中获得更多的体验和感悟，从而更好地了解学生的兴趣爱好和特长。

2. 提供针对性建议

高校可以根据学生的实际情况，提供针对性的建议和指导。这些建议可以是关于德育知识的普及、德育实践的指导、情感态度的调整等方面的内容。高校应该注重培养学生的德育素养和实践能力，鼓励学生积极参与德育实践活动，让学生在实践中获得更多的体验和感悟。

针对不同学生的不同问题，高校应该提供个性化的解决方案和指导，帮助学生更好地解决自己的问题。同时，高校应该注重培养学生的自信心和自我认同感，鼓励学生积极面对自己的不足和挑战，不断进步和成长。

3. 定期评估和反馈

高校可以定期对学生的德育表现进行评估，并根据评估结果提供个性化的反馈和建议。这种反馈方式应该注重鼓励和激励，帮助学生看到自己的进步和成长，增强他们的自信心和自我认同感。同时，高校应该注重培养学生的自我反思和自我管理能力，鼓励学生不断反思自己的行为和态度，不断调整自己的行为和价值观，从而实现更好的德育表现和个人发展。

在评估过程中，高校应该注重公正、客观、准确的原则，确保评估结果的准确性和可信度。同时，高校应该与家长和学生保持良好的沟通和交流，及时反馈学生的表现和进步情况，为家长和学生提供更好的支持和帮助。最终目标是促进学生的全面发展和健康成长。

（三）反馈渠道

1. 反馈渠道的重要性

反馈是教育过程中的重要一环，它不仅有助于学生了解自己的表现和不足，还能为他们提供改进和提升的机会。在大学德育教育中，反馈渠道的重要性尤为突出，因为它们为学生提供了多种获取德育教育资源和服务的机会，帮助他们及时了解自己的德育表现和不足之处。

高校提供的多种反馈渠道，如面对面交流、电子邮件、电话等，为学生提供了获取德育教育资源和服务的机会。这些渠道不仅可以帮助学生获取专业知识和技能，还能为他们提供其他形式的支持和帮助，如心理咨询、职业规划等。这些渠道有助于学生更好地了解自己的兴趣爱好和能力特长，为未来的职业发展打下坚实的基础。

反馈渠道还让学生能够及时了解自己的德育表现和不足之处。在大学德育教育中，学生需要不断反思自己的行为和思想，以便更好地提升自己的德育水平。通过反馈渠道，学生可以及时发现问题并寻求解决方案，从而避免在德育方面出现更大的问题。同时，高校还可以通过反馈渠道了解学生的德育需求和问题，从而更好地调整德育教育策略和资源，提高教育效果。

通过反馈渠道，学生可以获得更多的支持和帮助，提升自己的德育水平。在大学的德育过程中，学生需要不断地探索和尝试，而反馈渠道则为他们提供了展示成果、交流经验和寻求建议的机会。这些渠道不仅有助于学生了解自己的优势和不足，还能为他们提供有针对性的指导和建议，帮助他们更好地提升自己的德育水平。

2. 反馈渠道的便捷性

反馈渠道的便捷性在德育教育中起着至关重要的作用。它不仅有助于学生更方便地获取学校提供的德育资源和服务，而且还能促进高校与学生的有效互动和沟通，从而提高德育的质量和效果。

电子邮件和电话等便捷的反馈渠道为学生提供了随时随地提出疑问或建议的机会。这些电子化的反馈方式消除了时间和空间的限制，使学生能够更快速、更高效地表达自己的想法和意见。学生无需再等待传统的书面或口头回复，可以随时随地提出疑问或建议，大大提高了反馈的效率。

面对面交流的方式为学生提供了更具体、更及时的反馈。通过面对面的交流，学生可以直接与教师或相关部门负责人进行沟通，从而获得更具体、更及时的反馈和建议。这种交流方式不仅有助于学生了解德育教育的实际情况，还能使教师和相关部门负责人及时了解学生的需求和问题，从而更好地调整和改进德育教育的方式和方法。

此外，反馈渠道的便捷性还有助于学校及时了解学生的需求和问题，从而更好地满足学生的需求。高校可以根据学生的反馈及时调整德育的内容和方法，以满足学生的实际需求。同时，高校还可以根据学生的反馈及时改进德育教育的手段和方式，以提高德育的效果和质量。

3. 反馈渠道的沟通交流作用

反馈渠道在学校的沟通交流中起着至关重要的作用。高校应该积极拓宽反馈渠道，加强与学生的沟通交流，这是确保教育质量和促进高校发展的关键因素。

拓宽反馈渠道可以增强高校对学生的需求和意见的了解。通过各种形式的反馈渠道，如电子邮件、社交媒体、高校网站上的反馈表单，以及定期的学生调查，高校可以更全面地了解学生的想法和需求。这样，高校可以更精确地把握学生的期望，并根据反馈做出相应的调整和改进。

与学生建立良好的沟通机制有助于学校更好地开展德育工作。德育是一个双向的过程，需要教师和学生之间的互动和交流。通过定期的沟通交流，高校可以了解学生的思想动态，了解他们的困惑和问题，并及时给予指导和帮助。这不仅可以增强德育的效果，还可以增强学生对学校的信任和归属感。

此外，沟通交流也有助于建立师生之间的信任和互动，增强高校的凝聚力。通过真诚的对话和互动，高校可以了解学生的想法和感受，从而更好地理解学生的需求和期望。同时，学生也可以通过与学校的沟通交流，感受到学校对自己的关注和尊重，从而增强对高校的归属感和认同感。

4. 反馈渠道对德育教育的促进作用

反馈渠道在德育的过程中发挥着重要的作用，它促进了德育的进步和发展。以下是对这一促进作用的阐述。

反馈渠道使学校能够及时了解学生的德育表现和不足之处。通过收集和分析各种反馈信息，高校可以深入了解学生的思想动态、行为习惯、道德观念等方面的情况，从而为德育教育提供宝贵的数据支持。这些信息有助于高校制订更有针对性的德育教育策略，更好地满足学生的需求。

反馈渠道为学生提供了自我认知和自我改进的机会。学生可以通过反馈渠道了解自己的德育水平，明确自己的不足之处，进而寻求改进措施。这种自我认知的过程有助于培养学生的自我反思和自我管理能力，增强学生的道德意识和责任感。

反馈渠道促进了师生之间的互动和沟通。通过反馈渠道，学生可以向教师表达自己的意见和建议，教师也可以及时了解学生的需求和困惑，从而更好地指导学生、帮助学生解决问题。这种互动和沟通有助于建立和谐的师生关系，增强师生之间的信任和理解，从而为德育教育营造一个良好的氛围。

反馈渠道有助于德育的改革和创新。高校可以根据反馈信息及时调整德育的内容和方式，探索更加符合学生特点、更具实效性的德育方法。这种改革和创新有助于提高德育的效果和质量，使学生更容易接受和理解德育知识，从而达到更好的教育效果。

5. 反馈渠道的可持续性

反馈渠道的可持续性对于高校德育工作的开展至关重要。为了确保反馈渠道的可持续性，高校应该采取以下措施。

建立长效的反馈机制是关键。高校应该定期收集学生的意见和建议，例如，采用座谈会、问卷调查等方式，以便及时发现问题并采取相应的改进措施。同时，高校还应该设立专门的反馈渠道，如微信公众号、电子邮件等，方便学生随时随地提出意见和建议。

高校应该重视学生的参与，鼓励学生积极参与反馈。高校可以通过举办座谈会、论坛等方式，鼓励学生发表自己的看法和建议，共同推动德育教育工作的开展。此外，高校还可以通过举办志愿者活动、校园文化活动等，增强学生的归属感和认同感，从而更好地参与德育教育工作。

除了建立长效的反馈机制和鼓励学生参与反馈外，高校还应该注重反馈渠道的可持续性。这意味着学校应该不断地完善反馈渠道，提高反馈渠道的便捷性和有效性。例如，高校可以定期更新反馈渠道的联系方式、提高反馈渠道的回应速度等，从而更好地满足学生的需求。

为了确保反馈渠道的可持续性，高校还应该建立有效的激励机制。高校可以设立奖励机制，对积极参与反馈的学生和团体给予一定的奖励和表彰，从而激励更多学生参与德育教育工作。此外，高校还可以通过提供培训和实习机会等，为学生提供更多的发展机会和资源支持，从而增强学生的归属感和认同感。

二、实践应用

（一）制订改进计划

针对德育评估结果，大学生可以制订一份改进计划，以提高自己的德育水平。以下是一些具体的步骤和内容，以帮助大学生制订一份有针对性的改进计划。

1. 分析不足之处

新时代的大学生，肩负着国家和社会赋予的历史使命，不仅需要具备扎实的专业知识，还需要具备良好的道德品质和正确的价值观。然而，在现实生活中，许多大学生在德育方面存在一些不足之处，需要认真分析并加以改进。

在道德观念方面，一些大学生过于注重个人利益，缺乏对他人的关爱和尊重。他们可能过于以自我中心，缺乏对他人的关注和关心，甚至对一些社会问题缺乏应有的关注和思考。这种道德观念不仅会影响他们的社交能力和人际关系，也会影响他们的职业发展和社会声誉。

在行为规范方面，一些大学生缺乏自律性和规范意识。他们可能没有养成良好的生活习惯和行为习惯，如迟到、早退、不遵守课堂纪律等。这些行为不仅会影响他们的学习效果和人际关系，也会影响他们对社会的认知和责任感。

在价值观方面，一些大学生过于追求物质利益和享乐主义，缺乏对精神追求和人生价值的正确认识。他们可能过于注重物质享受和消费主义，忽视了精神层面的追求和自我价值的实现。

在情感态度方面，一些大学生缺乏对情感和人际关系的正确认识和对处理方式的了解。他们可能过于冷漠、孤僻、自闭，缺乏对他人的关心和理解。这种情感态度不仅会影响他们的心理健康和人际关系，也会影响他们对社会的认知和责任感。

2. 明确改进目标

在分析了自身不足之处之后，大学生需要明确自己的改进目标。这些目标应该具体、明确，并且具有可衡量性，以便于他们能够有针对性地进行自我提升和进步。

提高道德观念是一个重要的目标。大学生应该意识到道德观念的重要性，并努力提高自己的道德水平。具体来说，可以通过参与志愿者活动、关注社会热点问题、培养良好的行为习惯等方式来实现这一目标。

增强责任感也是一个重要的目标。大学生应该对自己的行为和学业负责，积极承担起自己的责任。通过参与学术科研、实习实践等活动，大学生可以增强自己的责任感和使命感。同时，积极参与社团活动、组织团队项目等，也可以帮助大学生更好地理解团队的重要性，并学会与他人合作和分享。

树立正确的价值观也是一个不可忽视的目标。价值观是一个人的精神支柱，对于个人的成长和发展至关重要。大学生应该明确自己的价值观，并将其融入日常生活和学习中。在做决策时，大学生要思考自己的价值观是否得到体现和尊重，避免盲目跟风和从众心理。

除了以上三个目标之外，大学生还可以设定其他具体的改进目标，如提高自我管理能力、增强沟通能力、培养创新思维等。这些目标可以根据自己的兴趣和特长进行设定，并且需要制订具体的行动计划和时间表，以便于实施和监督。

3. 制订可行的步骤

为了帮助大学生实现他们的目标，制订可行的步骤是非常重要的。以下是一些建议的步骤，这些步骤应该考虑到自己的实际情况和时间安排，以确保改进计划的可行性和有效性。

（1）确定目标：大学生需要明确自己的目标。这些目标可以是学术、个人发展或职业方面的。一旦确定了目标，他们就可以开始制订具体的步骤来实现这些目标。

（2）制订时间表：大学生应该制订一个时间表，以确保他们有足够的时间来完成这些步骤。时间表应该考虑到他们的日常生活和学习需求，并确保他们有足够的时间来完成每个步骤。

（3）每周学习道德故事：大学生可以每周选择一篇道德故事，并花时间阅读和讨论它。这可以帮助他们了解道德价值观，并培养他们的道德意识。

（4）与朋友交流价值观：大学生可以每周与朋友交流一次自己的价值观。这可以帮助他们了解彼此的价值观，并发现自己的价值观是否与他人相同或不同。

（5）每周进行自我反思：大学生应该每周花一些时间进行自我反思，思考他们在过去一周中取得的成就和需要改进的地方。这可以帮助他们了解自己的进步和需要改进的地方，并制订下一步的计划。

（6）反馈和调整：大学生应该定期评估他们的改进计划，并根据反馈进行调整。他们应该记录下自己的进步和挑战，并根据反馈来调整计划以实现更大的成功。

这些步骤只是开始，大学生可以根据自己的需求和实际情况进行调整和添加其他步骤。制订可行的步骤可以帮助大学生逐步实现他们的目标，并在学习的过程中不断提高自己。同时，大学生应该记住，要保持积极的心态和坚持不懈的努力，以克服任何挑战和困难。

4. 实施有效的行动计划

大学生实施有效的行动计划是非常重要的，因为只有通过持续的努力和不断改进，才能取得更好的成绩和成就。以下是一些具体的步骤和建议，帮助大学生实施有效的行动计划。

设定一个固定的时间表：首先，大学生需要明确自己的改进计划，并将其分解为一系列具体的任务和目标；然后，根据任务的重要性和紧急性，设定一个合理的时间表，以确保计划能够按期完成。

逐步推进改进计划：在实施计划的过程中，大学生需要按照时间表逐步推进，不要急于求成或跳跃式发展，在每完成一个任务或目标后，及时进行总结和反思，以便更好地调整和优化计划。

注意时间管理：大学生需要合理安排时间，避免拖延和浪费时间，可以使用一些时间管理工具，如日历、提醒、待办事项列表等，来帮助自己更好地管理时间。同时，也要注意避免过度疲劳和过度使用手机等电子设备，以免影响学习效果和工作效率。

寻求他人的帮助和建议：大学生可以寻求他人的帮助和建议，如老师、同学、家长等。他们可以提供一些有益的建议和意见，帮助自己更好地实施改进计划。同时，他们也可以给予自己鼓励和支持，增强自信心和动力。

不要忽视失败和挫折：在实施改进计划的过程中，大学生可能会遇到失败和挫折。这是非常正常的，关键是要从中吸取教训，找出原因并采取适当的措施进行改进，不要放弃或气馁，坚持下去并相信自己能够取得成功。

（二）建立激励机制

高校作为德育教育的重要场所，可以通过建立激励机制来激发大学生的积极性和动力，促进校园文化的建设。

1. 表彰优秀表现，树立榜样

学校教育，不仅仅传授知识，更是塑造人格并养成品德。因此，德育教育在高校教育中占据着举足轻重的地位。为了表彰那些在德育方面表现优秀的大学生，高校可以设立德育优秀大学生奖项，以此激励更多的学生积极向上，树立榜样，营造良好的校园氛围。

设立德育优秀大学生奖项的意义重大。首先，它能够激励那些在德育方面表现优秀的大学生，让他们感到自己的努力得到了认可和赞赏，从而更加坚定自己的信念和追求。其次，这一举措有助于激发其他大学生的积极性和动力。当其他学生看到优秀大学生得到肯定和赞赏时，他们也会受到激励，积极向优秀大学生学习，争取获得类似的荣誉和认可。这将有助于提高整个校园的德育水平，营造良好的校园氛围。

在评选德育优秀大学生时，应该注重学生的品德、行为、态度等方面的表现。例如，学生是否尊敬师长、关心他人、遵守校规校纪、积极参加志愿服务等都是重要的评选标准。同时，应该注重评选过程的公开、公平和公正，确保评选结果的真实性和可信度。

除了设立奖项外，高校还可以采取其他措施来加强德育教育，例如，可以开展丰富多彩的德育活动，如道德讲堂、志愿者服务、社会实践等，让学生在实践中体验德育的重要性。此外，高校还可以加强与家庭、社会的合作，共同关注学生的德育发展，为学生提供更多的德育资源和机会。

2. 鼓励参与德育活动，培养全面素质

激励机制在培养大学生全面素质方面起着至关重要的作用。德育活动是提升大学生全面素质的有效途径，因为这些活动不仅能提高他们的理论知识，更能通过多种形式的实践锻炼，提升他们的组织能力、沟通能力和团队协作能力，培养他们的道德观念和社会责任感。

参与德育活动可以帮助大学生培养出对社会责任的认识。这些活动不仅是提升自我、增强个人能力的机会，更是承担社会责任，回馈社会的表现。在德育活动中，大学生有机会通过自己的实际行动去帮助他人，了解社会，理解不同人群的需求，这不仅能帮助他们形成良好的道德观念，更能培养他们的社会责任感。

德育活动能够提升大学生的团队协作能力。在参与这些活动的过程中，大学生需要与其他人共同合作，相互支持，才能完成任务。这种团队协作的过程，不仅能锻炼他们的沟通技巧，更能培养他们的团队协作精神。

德育活动可以锻炼大学生的组织能力。无论是组织一场活动，还是策划一个项目，都需要有出色的组织能力。通过参与德育活动，大学生可以学习如何组织、协调和管理团队，这将对他们的未来发展产生深远的影响。

德育活动是大学生锻炼自己沟通能力的绝佳机会。在活动中，他们需要与他人交流、讨论、协商，这有助于提高他们的语言表达能力和理解能力。同时，通过与他人的交流，他们也能更好地了解自己，发现自己的优点和不足，从而更好地提升自己。

因此，高校鼓励大学生积极参与德育活动，这不仅能提升他们的理论知识，更能通过实践锻炼提升他们的组织能力、沟通能力和团队协作能力。这种全面的素质提升，对于大学生的未来发展和社会适应能力都具有重要的意义。

3. 增强大学生的荣誉感和归属感

增强大学生的荣誉感和归属感是校园文化建设的重要一环，激励机制在其中发挥着重要的作用。

高校应该建立健全的表彰和奖励机制，对在德育、学术、文体等方面表现优秀的大学生给予适当的表彰和奖励。这些奖励可以包括荣誉证书、奖学金、荣誉称号、实践机会等，让大学生感到自己的努力得到了认可和赞赏，从而增强他们的荣誉感。同时，这种奖励机制也能激励其他学生向优秀的学生看齐，形成良好的竞争氛围。

高校应该注重培养学生的团队合作精神和集体荣誉感。通过组织各种形式的团队活动和集体活动，让学生在参与中感受到集体的力量和温暖，增强他们的归属感。同时，高校应该鼓励学生积极参与校园文化活动，如文艺比赛、体育赛事、学术讲座等，让学生在参与中感受到自己的价值和意义，增强他们的自信心和自尊心。

高校应该注重营造积极向上的校园氛围，倡导正能量和正能量的价值观。通过开展各种形式的宣传教育活动，如讲座、论坛、展览等，让学生了解高校的办学理念、校风校训、文化传统等，增强他们对高校的认同感和归属感。同时，高校应该注重培养学生的独立思考能力和批判精神，让他们在校园中敢于表达自己的观点和想法，形成良好的学术氛围。

高校应该注重与学生之间的沟通和互动，建立良好的师生关系。高校应该倾听学生的声音，了解他们的需求和困惑，及时解决他们的问题和困难。同时，高校应该鼓励学生积极参与高校的管理和决策过程，让他们感受到自己的话语权和影响力。这种互动和参与可以增强学生的主人翁意识和责任感，让他们觉得自己是学校的一份子，愿意为高校的发展和建设贡献自己的力量。

以上激励机制的实施可以增强大学生的荣誉感和归属感，促进校园文化的建设。同时，这种积极向上的校园氛围也有助于形成良好的校园文化，促进校园的和谐稳定。

4. 促进德育教育的持续发展

德育教育作为学生教育的重要组成部分，一直以来都是教育领域关注的焦点。为了促进德育教育的持续发展，激励机制的运用显得尤为重要。通过适当的激励机制，我们可以激发大学生对德育的热情和兴趣，让他们更加关注德育，积极参与德育活动，从而推动德育的发展。

高校可以表彰优秀的大学生。对于在德育方面表现优秀的学生，高校可以给予一定的奖励和荣誉，例如颁发奖学金、荣誉称号等。这种表彰可以激励其他学生向他们学习，激发他们的上进心和竞争意识，从而促进整个校园德育氛围的提升。

高校可以鼓励大学生参与德育活动，通过举办各种形式的德育活动，如讲座、研讨会、志愿服务等，可以让学生们更加深入地了解德育知识，提高他们的道德素养。学校可以通过宣传和推广，鼓励学生积极参与这些活动，并给予适当的支持和鼓励。这不仅有助于营造积极向上的校园氛围，还能促进大学生对德育教育的理解和认同。

除了上述两种方式，高校还可以采取其他措施来促进德育的持续发展。例如，高校可以建立德育的长效机制，定期开展德育课程和讲座，提供多样化的德育资源，如图书、影像资料等。同时，高校还可以鼓励学生之间的互帮互助和团结合作，营造良好的校园人际关系。这些措施将有助于增强大学生对德育的认同感，促进德育的全面发展。

（三）促进校园文化建设

校园文化建设是高校教育的重要组成部分，它对于提高学生的综合素质、促进学生的全面发展具有重要意义。德育评估结果作为校园文化建设的重要指标之一，能够为提供有益的参考，帮助高校更好地营造良好的德育氛围，促进校园文化建设。

高校可以通过组织各种形式的德育活动来促进校园文化建设。这些活动包括讲座、研讨会、实践活动等，旨在增强大学生的德育意识和素养。通过这些活动，大学生可以了解更多的德育知识，提高自己的道德修养，同时也可以增强自己的社会责任感和公民意识。这些活动还可以增强大学生之间的交流和互动，促进校园文化的多元化和丰富性。

高校可以促进校园文化建设。校园文化是学校精神风貌和价值观念的体现，它对于学生的成长和发展具有重要影响。高校可以通过宣传栏、广播、网络等渠道宣传德育知识，营造良好的校园文化氛围。这些渠道不仅可以传递德育知识，还可以传递学校的办学理念和价值观，增强学生对高校的认同感和归属感。

高校可以通过建立德育评价体系来促进校园文化建设。德育评价体系是对大学生的德育表现进行评估和反馈的一种机制，它可以帮助高校了解大学生的德育状况，发现存在的问题和不足，并帮助高校及时采取相应的措施进行改进。通过德育评价体系，高校可以激励大学生积极参与德育活动，提高自己的道德修养和综合素质。同时，德育评价体系也可以增强大学生的自我约束和自我管理能力，促进大学生在德育方面的进步和提高。

第三节　评估结果对大学生德育的促进作用

一、提高大学生自我认知能力

（一）帮助大学生了解自己的优点和不足之处，明确努力方向

大学生在成长过程中，自我认知是非常重要的。通过了解自己的优点和不足，大学生可以更好地认识自己，明确自己的发展方向。因此，高校应该采取以下措施来帮助大学生了解自己的优点和不足。

1. 组织自我认知的课程和活动

高校可以组织一些自我认知的课程和活动，如自我评估、性格测试、兴趣调查等，帮助学生了解自己的性格、兴趣、能力和潜力等。这些课程和活动可以通过讲座、研讨会、小组讨论等形式进行，使学生能够更加深入地了解自己。

同时，高校还可以通过评估学生的自我认知能力，了解学生在自我认知方面存在的问题，并提供相应的指导，帮助学生更好地认识自己。例如，高校可以定期对学生进行心理测评，了解学生的心理健康状况和自我认知能力，并提供相应的心理咨询和支持。

2. 鼓励学生积极参与实践活动

除了课堂上的学习，高校还应该鼓励学生积极参与实践活动，如社团活动、志愿服务、实习等。这些实践活动可以帮助学生更好地了解自己的能力和潜力，发现自己的优点和不足之处，从而更好地明确自己的发展方向。

（二）促进大学生自我反思和自我提升，提高个人素质和修养

自我反思和自我提升是提高个人素质和修养的重要途径。因此，高校应该采取以下措施来促进大学生自我反思和自我提升。

1. 提供反思性的课程和活动

高校可以提供一些反思性的课程和活动，如道德伦理讲座、心理辅导等，来帮助大学生培养反思的习惯。这些课程和活动可以通过讲座、研讨会、小组讨论等形式进行，使学生能够更加深入地思考自己的行为和思想，从而更好地提高自己的素质和修养。

同时，高校还可以鼓励大学生积极参加各种实践活动，通过实践来锻炼自己的能力和素质。例如，高校可以组织一些志愿服务活动，让学生通过帮助他人来提高自己的社会责任感和道德水平。

2. 建立良好的校园文化氛围

高校应该积极营造良好的校园文化氛围，鼓励学生积极参与各种文化活动，如学术讲座、文艺比赛、体育比赛等。这些活动可以帮助学生拓展自己的知识面和视野，增强自己的文化素养和审美能力。同时，高校还应该鼓励学生积极参与校园文化建设，如参与校园绿化、美化等活动，增强学生的环保意识和责任感。

二、促进大学生全面发展

（一）德育评估结果可以激励大学生积极参与德育活动，提高综合素质

德育评估结果是对大学生德育表现的一种评价，它不仅是对过去行为的总结，更是对未来行为的激励。它能够激发大学生的积极性，促使他们更加主动地参与德育活动，通过实践提高自己的综合素质。高校可以通过设立德育奖学金、优秀德育学生称号等方式来激励学生积极参与德育活动，同时也可以通过组织各种德育活动来提高学生的综合素质。这些活动可以包括志愿服务、道德辩论、社会实践等，让学生在实践中体验德育，培养自己的道德品质和行为习惯。

（二）德育评估结果可以促进大学生树立正确的价值观和人生观，培养良好的道德品质和行为习惯

德育评估结果不仅可以激励大学生积极参与德育活动，更重要的是，它可以引导他们树立正确的价值观和人生观，培养良好的道德品质和行为习惯。高校可以通过开展德育讲座、道德实践等活动来帮助学生树立正确的价值观和人生观，同时也可以通过与家庭、社会的合作来共同培养学生的道德品质和行为习惯。这些活动不仅可以在高校内进行，也可以延伸到家庭和社会，让学生在实际生活中体验德育，形成良好的道德观念和行为习惯。

（三）德育评估结果可以促进大学生形成良好的心理素质，积极面对生活中的挑战和困难

德育评估结果不仅可以帮助学生树立正确的价值观和人生观，还可以帮助他们形成良好的心理素质。高校可以通过开展心理健康教育、心理咨询等活动来帮助学生形成良好的心理素质，同时，也可以通过提供心理辅导服务来帮助学生积极面对生活中的挑战和困难。德育不仅仅是关于道德和价值观的教育，它也涉及心理和情感层面的教育。通过德育评估结果，学生可以更好地了解自己的情感和心理状态，从而更好地应对生活中的挑战和困难。这不仅有助于提高他们的心理素质，也有助于他们形成积极健康的生活态度。

三、推动高校德育工作发展

（一）德育评估结果可以为高校德育工作提供参考和依据，促进高校德育工作的改进和完善

德育评估是高校德育工作的重要组成部分，它能够为学校提供重要的参考和依据，帮助高校更好地了解学生的思想道德状况，及时发现和解决德育工作中存在的问题，从而促进高校德育工作的改进和完善。

德育评估结果可以为学校提供关于学生思想道德状况的客观数据。通过德育评估，高校可以了解学生的思想道德水平、价值观、道德观念等方面的表现，从而为高校制订德育工作计划和方案提供依据。

德育评估结果可以帮助学校发现德育工作中存在的问题和不足。通过对德育评估结果的深入分析，高校可以发现当前德育工作中的问题和不足之处，从而制订相应的改进措施，提高德育工作的效果和质量。

德育评估结果可以为学校提供制订德育评价体系和方法的重要参考。通过对德育评估结果的梳理和分析，高校可以不断完善德育评价体系和方法，提高德育工作的科学性和有效性，从而更好地满足学生思想道德发展的需要。

（二）德育评估结果可以促进学校与家庭、社会的合作，共同推进德育工作的发展

高校、家庭和社会是大学生成长中不可缺少的因素，三者之间的合作对于推进德育工作的发展具有重要意义。通过德育评估结果，高校可以与家庭、社会建立更加紧密的联系，共同推进德育工作的发展。

高校可以通过与家庭、社会的合作，共同制订德育计划和方案。高校可以根据德育评估结果，与家庭、社会共同商讨制订符合学生实际需求的德育计划和方案，从而更好地满足学生的思想道德发展需要。

高校可以通过与家庭、社会的合作，共同关注学生的成长和发展。高校可以与家庭、社会共同关注学生的思想道德状况、价值观、道德观念等方面的变化，及时发现和解决学生成长中存在的问题，从而更好地推进德育工作的发展。

高校可以通过与家庭、社会的合作，共同提高德育工作的效果和质量。高校可以与家庭、社会共同探讨德育工作的方法和手段，共同探索适合学生实际需求的德育模式和方法，从而提高德育工作的效果和质量。

第十章　家庭、高校和社会在大学生德育中的责任和作用

第一节　家庭在大学生德育中的责任和作用

一、家庭教育对大学生德育的重要性

（一）家庭是大学生接受德育的起点

家庭确实对于大学生德育的影响起到了关键的起点作用，具体阐述如下：

1. 家庭教育是德育的第一课堂

在人生的早期阶段，家庭是孩子接受教育的主要场所。在这里，孩子学习基本的道德准则，如尊重他人、诚实守信，以及与他人建立和保持关系的方式。家庭是孩子了解社会规则和道德规范的第一步，这些规则和规范将在孩子成年后的生活中起到决定性的作用。

2. 家庭塑造人格和价值观

家庭是我们人格形成的重要环境。孩子的性格、兴趣、价值观和人生目标往往在很大程度上受到家庭的影响。在家庭中，我们学习如何理解自己，如何对待他人，以及如何看待世界。家庭教育通过父母的言传身教，帮助孩子塑造正确的道德观念和价值取向。

（3）家庭教育有助于培养良好的行为习惯：家庭教育不仅仅是教授道德观念，还包括培养良好的行为习惯。通过父母的日常教导和监督，我们学会了如何遵守规则，如何尊重他人，如何处理冲突，以及如何负责任地对待自己和他人。这些行为习惯将在我们的日常生活中起到长期的影响。

4. 家庭教育有助于预防道德问题

家庭教育有助于预防孩子在成长过程中出现道德问题。通过家长的引导和监督，孩子可以避免一些可能出现的道德困境，从而减少一些潜在的道德风险。家庭教育有助于我们形成正确的道德判断，从而在面临选择时做出正确的决定。

5. 家庭教育是长期且持续的过程

家庭教育是一个长期且持续的过程，它不会因为孩子的成长而停止。随着孩子的成长，家庭教育的重点和方式也会发生变化，但它的核心价值——培养孩子的道德观念和行为规范，这一点是不会改变的。

6. 家长的角色至关重要

在家庭教育中，家长的角色至关重要。他们不仅是孩子的教师，也是孩子的榜样。家长的行为和态度将直接影响到孩子的成长和发展。因此，家长需要不断学习和提高自己的素质，以更好地履行家庭教育的职责。

（二）家庭是大学生与社会的桥梁

家庭是大学生与社会的桥梁，这一点非常正确。家庭环境和社会环境对大学生的成长有着密切的关系。

1. 家庭是大学生接受教育的起点

家庭是人生的第一课堂，家庭教育在人的成长过程中起着至关重要的作用。家庭教育可以培养孩子的良好习惯和品德，为孩子提供基础的知识和技能，为未来的学习和工作奠定基础。

2. 家庭是大学生与社会接触的桥梁

家庭不仅是孩子成长的环境，也是他们与社会接触的桥梁。家庭成员之间的互动和交流可以帮助孩子了解社会规则和人际关系，培养他们的社交能力和沟通能力。同时，家庭也可以为孩子提供实践和尝试的机会，让他们更好地适应社会。

3. 家庭环境对大学生的影响

家庭环境对大学生的影响是多方面的。首先，家庭氛围可以影响孩子的性格和情绪，帮助他们形成积极向上、乐观开朗的性格。其次，家庭成员的行为和态度可以影响孩子的价值观和人生观，帮助他们形成正确的道德观念和行为准则。此外，家庭的经济状况和社会地位也可以影响孩子的未来发展。

4. 家庭教育对大学生的重要性

家庭教育在培养大学生的社会责任感和公民意识方面起着重要的作用。通过家庭教育，孩子可以了解社会规则和法律法规，培养他们的社会责任感和公民意识，增强他们的社会适应能力和人际交往能力。同时，家庭教育也可以帮助孩子更好地认识自己，发掘自己的潜力和特长，为未来的职业发展打下基础。

（三）家庭是大学生情感和心理健康的重要保障

家庭是大学生情感和心理健康的重要保障，这一点是非常正确的。家庭环境对大学生的成长和发展有着至关重要的影响。

1. 情感支持

家庭是大学生情感支持的重要来源。在家庭中，大学生可以感受到亲人的关爱和支持，这有助于他们建立自信心和安全感。当他们面临困难和挑战时，家庭的支持可以成为他们前进的动力。

2. 心理健康的维护

家庭环境对大学生的心理健康有着直接的影响。一个和谐、温馨的家庭氛围有助于培养大学生的积极心态和健康人格。在这样的环境下，大学生可以更好地应对压力和挫折，减少心理问题的发生。

3. 缓解压力

大学生面临学业、就业、人际关系等多方面的压力，而家庭是他们释放压力的重要场所。家庭成员可以通过倾听、理解、支持和鼓励来缓解大学生的压力，帮助他们更好地应对生活中的挑战。

4. 建立良好的人际关系

家庭是一个社交场所，大学生可以在家庭中与家人、亲戚、朋友等建立良好的人际关系。这些人际关系可以为大学生提供情感支持和社交支持，帮助他们更好地适应社会环境。

5. 增强归属感

家庭是每个人的归属地，对于大学生来说也是如此。一个温馨、和谐的家庭环境可以增强大学生的归属感和认同感，让他们感到自己是家庭的一部分，从而更加珍惜家庭关系。

（四）家庭教育对大学生德育的影响

家庭教育对大学生德育的影响是非常深远的。

1. 道德观念的形成

家庭教育是孩子道德观念形成的重要阶段。家长通过日常生活中的言传身教，以及与孩子的交流和互动，可以潜移默化地影响孩子的道德观念。家长应该注重培养孩子的道德观念，包括诚实、尊重、公正、责任等基本价值观，这些价值观对于孩子未来的成长和社会适应能力至关重要。

2. 价值观的塑造

家庭是孩子价值观形成的重要场所。家长应该通过与孩子的交流和互动，引导孩子形成正确的价值观。家长应该鼓励孩子独立思考，勇于表达自己的观点，同时也要尊重他人的观点，培养他们的包容性和同理心。家长还应该注重培养孩子的责任感和担当精神，鼓励他们为自己的行为负责，并在家庭、学校和社会中扮演积极的角色。

3. 行为规范的培养

家庭是孩子行为规范形成的重要场所。家长应该通过日常生活中的示范和引导，帮助孩子养成良好的行为规范。例如，家长应该教育孩子遵守公共秩序、尊重他人、爱护公共财产等基本行为规范。这些行为规范可以帮助孩子更好地融入社会，建立良好的人际关系，并在未来的职业生涯中取得成功。

二、家长在德育中的角色和作用

（一）家长在德育中的角色

家长在德育中的角色是非常重要的，他们不仅是孩子的第一任教师，也是孩子成长过程中最为亲近和信任的人。家长的教育观念、行为方式、情感支持等都会对大学生的道德品质产生深远的影响。

家长的教育观念是影响大学生德育的重要因素。家长应该树立正确的教育观念，注重培养孩子的品德和人格，而不是只关注他们的成绩和技能。家长应该关注孩子的心理健康、情感发展和社会适应能力，帮助他们树立正确的价值观和人生观，培养他们良好的道德品质和行为习惯。

家长的行为方式也是影响大学生德育的重要因素。家长应该以身作则，树立良好的道德榜样，通过自己的行为来影响孩子。家长应该注重自己的言行举止，遵守社会公德和法律法规，尊重他人，关心他人，用自己的行为来引导孩子成为一个有道德、有责任感的人。

此外，家长的情感支持也是影响大学生德育的重要因素。家长应该给予孩子足够的情感支持和关爱，关心他们的成长和发展，关注他们的心理健康和情感需求。家长应该尊重孩子的个性和兴趣爱好，鼓励他们积极探索和尝试新事物，培养他们的自信心和自尊心。同时，家长也应该与孩子建立良好的沟通和信任关系，倾听他们的想法和感受，帮助他们解决问题和困惑，增强他们的自我认知和自我管理能力。

（二）家长树立正确的教育观念

作为孩子的第一任教师，家长在孩子的成长过程中起着至关重要的作用。为了树立正确的教育观念，家长应该关注以下几个方面。

尊重孩子的个性和兴趣是至关重要的。每个孩子都是独一无二的，他们有自己的特点和兴趣爱好。家长应该鼓励孩子表达自己的想法和感受，而不是将自己的意愿强加给孩子。同时，家长应该尊重孩子的选择和决策，给予他们足够的自主权和决策权，培养他们的独立思考能力和自主决策能力。

家长应该注重培养孩子的责任感和担当精神。孩子是家庭和社会的一份子，他们应该承担起自己的责任和义务。家长应该教育孩子对自己的行为负责，培养他们的责任感和担当精神，让他们明白自己的行为会对他人和社会产生影响。

家长应该注重自身的言行举止。家长是孩子的榜样和引导者，他们的言行举止会对孩子产生深远的影响。因此，家长应该以身作则，树立良好的榜样，为孩子树立正确的价值观和行为准则。家长应该注重自己的言行一致性，做到言行一致，让孩子感受到家长的真诚和可信度。

家长应该鼓励孩子参与社交活动和团队活动，培养他们的社交能力和团队协作精神。在孩子成长过程中，社交能力和团队协作精神是非常重要的素质，可以帮助孩子更好地适应社会和人际交往。

家长应该关注孩子的心理健康和情感发展。孩子在成长过程中会遇到各种心理问题和情感挑战，家长应该给予足够的关注和支持，帮助孩子克服困难和挑战。同时，家长也应该尊重孩子的情感表达和情绪调节能力，培养他们的情绪管理和情感智慧。

（三）家长积极参与孩子的德育工作

家长积极参与孩子的德育工作是非常重要的，因为这不仅能够帮助孩子建立正确的价值观和道德观念，还能够促进孩子的全面发展。

家长应该与孩子建立良好的沟通和信任关系。作为孩子的第一任老师，家长应该倾听孩子的想法和感受，了解他们的思想动态和行为表现。通过与孩子的交流，家长可以及时发现孩子的问题和困难，并给予指导和帮助。同时，家长也应该尊重孩子的个性和兴趣爱好，鼓励他们表达自己的想法和意见，培养他们的独立思考能力和自主意识。

家长应该鼓励孩子参加社会实践活动和志愿服务。这些活动可以帮助孩子了解社会和他人，培养他们的社会责任感和公民意识。家长可以引导孩子参加一些有意义的社会实践活动，如义工服务、环保活动、社区服务等，让他们在实践中学习如何与人相处、如何关心他人、如何为社会做出贡献。这些经历不仅能够帮助孩子更好地理解社会和人际关系，还能够培养他们的团队合作精神和领导能力。

除此之外，家长还应该关注孩子的心理健康和情绪状态。作为孩子亲密的人之一，家长应该关注孩子的情绪变化和心理状态，及时给予支持和关爱。如果孩子出现心理问题或不良情绪，家长应该及时与专业人士联系，寻求帮助和支持。同时，家长也应该培养孩子正确的情感表达和情绪调节能力，让他们学会如何处理自己的情绪和情感问题。

（四）家长关注孩子的情感和心理健康

作为家长，关注孩子的情感和心理健康是非常重要的。作为孩子亲近的人，家长应该给予他们足够的情感支持和关爱，帮助他们度过困难时期，让他们感受到家庭的支持和温暖。

家长应该尊重孩子的个性和情感需求。每个孩子都是独一无二的，他们有自己独特的兴趣、爱好和情感表达方式。家长应该倾听孩子的内心感受，了解他们的需求和困扰，并给予适当的回应和支持。当孩子表达出消极情绪时，家长应该给予关爱和理解，帮助他们理清思绪，寻找解决问题的方法。

家长应该与孩子建立良好的沟通和互动关系，与孩子进行开放、诚实和尊重的交流，可以帮助他们建立信任和安全感。家长应该鼓励孩子表达自己的想法和感受，倾听他们的意见和建议，并给予积极的反馈和支持。这样可以帮助孩子培养自信和自尊心，增强他们的自我价值感。

家长应该帮助孩子建立健康的生活习惯和行为方式。鼓励孩子保持规律的作息时间，合理饮食，积极参与各种体育、文艺和社会活动，这样有助于培养他们的兴趣爱好，增强自信心和社交能力。当孩子遇到挫折和困难时，家长应该给予正确的引导和支持，帮助他们走出困境，树立正确的价值观和人生观。

当孩子遇到挫折和困难时，家长应该给予鼓励和支持，帮助他们树立信心和勇气。当孩子遇到失败和挫折时，家长应该给予积极的鼓励和支持，帮助他们重新振作起来。同时，家长也应该引导孩子学会自我调节和自我管理情绪，让他们学会在面对困难和挫折时保持冷静和理智。

（五）家长与高校、社会共同合作

家长与高校、社会共同合作，是德育的重要环节。家长作为孩子成长过程中的重要角色，应该与高校、社会紧密合作，形成德育教育的合力，共同为孩子的成长和发展创造良好的环境。

家长应该与高校保持密切联系，了解高校的教育理念和德育工作安排。作为孩子最亲密的人，家长应该与学校保持良好的沟通，及时了解孩子在学校的表现和情况，同时也可以向高校提供有益的建议和意见。高校应该尊重家长的意见和建议，积极采纳合理的建议，并努力改进教育方法和方式，以更好地满足孩子的成长需求。

家长应该积极参与高校的德育活动。高校是孩子接受德育教育的重要场所，家长应该积极支持高校的德育工作，参与高校的各种德育活动，如家长会、家长志愿者活动等。通过参与这些活动，家长可以更好地了解高校的德育工作情况，同时也可以为孩子的成长和发展提供有益的支持和帮助。

家长应该关注社会上的德育教育资源，鼓励孩子参加各种社会实践活动和志愿服务。社会是一个广阔的德育平台，家长应该鼓励孩子积极参与社会实践活动和志愿服务，培养他们的社会责任感和公民意识。这些活动可以让孩子更好地了解社会、认识社会，增强他们的社会适应能力和人际交往能力。

家长还应该注意培养孩子的自我修养和自律能力。德育不仅仅传授知识、规范行为，还培养孩子的自我修养和自律能力。家长应该注重培养孩子的自我教育意识，鼓励他们自主思考、自主判断、自主行动，让他们成为有独立思考能力、有道德修养的人。

三、家庭氛围对大学生德育的影响

家庭氛围是大学生德育的重要影响因素之一。一个温馨、和谐、积极的家庭氛围有助于培养孩子良好的道德品质和行为习惯。以下是一些影响大学生德育的家庭氛围因素。

（一）良好的亲子关系有助于培养孩子的自主、自信、尊重他人的品质

良好的亲子关系对于孩子的成长和发展具有至关重要的作用。它不仅有助于培养孩子的自主、自信、尊重他人的品质，还能为孩子营造一个温馨、和谐的家庭氛围，促进孩子的身心健康和全面发展。

亲子关系建立在相互尊重的基础上。家长应该尊重孩子的个性和兴趣，鼓励他们表达自己的想法和感受，同时也要倾听孩子的意见和建议，给予他们足够的关爱和支持。这样的互动方式能够增强孩子的自信心和自尊心，让他们感受到自己在家庭中的重要性和价值。

良好的亲子关系能够培养孩子的自主能力。家长应该给予孩子一定的自由和空间，让他们尝试新的事物、探索未知的领域。当孩子遇到困难和挫折时，家长应该给予鼓励和支持，帮助他们树立信心，勇敢面对挑战。这样的经历能够让孩子逐渐学会独立思考、自主决策。

良好的亲子关系还能够培养孩子的社交能力和社会适应能力。在与家长的互动中，孩子能够学会如何与人相处、如何表达自己的情感和观点、如何尊重他人的意见和感受。这些社交技巧和行为规范对于孩子未来的社交生活和社会适应能力至关重要。

良好的亲子关系还能够促进家庭成员之间的情感交流和沟通。在家庭中，家长之间的互动方式也会影响到孩子的情感表达和沟通能力。当家长之间能够相互尊重、理解和支持时，孩子也会学会如何处理人际关系，如何与他人建立良好的沟通和信任关系。

（二）家庭规则是家庭氛围的重要组成部分

家庭规则是家庭氛围的重要组成部分，它们不仅规定了家庭成员的行为准则，而且有助于营造一个和谐、有序的生活环境。在制订家庭规则时，家长应该充分考虑孩子的年龄、认知能力和个性特点，确保规则简单易懂、具有可操作性。同时，家长还应该确保孩子了解并遵守这些规则，从而帮助他们养成良好的行为习惯和道德品质。

诚实是家庭规则中最为重要的准则之一。孩子应该知道诚实是做人的基本原则。如果孩子犯了错误，家长应该鼓励他们承认并承担自己的责任，这有助于培养他们的责任感和自律意识。

尊重他人也是家庭规则中不可或缺的一部分。孩子应该学会尊重他人的意愿、观点和感受，不嘲笑、讥讽或欺负他人。通过培养良好的人际关系，孩子将能够更好地适应社会，建立信任和友谊。

遵守时间是家庭规则中另一个重要的方面。孩子应该学会珍惜时间，合理安排自己的学习和生活，不拖延、不浪费时间。家长应该教育孩子认识到时间的价值，并鼓励他们养成良好的时间管理习惯。

负责任是家庭规则中不可或缺的一部分。孩子应该学会对自己的行为负责，承担自己的错误和过失。通过承担责任，孩子将学会独立思考、解决问题和承担后果的能力，这有助于他们成为有担当的人。

除了以上基本道德准则外，家长还可以制订其他家庭规则，如尊重财产、礼貌待人、尊重长辈等。这些规则有助于营造一个和谐、有序的家庭氛围，让孩子在成长过程中得到良好的教育和引导。

（三）家庭文化是由家庭成员的兴趣爱好、价值观等共同构成的

家庭文化是一个家庭的重要组成部分，它是由家庭成员的兴趣爱好、价值观等共同构成的。它是由家庭成员之间的互动和交流产生，是家庭和谐和幸福的基石。一个具有良好家庭文化的家庭，不仅能够为孩子营造一个积极向上、乐观开朗的家庭氛围，也能够培养孩子的文化素养和审美能力。

家庭文化应该注重家庭成员的兴趣爱好。每个家庭成员都有自己的兴趣爱好，这些兴趣爱好可以成为家庭文化的一部分。家长应该尊重孩子的兴趣爱好，鼓励他们发展自己的特长，同时也要注重培养家庭成员之间的共同兴趣爱好，增强家庭成员之间的互动和交流。

家庭文化应该注重家庭成员的价值观。价值观是一个人对于人生、社会、道德等方面的看法和态度，它对于一个人的成长和发展具有至关重要的影响。家长应该注重培养

孩子的正确价值观，让他们懂得尊重他人、关心他人、诚实守信、勤奋努力等基本道德规范。同时，家长也应该注重自身的言行举止，树立正确的榜样，为孩子树立正确的价值观提供良好的示范。

家长应该注重家庭文化的建设，营造一个和谐、积极、向上的家庭氛围。这需要家长在日常生活中注重与家庭成员之间的交流和沟通，关注孩子的成长和发展，给予孩子充分的关爱和支持。同时，家长也应该注重自身的言行举止和行为规范，为孩子树立正确的榜样和示范。

（四）家庭经济条件也会对大学生德育产生影响

家庭经济条件对大学生德育确实产生一定的影响。这主要是因为，贫困家庭的孩子可能会面临更多的生活压力和困难，如学费、生活费、家庭负担等，这可能会对他们心理健康和道德品质产生负面影响。过重的经济负担可能导致贫困家庭的孩子承受巨大的心理压力，影响他们的心理健康。在长期压力下，他们可能会感到焦虑、沮丧、自卑，甚至产生心理问题。这不仅会影响他们的学业表现，也可能会影响他们的道德观念和行为。

贫困家庭的环境也可能影响他们的道德品质。在贫困的环境中，他们可能更容易受到社会不良风气的影响，对金钱和物质利益的追求可能会超过对道德和精神的追求。这可能会导致他们忽视道德规范，做出不道德的行为。

因此，家长应该关注孩子的心理健康和生活状况，给予他们足够的关爱和支持。家长应该了解孩子的经济状况，帮助他们解决生活中的困难，减轻他们的心理压力。同时，家长也应该鼓励孩子树立正确的金钱观和价值观，让他们明白金钱不是万能的，而是要通过自己的努力和奋斗才能获得真正的幸福和成功。此外，家长也应该教育孩子尊重他人，尊重社会规范，培养他们的道德观念和行为。

除了家长的努力，高校和社会也应该关注贫困家庭孩子的德育问题。高校应该提供更多的心理咨询和辅导服务，帮助贫困家庭的孩子解决心理问题，提高他们的心理健康水平。同时，社会也应该提供更多的机会和资源，帮助贫困家庭的孩子提高他们的教育水平和综合素质。

第二节　高校在大学生德育中的责任和作用

一、学校教育对大学生德育的影响

（一）学校教育为大学生提供了丰富的德育资源

学校教育是大学生德育的主要途径，对于大学生德育的影响至关重要。高校教育不仅通过课堂教学传授知识，更通过实践活动、课外活动等多种形式，培养学生的道德观念、价值观念、社会责任感等方面的素质。首先，学校教育为大学生提供了丰富的德育资源。高校通过课堂教学、讲座、参观等多种形式，向学生传授社会主义核心价值观、中华民族优秀传统文化、公民道德规范等方面的知识，引导学生树立正确的世界观、人生观和价值观。同时，高校还通过开展各种形式的实践活动，如志愿服务、社会调查、文化交流等，让学生在实践中体验和领悟道德价值，增强他们的道德意识和责任感。此外，高校还注重校园文化建设，通过举办各种文化活动、体育比赛、文艺演出等，丰富学生的课余生活，增强学生的文化素养和审美能力，从而促进学生的全面发展。

（二）学校教育为大学生提供了良好的德育环境

学校教育为大学生提供了良好的德育环境，这一事实是不可否认的。高校通过多种方式，包括制订各种规章制度、校风校纪，营造了良好的校园文化氛围，为学生提供了一个有利于他们成长的德育环境。

学校注重培养学生良好的道德行为习惯。高校通过制订各种规章制度，对学生日常行为进行规范，从而帮助学生形成良好的道德行为习惯。此外，高校还注重对学生校风校纪的培养，倡导良好的道德风尚，使学生明白哪些行为是被社会所接受的，哪些行为是不被社会所容忍的。通过这些教育方式，高校积极引导学生形成正确的道德观念和良好的道德行为习惯，培养他们良好的道德素质和社会责任感。

学校教育不仅注重传授知识，更注重培养学生的品德。高校通过各种课程和活动，向学生传授正确的价值观和道德观念，使学生能够更好地适应社会，更好地履行自己的社会责任。同时，高校还注重培养学生的创新能力、独立思考能力和批判精神，这些能力对于学生未来的发展也是非常重要的。

此外，高校还注重开展各种德育活动，如志愿者活动、社会实践等，这些活动有助于培养学生的社会责任感和奉献精神。这些活动不仅有助于提高学生的道德素质，也有助于培养学生的团队协作精神和人际交往能力。

（三）学校教育在德育中发挥重要作用

高校教育在德育中发挥重要作用，这是不容忽视的事实。在大学生德育的过程中，学校教育更是扮演着举足轻重的角色。

高校通过课堂教育，在传授知识的同时，更注重培养学生的道德品质和行为习惯。在各个学科的教学中，教师不仅关注学生对知识的掌握程度，更注重引导学生形成正确的世界观、人生观和价值观，培养他们良好的道德品质和行为习惯。通过课堂讨论、案例分析、小组合作等方式，学校教育能够引导学生深入思考道德问题，培养他们的道德判断能力和道德责任感。

高校通过各种实践活动，如志愿服务、社会实践、校园文化活动等，鼓励学生积极参与德育活动，树立正确的道德观念，培养良好的道德行为。这些实践活动不仅有助于提高学生的综合素质，还能让学生在实践中体验道德的力量，增强他们的道德认同感和责任感。

高校通过制订各种规章制度和奖惩机制，鼓励学生积极参与德育活动，同时也对违反道德规范的行为进行约束和惩戒。这些规章制度和奖惩机制能够引导学生明确道德标准和行为准则，增强他们的道德自律性和责任感。同时，高校还会定期开展德育讲座、座谈会等活动，邀请专家学者、优秀学生代表等为学生提供指导，帮助他们更好地认识和理解德育的重要性。

学校注重与家庭、社会等各方面的合作，共同促进大学生的德育发展。高校与家庭沟通、合作，能够更好地了解学生的思想动态和行为表现，及时发现问题并采取相应的措施。同时，高校与社会各界的合作也能够为学生提供更多的实践机会和资源支持，帮助他们更好地融入社会、增强社会责任感。

（四）学校教育对大学生德育的影响持久

学校教育对大学生德育的影响是持久而深远的，这是无法否认的事实。大学生在校园中接受的教育和熏陶，不仅在短期内影响着他们的道德观念和行为习惯，更在长期内塑造着他们的世界观、人生观和价值观。

学校教育是大学生德育的重要载体。在大学校园中，学生接受的各种课程、活动、实践等都是德育的组成部分。通过课堂上的理论教学、实践中的亲身经历，以及各种活动的参与，学生可以逐步形成正确的道德观念和行为习惯。这种教育过程不仅有助于学生在短时间内掌握知识，长期更能够塑造他们的道德品质和行为规范。

学校教育注重德育工作的长期性和系统性。大学校园中的德育工作不是一蹴而就的，需要长期的积累和坚持。高校应该注重德育工作的长期性和系统性，不断探索和创新德育方式和方法，提高德育效果和质量。例如，高校可以开展各种形式的德育活动，如讲座、研讨会、实践活动等，让学生在参与中体验和领悟道德观念和行为规范的重要性。同时，高校还应该注重学生的心理健康和情感教育，帮助学生建立正确的情感态度和价值观。

学校教育应该注重培养学生的自主意识和自我管理能力。在德育教育中，学生应该成为主体，而不是被动的接受者。高校应该注重培养学生的自主意识和自我管理能力，让他们能够独立思考、自主决策、自我管理，从而更好地实现德育教育的目标。

（五）加强德育工作是高校的重要任务之一

加强德育工作是高校的重要任务之一，这一观点已经被越来越多的教育工作者所认同。在高校中，德育工作不仅仅是教学任务的一部分，更是塑造学生品德、引导学生树立正确价值观和人生观的重要途径。

高校应该将德育工作放在重要的位置上，将其纳入到整个教育教学体系中，并确保德育课程的设置和实施得到足够的重视和支持。在课程设计和教学实践中，高校应该注重培养学生的道德品质和行为习惯，通过多种形式的教学活动，引导学生树立正确的价值观和人生观。

高校应该加强与家庭、社会等各方面的合作，共同促进大学生的德育发展。家庭是学生的第一课堂，家长应该与学校保持密切联系，共同关注学生的成长和发展。同时，社会环境对学生的德育发展也具有重要影响，高校应该积极寻求与社会的合作，共同营造良好的德育环境。

高校应该加强对德育工作的监督和评估。德育工作是一个长期的过程，需要不断地总结和反思。高校应该建立完善的德育工作评估机制，定期对德育工作进行评估和反馈，及时发现问题和不足，以便及时改进和完善德育工作。

学校教育对大学生的德育具有重要影响，高校应该通过各种方式和方法，激发学生的学习积极性和主动性，鼓励学生主动参与德育活动，提高学生的自我教育和自我管理能力。

二、教师对大学生德育的引导作用

（一）教师是大学生德育的重要引导者

教师是大学生德育的重要引导者，对于大学生的德育效果具有重要影响。教师在教学过程中不仅要传授知识，更要注重培养学生的道德品质和行为习惯。

（二）教师的师德师风是学生的榜样

教师是学生学习的榜样，教师的言行举止对学生具有潜移默化的影响。因此，教师应该注重自身的品德修养，做到言行一致、表里如一，为学生树立良好的榜样。一个具有良好师德师风的教师，能够赢得学生的尊重和信任，同时也能够引导学生形成正确的道德观念和行为习惯。

（三）注重培养学生的道德观念和价值观念

在教学过程中，教师应该注重挖掘教材中的德育元素，引导学生树立正确的道德观念和价值观念。同时，教师还应该注重培养学生的思考能力和判断力，引导学生明辨是非、辨别善恶，增强学生的道德判断能力和选择能力。只有具备了正确的道德观念和价值观念，大学生才能更好地适应社会，做出正确的道德选择。

（四）关注学生的情感需求和成长困惑

教师应该尊重学生、关心学生、理解学生，关注学生的情感需求和成长困惑，及时给予指导和帮助。通过与学生的沟通交流，教师可以更好地了解学生的思想动态和行为表现，从而更好地引导学生的德育发展。在德育过程中，情感教育也是非常重要的一环。教师应该关注学生的情感变化，给予他们足够的关心和支持，帮助他们克服成长过程中的困难和挑战。

（五）与家长密切配合，共同促进学生的德育发展

教师还应该与家长密切配合，共同促进学生的德育发展。教师应该与家长保持沟通交流，了解学生在家庭中的表现和行为习惯，共同探讨德育的方法和策略。同时，教师还应该向家长传递正确的教育理念和方法，帮助家长更好地引导学生的德育发展。家庭是学生的第一课堂，家长的教育方式和行为习惯对学生的德育发展具有重要影响。因此，与家长密切配合，共同促进学生的德育发展是教师的重要职责之一。

三、校园文化对大学生德育的熏陶

（一）校园环境对大学生德育的熏陶

校园环境是校园文化的重要组成部分，它通过物质形态和环境氛围对大学生产生潜移默化的影响。整洁美观、安全有序的校园环境能够营造出一种积极向上的氛围，有利于培养大学生良好的道德品质和行为习惯。同时，高校应该注重校园文化建设，通过宣传栏、标语牌等多种形式，营造良好的文化氛围，引导学生树立正确的道德观念和价值观念。

（二）校园活动对大学生德育的熏陶

校园活动是校园文化的重要载体，通过开展各种形式的校园文化活动，如文艺演出、体育比赛、学术讲座等，可以丰富学生的课余生活，增强学生的文化素养和审美能力。这些活动不仅可以培养学生的兴趣爱好和特长，还可以让学生在活动中体验和领悟道德价值，增强学生的道德意识和责任感。此外，高校应该注重将德育融入校园活动中，通过组织志愿者服务、社会实践等活动，培养学生的社会责任感和奉献精神。

（三）课堂教育对大学生德育的熏陶

课堂教育是大学生德育的主渠道，教师应该在传授知识的同时，注重培养学生的道德品质和价值观。教师应该以身作则，注重师德师风建设，树立良好的榜样形象，引导学生树立正确的道德观念和价值观念。此外，高校还应该加强德育课程建设，通过开设思想政治理论课、道德修养课等课程，提高学生的道德素质和法律意识。

（四）制度文化对大学生德育的熏陶

制度文化是校园文化的重要组成部分，它通过规范学生的行为和校园秩序，对学生的道德品质和行为习惯产生影响。高校应该建立健全的各项规章制度，规范学生的行为，维护校园秩序。同时，高校还应该注重加强学生管理，通过制订学生行为准则、纪律处分等制度，培养学生的纪律意识和法制观念。

（五）和谐氛围对大学生德育的熏陶

和谐氛围是校园文化的重要组成部分，它通过营造良好的人际氛围和校园氛围，对学生的道德品质和心理健康产生积极的影响。高校应该注重营造良好的学术氛围、人际氛围、和谐氛围等，让学生感受到高校的温暖和关怀。同时，高校还应该关注学生的心理健康问题，通过开展心理健康教育、心理咨询等活动，帮助学生解决心理困惑和问题，增强学生的心理素质和应对能力。

第三节　社会在大学生德育中的责任和作用

一、社会环境对大学生德育的影响

（一）社会风气和价值观对大学生德育的影响

社会风气和价值观是影响大学生德育的重要因素。随着社会的发展，人们的生活方式和价值观念也在不断变化，这些变化可能会对大学生的德育产生影响。例如，一些不良的社会风气和价值观可能会对大学生的道德观念产生负面影响，而一些积极的社会风气和价值观则可能会对大学生的道德观念产生积极的影响。因此，社会应该倡导积极向上的价值观和风气，树立正确的道德观念，引导大学生树立正确的道德观念。

（二）文化氛围对大学生德育的影响

文化氛围包括文化传统、文化氛围、文化符号等，它们可以塑造大学生的价值观和道德观念。一些传统文化中的道德观念可能会对大学生的德育产生积极的影响，而一些不良的文化氛围和符号则可能会对大学生的德育产生负面影响。因此，高校应该注重文化氛围的营造，通过举办各种文化活动、讲座等方式，引导大学生树立正确的道德观念。

（三）教育资源对大学生德育的影响

教育资源包括教育政策、教育设施、教育师资等，它们可以影响大学生接受德育的机会和质量。如果社会提供更多的德育机会和更好的德育设施，那么大学生的德育水平可能会得到提高；反之，如果社会缺乏足够的德育资源和设施，那么大学生的德育水平可能会受到影响。因此，社会应该加大对德育的投入，提供更多的德育机会和更好的德育设施，以提高大学生的德育水平。

（四）媒体环境对大学生德育的影响

媒体环境是影响大学生德育的重要因素之一。媒体是传播信息的重要渠道，它不仅传播新闻和信息，还传播价值观念和文化理念。一些不良的媒体环境可能会对大学生的德育产生负面影响，而一些积极的媒体环境则可能会对大学生的德育产生积极的影响。因此，高校应该加强对媒体环境的监管和管理，引导大学生正确看待媒体信息，树立正确的道德观念。

（五）网络环境对大学生德育的影响

网络环境是影响大学生德育的新因素。随着互联网的普及和发展，网络已经成为人们获取信息、交流思想的重要渠道。网络环境中的信息良莠不齐，一些不良的网络信息可能会对大学生的德育产生负面影响。因此，高校应该加强对网络环境的监管和管理，引导大学生正确看待网络信息，树立正确的道德观念。同时，高校还应该加强对大学生的网络安全教育，提高他们的网络安全意识和防范能力。

二、社会组织对大学生德育的支持

（一）社会组织可以为大学生提供德育的机会和资源

大学生德育是一个持续的过程，需要不断的实践和体验。社会组织可以提供各种形式的德育活动，如讲座、研讨会、志愿服务等，这些活动不仅可以增强大学生的道德意识和责任感，还可以提供德育方面的书籍、资料和课程，丰富大学生的德育知识，提高他们的德育水平。

例如，一些社会组织可以组织道德讲座，邀请专家学者讲解道德理论和实践，帮助大学生了解道德的本质和意义，增强他们的道德观念和责任感。此外，社会组织还可以提供德育方面的资料和课程，如道德故事、道德案例分析等，帮助大学生深入了解道德问题，提高他们的道德判断能力和道德修养。

（二）社会组织可以为大学生提供心理支持和帮助

大学生在大学阶段面临着许多心理压力和挑战，如学业压力、人际关系压力、就业压力等。这些压力和挑战可能会影响大学生的心理健康和行为表现。社会组织可以提供心理咨询服务和心理支持服务，帮助大学生解决心理问题，增强他们的心理素质和道德素质。

社会组织可以建立心理辅导机制，定期为大学生提供心理健康教育和辅导服务。同时，社会组织也可以组织各种形式的团体活动和交流活动，如团队建设、心理咨询沙龙等，增强大学生的团队精神和社交能力，同时也可以帮助大学生缓解心理压力和困惑。

（三）社会组织可以为大学生提供实践机会

大学生在大学阶段需要更多的实践机会来锻炼自己的能力和素质。社会组织可以组织各种形式的实践活动，如志愿服务、社会调查等，这些活动可以让大学生更好地了解社会和他人，增强他们的社会责任感和道德意识。

志愿服务是社会组织为大学生提供实践机会的重要方式之一。社会组织可以组织大学生参加各种形式的志愿服务活动，如环保活动、扶贫活动、慈善义工等，这些活动可以让大学生亲身参与社会公益事业，增强他们的社会责任感和公民意识。同时，社会调查也是社会组织为大学生提供实践机会的重要方式之一。通过社会调查，大学生可以了解社会现状和问题，增强他们的社会认知能力和问题解决能力。

（四）加强高校与社会的联系

高校是培养人才的重要场所，但仅仅依靠高校的力量来培养大学生的德育是不够的。因此，高校应该加强与社会组织的联系和合作，共同为大学生的德育提供支持和帮助。高校可以与社会组织合作开展各种形式的德育活动和教育项目，如志愿者服务、社会实践、道德讲座等。这些活动不仅可以丰富大学生的德育体验和实践能力，还可以增强大学生的社会责任感和公民意识。

同时，高校还可以与社会组织共同制订德育标准和规范，共同推动大学生的德育工作。高校应该积极与社会组织沟通交流，了解社会对大学生的期望和要求，共同制订符合社会需求的德育标准和规范，促进大学生的全面发展。

（五）培养大学生的自主意识和自我管理能力

大学生德育的最终目标是培养具有自主意识和自我管理能力的公民。因此，高校和社会组织应该注重培养大学生的自主意识和自我管理能力。首先，高校和社会组织应该为大学生提供自我表达和参与决策的机会，鼓励他们发表自己的意见和建议。其次，高校和社会组织应该注重培养大学生的自我管理能力，如时间管理、情绪管理、学习管理等方面的能力。通过这些方式，大学生可以更好地认识自己、发展自己、实现自己的人生价值。

三、社会媒体对大学生德育的引导作用

（一）提供德育信息

随着互联网的发展，社会媒体已经成为大学生生活中不可或缺的一部分。社会媒体对大学生德育的引导作用首先体现在提供德育信息方面。通过社交媒体，大学生可以接触到各种道德观念、价值观和行为规范，这些信息对于大学生形成正确的道德观念和行为方式具有重要的作用。例如，社交媒体上经常出现的慈善活动、志愿者服务、环保行动等信息，都可以传递出关爱他人、关注社会、保护环境等积极的观念，这些信息可以帮助大学生树立正确的道德观念和行为规范。

（二）塑造道德观念

社交媒体可以对大学生的道德观念产生影响，这种影响既有积极的一面，也有消极的一面。如果社交媒体上出现不良的观念和行为方式，那么它们可能会对大学生的道德观念产生负面影响，导致大学生出现价值观扭曲等问题。反之，如果社交媒体上出现积极的道德观念和行为方式，那么它们可能会对大学生的道德观念产生积极的影响，帮助大学生树立正确的道德观念和行为规范。因此，大学生应该保持警惕，理性看待社交媒体上的信息，避免受到不良信息的干扰和影响。

（三）促进交流互动

社交媒体为大学生提供了一个交流互动的平台，通过社交媒体，大学生可以分享自己的想法、观点和经验，也可以了解他人的想法、观点和经验。这种交流互动可以促进大学生之间的相互理解和尊重，增强他们的社会责任感和公共意识，同时也能够提高他们的语言表达能力和沟通技巧。因此，社交媒体对于大学生德育的引导作用还体现在促进交流互动方面。

（四）推动自我反思

社交媒体还可以帮助大学生进行自我反思。通过社交媒体，大学生可以了解他人的

观点和经验，从而反思自己的行为和思想，发现自己的不足之处，并寻求改进的方法。这种自我反思可以促进大学生的自我成长和发展，帮助他们树立正确的道德观念和行为规范。因此，社交媒体对于大学生德育的引导作用还体现在推动自我反思方面。

（五）提供多元视角

社交媒体提供了多元化的视角和观点，可以帮助大学生拓宽视野，增强对不同文化和价值观的理解和包容。通过社交媒体，大学生可以了解到不同国家和地区的人们的思想观念、生活方式和文化传统，从而增强自己的文化意识和跨文化交流能力。这种多元视角可以帮助大学生更好地适应社会变化和发展，增强他们的社会适应能力和竞争力。因此，社交媒体对于大学生德育的引导作用还体现在能够提供多元视角方面。

第十一章　辅导员在大学生德育中的作用与角色定位

第一节　辅导员在大学生德育中的地位与作用

一、辅导员的定义

辅导员在大学教育中扮演着至关重要的角色。他们不仅是学生的导师，也是学生的良师益友，是学生在大学学习生活中的重要支持者。他们的职责涵盖了德育、生活、学习、职业规划等多个方面，旨在帮助学生解决各种问题，引导他们健康成长。

辅导员通常具有丰富的教育经验和专业知识，他们熟悉大学的教学体系和规章制度，了解学生的学习需求和心理状态。他们不仅关注学生的学术成绩，更注重学生的全面发展，包括对品德、社交、情感、职业素养等方面的培养。因此，辅导员的角色不仅仅是教师，更是学生成长过程中的引导者和支持者。

在学生的日常生活中，辅导员扮演着重要的角色。他们关心学生的生活状况，关注学生的心理健康，及时发现和解决学生的生活问题。他们鼓励学生积极参与校园文化活动和社会实践，培养学生的社交能力和团队协作精神。此外，辅导员还负责学生的安全和纪律问题，确保学生在校园内安全、健康地学习和生活。

在学习方面，辅导员为学生提供个性化的指导，帮助学生制订学习计划、选择课程、解决学习难题。他们鼓励学生积极参与课堂讨论和课外研究，培养学生的自主学习能力和创新精神。同时，辅导员还关注学生的职业规划和发展，为学生提供就业指导、实习机会和职业咨询等服务。

二、辅导员在德育中的重要性

（一）引导学生树立正确的、世界观人生观和价值观

辅导员在德育中扮演着重要的角色，他们与学生的面对面交流可以帮助学生们树立正确的世界观、人生观和价值观。通过积极向上的教育，辅导员可以引导学生们正确看

待社会、人生和未来，树立正确的价值观念，从而使学生更好地适应社会的发展和变化。

（二）培养学生良好的道德品质和公民素质

辅导员通过与学生交流，可以了解学生的思想动态和行为表现，及时发现和纠正学生的不良行为和习惯，培养他们良好的道德品质和公民素质。同时，辅导员还可以通过组织各种德育活动，引导学生积极参与活动，提高学生的道德修养和自律能力。

（三）关注学生的心理健康和成长发展

辅导员作为学生们的良师益友，应该关注学生的心理健康和成长发展。他们应该关注学生的情感状态，帮助学生解决情感问题，引导他们积极面对生活和学习的挑战。同时，辅导员还应该鼓励学生积极参与各种社会实践和社团活动，培养学生的综合素质和人际交往能力。

（四）组织各种德育活动，提高学生的道德修养

辅导员可以通过组织各种德育活动，引导学生积极参与，提高学生的道德修养和自律能力。这些活动可以包括志愿者服务、文化节、演讲比赛、社团活动等等。通过这些活动，学生们可以更好地了解社会、了解自己，培养他们的社会责任感和公民意识。

（五）建立良好的师生关系，促进学生的全面发展

辅导员应该与学生建立良好的师生关系，关注学生的全面发展。他们应该尊重学生的人格尊严和个人隐私，倾听学生的心声，关心学生的生活和学习情况。同时，辅导员还应该积极鼓励学生参与各种校园文化活动和社会实践活动，培养学生的综合素质和能力。

三、辅导员与学生之间的信任关系

（一）信任关系的建立

辅导员与学生之间的信任关系是建立在相互尊重、理解和支持的基础上的。辅导员应该以积极的态度、开放的心态与学生建立良好的沟通渠道，了解学生的需求和问题，尊重学生的个性差异，关注学生的成长需求。在信任关系建立的过程中，辅导员需要保持公正、公平、客观的态度，避免出现偏见和歧视的情况。

（二）尊重学生

辅导员应该尊重学生的个性差异，尊重学生的自主权和隐私权，不轻易侵犯学生的个人空间。在与学生交流时，辅导员应该采取平等、尊重的态度，避免使用过于严厉或批评性的语言，采用鼓励、支持和引导的方式，引导学生自主思考和解决问题。

（三）关注学生成长

辅导员应该关注学生的成长需求，包括学习、生活、心理健康等方面。辅导员应该及时了解学生的学习进展和困难，给予积极的反馈和指导，帮助学生更好地适应大学的学习和生活环境。同时，辅导员还应该关注学生的心理健康状况，及时发现和解决学生的心理问题，为学生提供必要的支持和帮助。

（四）倾听学生心声

辅导员应该倾听学生的心声，了解学生的想法和需求，积极回应学生的问题。在与学生交流时，辅导员应该耐心倾听学生的意见和建议，尊重学生的观点，并给予积极的反馈和指导。这种倾听和理解可以增强学生的信任感和归属感，有助于建立良好的师生关系。

（五）积极反馈和指导

辅导员应该给予学生积极的反馈和指导，鼓励学生积极向上、追求卓越。在与学生交流时，辅导员应该给予建设性的意见和建议，帮助学生改进自己的不足之处，促进学生更好地发展。同时，辅导员还应该给予学生充分的信任和支持，鼓励学生自主探索和尝试，培养他们的创新精神。

四、辅导员在促进学生心理健康和职业规划中的作用

（一）促进学生的心理健康

辅导员在促进学生心理健康方面扮演着重要的角色。他们通过开展心理健康教育，帮助学生了解心理健康的重要性，提高他们的心理素质和适应能力。辅导员可以定期组织心理健康讲座、小组讨论、心理辅导等活动，帮助学生认识自己的情绪和行为、学会应对压力和挫折的方法、增强自我调节和自我控制的能力。

（二）提供心理咨询和支持

辅导员可以为学生提供心理咨询和支持，帮助他们解决各种心理问题。他们可以倾听学生的烦恼和困惑，提供积极的建议和帮助，帮助学生克服心理障碍，增强自信心和自尊心。辅导员还可以建立学生之间的互助关系，鼓励学生相互支持和帮助，共同成长。

（三）促进学生职业规划

辅导员还可以为学生提供职业规划和就业指导，帮助他们明确职业目标和发展方向。他们可以通过与学生交流，了解学生的兴趣、特长和职业倾向，提供职业测评和职业咨询，帮助学生制订职业规划，提供就业信息和就业指导，帮助学生找到适合自己的工作机会。

（四）加强与家长的沟通

辅导员还可以加强与家长的沟通，共同关注学生的心理健康和职业规划。他们可以定期与家长联系，了解学生的家庭背景、成长环境和个性特点，共同探讨学生的发展问题。通过与家长的沟通，辅导员可以更好地了解学生的需求和问题，与家长共同制订解决方案，帮助学生更好地成长和发展。

（五）营造良好的校园氛围

辅导员还可以通过营造良好的校园氛围，促进学生的心理健康和职业规划。他们可以组织各种校园文化活动、社团活动、讲座和培训等，丰富学生的校园生活，增强学生的归属感和自信心。同时，辅导员还可以关注学生的心理健康状况，及时发现和解决学生的心理问题，为学生提供必要的支持和帮助。

第二节　辅导员与学生互动的技巧与方法

一、建立良好的沟通渠道

建立良好的沟通渠道是辅导员与学生互动的基础。辅导员可以通过以下方式与学生建立沟通渠道。

（一）建立班级微信群、QQ 群等社交媒体平台

建立班级微信群或 QQ 群是班级管理中的一项重要举措，它可以为辅导员与学生之间建立更加紧密的联系，增强班级凝聚力，同时也可以提高学生的学习积极性和参与度。

1. 方便即时沟通

通过微信群或 QQ 群，辅导员可以随时随地与学生进行沟通，解答学生的问题，了解学生的学习和生活情况。这种方式可以极大地提高沟通效率，缩短回复时间，增强师生之间的互动和交流。

2. 及时解决问题

学生在学习或生活中遇到困难时，可以通过微信群或 QQ 群向辅导员寻求帮助。辅导员可以及时给予学生帮助和建议，帮助学生解决问题，增强学生的自信心和成就感。

3. 增强班级凝聚力

通过微信群或 QQ 群，学生可以更加方便地交流和分享学习经验、心得，分享班级活动和成果，以增强班级的凝聚力和归属感。这有助于培养学生的团队精神和合作意识。

4. 及时了解学生动态

通过社交媒体平台，辅导员可以及时了解学生的动态，发现潜在的问题，并及时采取相应的措施。例如，如果发现某个学生在学习上遇到了困难，辅导员可以及时给予帮助和支持；如果发现某个学生情绪低落或者有心理问题，辅导员可以及时关注并给予关心和帮助。

5. 提高学生的学习积极性和参与度

通过微信群或QQ群，学生可以更加方便地参与班级活动和讨论，发表自己的观点和意见，增强学生的参与感和自信心。这有助于激发学生的学习兴趣和积极性，提高学生的综合素质和能力。

6. 促进家校合作

通过微信群或QQ群，家长也可以更加方便地与辅导员进行沟通和交流，了解学生的学习和生活情况，参与班级活动和决策，促进家校合作和学生全面发展。

（二）定期组织面对面交流活动

定期组织面对面交流活动是非常有意义的，它有助于辅导员与学生建立更紧密的联系，增强彼此之间的沟通和理解。以下是该活动的一些潜在优点。

1. 直接沟通

面对面交流提供了更直接的沟通方式，学生可以更直接地表达自己的想法和感受。通过面对面的对话，学生可以避免在文字交流中可能产生的误解，辅导员也可以更好地理解学生的真实需求和感受。

2. 了解学生的学习和生活情况

通过定期的面对面交流活动，辅导员可以更好地了解学生的学业和生活情况。这有助于他们更全面地了解学生的需求，并为学生提供更具针对性的支持和指导。

3. 建立信任关系

面对面交流有助于建立辅导员与学生之间的信任关系。通过定期的互动和沟通，学生可以看到辅导员的关心和支持，这有助于增强学生对辅导员的信任感和尊重。

4. 提供个性化支持

通过面对面交流，辅导员可以更好地了解学生的个人情况和需求，从而提供更具个性化的支持和指导。这种个性化的支持可以帮助学生更好地应对学业和生活上的挑战，增强学生的学习动力和自信心。

5. 增强团队协作

定期的面对面交流活动还可以增强班级内部的团队协作精神。通过集体讨论和互动，学生可以更好地了解彼此的想法和感受，增进班级内部的团结和友谊。

6. 发现问题并解决问题

面对面交流活动还可以帮助辅导员及时发现问题并解决问题。通过直接沟通，辅导员可以了解学生的学习和生活情况，并及时给予支持和帮助，避免问题进一步恶化。

7. 促进情感交流

除了信息交流外，面对面交流还可以促进情感交流。通过与辅导员的面对面交流，学生可以更好地表达自己的情感和感受，辅导员也可以更好地理解学生的内心世界，从而提供更有效的支持和指导。

（三）设立专门的咨询邮箱或电话

1. 方便学生随时向辅导员咨询问题

学生可以通过电子邮件或电话随时向辅导员咨询问题，不受时间和地点的限制。这种方式可以让学生有更多的机会与辅导员交流，避免面对面交流时的尴尬和紧张。

2. 避免面对面交流时的尴尬和紧张

有些学生可能担心与辅导员面对面交流时的尴尬和紧张，而通过电子邮件或电话交流可以避免这种情况。这种方式可以让学生更加放松，更好地表达自己的问题和需求。

3. 给予学生及时和专业的回答

辅导员可以通过邮件或电话回复学生的问题，给予学生及时和专业的回答。这种方式可以让学生更加信任和依赖辅导员，有助于建立良好的师生关系。

4. 更好地了解学生的需求和问题

通过邮件或电话交流，辅导员可以更好地了解学生的需求和问题，了解学生的学习情况、生活状况、心理状态等。这为后续的沟通和互动提供了更好的基础，有助于更好地帮助学生解决问题。

5. 便于沟通和互动

设立专门的咨询邮箱或电话，可以方便辅导员与学生之间的沟通和互动。学生可以通过邮件或电话随时向辅导员反馈自己的意见和建议，辅导员也可以通过邮件或电话与学生进行交流和讨论。这种方式可以促进师生之间的互动和交流，增强师生之间的信任和理解。

6. 提高工作效率和质量

设立专门的咨询邮箱或电话，可以让辅导员更加专注于学生的咨询问题，提高工作效率和质量。同时，通过邮件或电话交流，辅导员可以更加清晰地表达自己的意见和建议，提供更加准确和专业的回答。

二、倾听学生的需求和问题

辅导员在与学生互动时，应该倾听学生的需求和问题，了解学生的想法和困惑。倾听时应该注意以下几点。

（一）认真倾听学生的表述，不要打断或批评学生的意见

在教育工作中，辅导员与学生之间的互动是非常重要的。为了更好地了解学生的需求和想法，辅导员需要认真倾听学生的表述，尊重学生的意见，并避免打断或批评他们。

1. 尊重学生的表达权

倾听学生的表述是尊重学生表达权的表现。每个人都有表达自己想法和意见的权利，辅导员应该给予学生充分的表达空间，不要随意打断或批评他们的意见。这样能够让学生感受到被尊重和理解，从而更加信任和认可辅导员。

2. 获取学生的信任和认可

认真倾听学生的表述能够让学生感受到辅导员的关注和关心。当学生感到被重视和理解时，他们更愿意向辅导员敞开心扉，表达更多的想法和需求。这样能够让辅导员更好地了解学生的情况，提供更好的指导和帮助。同时，学生也会更加认可辅导员的工作，愿意配合辅导员的工作。

3. 避免主观性和武断性的语言

辅导员应该避免使用主观性、武断性的语言来表达自己的意见。这些语言可能会让学生产生抵触情绪或误会，不利于建立良好的师生关系。相反，辅导员应该用客观、中立的语言来表达自己的观点和建议，同时，也要尊重学生的想法和意见。这样能够让学生更加信任和认可辅导员，同时也能够促进双方的沟通和交流。

4. 促进双方的沟通和交流

认真倾听学生的表述能够促进双方的沟通和交流。通过倾听学生的表述，辅导员能够更好地了解学生的情况、需求和想法，从而提供更好的指导和帮助。同时，学生也能够感受到辅导员的关注和关心，愿意与辅导员分享更多的信息和想法。这样能够建立起更加紧密的师生关系，促进双方共同成长和发展。

（二）尊重学生的隐私和个性，不要过度干预学生的私人生活

1. 尊重隐私和个性

每个学生都是一个独特的个体，有自己的隐私和个人空间。尊重他们的隐私，意味着不要过度打听或侵犯他们的私人生活。尊重个性，则意味着要理解并接受每个学生都有自己的特点和兴趣，不应以统一的标准去评判他们。

2. 不过度干预私人生活

在与学生互动时，辅导员应该保持适当的距离，不过度干预学生的私人生活。过度干预可能会引起学生的反感和抵触，甚至可能破坏师生关系。适度的参与和引导、适当的建议和支持，可以帮助学生更好地应对生活中的挑战。

3. 给予引导和建议

当学生遇到问题或困惑时，辅导员应该给予适当的引导和建议，帮助他们找到解决问题的方法。但要注意，这些建议应该是基于对学生实际情况的理解和尊重，而不是强制性的要求。

4. 增强信任度

尊重学生的隐私和个性，不过度干预私人生活，可以增强学生对辅导员的信任度。学生更愿意向信任的人敞开心扉，分享自己的想法和感受。这有助于辅导员更好地了解学生的需求，提供更具有针对性的帮助和支持。

5. 鼓励自我表达

鼓励学生表达自己的想法和感受，有助于培养他们的个性和创造力。辅导员应该提供安全、开放的环境，让学生自由地表达自己的观点和情感。

6. 促进和谐关系

尊重学生的隐私和个性，有助于建立和谐的师生关系。这将使学生感到被尊重和理解，进而更加尊重和信任辅导员。这将使辅导员更具影响力，更容易获得学生的支持和配合。

（三）关注学生的情绪和感受，及时给予关心和支持

作为一名辅导员，关注学生的情绪和感受并给予及时的关心和支持是非常重要的。

1. 建立信任关系

学生的情绪和感受是他们内心深处最真实的反应，辅导员只有真正关心他们，才能建立信任关系。当学生感受到辅导员的关心和支持时，他们会更愿意向辅导员倾诉自己的问题和困惑，从而有助于更好地了解学生的需求和问题。

2. 及时发现问题

关注学生的情绪和感受可以帮助辅导员及时发现问题，并及时采取措施解决问题。当学生遇到困难或挫折时，辅导员的积极鼓励和引导可以帮助学生找到解决问题的方法和途径。同时，辅导员也应该关注学生的心理健康和成长，及时给予支持和帮助，避免问题进一步恶化。

3. 增强学生的自信心

当学生感受到辅导员的关心和支持时，他们会感到更加自信和有安全感。这种积极的情绪状态可以激励学生更加积极地面对学习和生活中的挑战，从而有助于提高他们的学习效率和自我成长。

4. 提高学生的学习动力

辅导员的关心和支持可以增强学生的学习动力。当学生感受到自己在辅导员的关注下不断进步时，他们会更加努力地学习，追求更好的成绩和表现。这种积极的学习态度可以帮助学生更好地适应学习和生活环境，提高他们的综合素质和能力。

5. 促进学生的个人成长

关注学生的情绪和感受是促进学生个人成长的重要途径之一。辅导员可以通过与学生交流和互动，了解他们的兴趣爱好、价值观和人生目标，从而更好地引导他们实现自己的梦想和追求。同时，辅导员还可以提供一些有益的建议和指导，帮助学生更好地规划自己的未来和发展方向。

三、给予学生支持和指导

辅导员应该给予学生支持和指导，帮助学生解决学习和生活中的问题。具体可以采取以下措施。

（一）提供学习资源

辅导员可以为学生提供各种学习资源，包括图书馆、网络资源等，以帮助学生更好地学习。具体可以采取以下措施。

1. 帮助学生在图书馆找到合适的学习资料和参考书，为学生提供个性化的推荐

辅导员可以与图书馆工作人员建立联系，了解图书馆的资源情况，并为学生提供合适的学习资料和参考书。此外，辅导员还可以根据学生的专业、兴趣和需求，提供个性化的推荐，帮助学生更好地选择适合自己的学习资料。

2. 提供在线学习资源，如慕课（MOOCs）、在线课程、电子书等，以方便学生随时随地学习

随着互联网技术的发展，在线学习资源越来越丰富。辅导员可以为学生提供各种在线学习资源，如MOOCs、在线课程、电子书等，方便学生在任何时间、任何地点进行学习。同时，辅导员还可以鼓励学生利用网络平台进行自主学习，提高学生的学习效率和自主性。

3. 协助学生制订学习计划、明确目标，引导学生制订合理的学习方法，提高学习效率

辅导员可以与学生进行沟通，了解学生的学习情况和需求，帮助学生制订合理的学习计划、明确目标。同时，辅导员可以引导学生制订合理的学习方法，如采用不同的学习方式、合理安排时间等，以提高学习效率。此外，辅导员还可以为学生提供一些学习技巧和经验，帮助学生更好地掌握知识和技能。

（二）提供生活指导

辅导员可以为学生提供生活指导，包括宿舍管理、饮食健康等，以帮助学生更好地适应大学生活。具体可以采取以下措施。

1. 协助学生安排宿舍生活，指导学生如何与室友相处，解决宿舍内的问题

作为一名宿舍管理员，职责是为学生提供帮助和支持，使他们能够愉快地生活在宿舍环境中。

（1）宿舍布局和安排：辅导员应确保宿舍布局合理，便于学生活动和交流，合理分配床位和空间，以避免空间拥挤和冲突。

（2）建立沟通渠道：辅导员应鼓励学生与室友建立良好的关系，并建立有效的沟通渠道，可以通过组织座谈会、交流会等活动，促进室友之间的了解和互动。

（3）解决冲突和问题：如果宿舍内出现冲突或问题，辅导员不要忽视或回避，应积极介入，寻求解决方案，可以组织学生共同讨论，寻求共识，或者寻求外部帮助（如宿舍管理员、辅导员等）。

2. 提供健康饮食建议，帮助学生养成良好的饮食习惯，保持身体健康

为了保持身体健康，良好的饮食习惯至关重要。以下是一些建议。

（1）制订饮食计划：辅导员应与学生一起制订健康的饮食计划，计划内容包括早餐、午餐和晚餐的食物选择和分量，确保食物营养均衡，包含足够的蛋白质、碳水化合物、脂肪、维生素和矿物质。

（2）鼓励选择健康食品：鼓励学生选择新鲜、天然、无添加剂的食品。尽量避免加工食品和高糖、高盐、高脂肪的食物。

（3）定期运动和健康饮食相结合：除了饮食，辅导员应鼓励学生参与适当的运动，如慢跑、散步、健身等。运动有助于消耗能量，保持身体健康。

3. 协助学生处理生活中的突发事件，如家庭紧急情况、生病等，提供必要的帮助和支持

在学生遇到突发事件时，辅导员应提供及时的帮助和支持非常重要。以下是一些可能的应对策略。

（1）建立紧急联系网络：与学生建立良好的关系，了解他们的家庭状况和紧急联系人信息。学生应与辅导员、医疗保健提供者和其他相关人员保持联系，以便在需要时获得支持。

（2）关注学生的健康状况：定期与学生交流，了解他们的健康状况和日常生活情况。如果学生生病或遇到其他紧急情况，提供必要的支持和帮助。

（3）提供心理支持：在突发事件发生时，辅导员应鼓励学生寻求心理支持，这是很重要的。辅导员应提供心理咨询或寻求专业心理医生的帮助，以应对学生可能出现的心理压力和焦虑情绪。

（三）提供就业指导

辅导员可以为学生提供就业指导，包括职业规划、面试技巧等，以帮助学生更好地规划自己的职业生涯。具体可以采取以下措施。

1. 帮助学生了解职业规划的重要性，引导学生制订适合自己的职业规划

辅导员可以通过多种方式帮助学生了解职业规划的重要性：首先，可以组织一些讲座或研讨会，让学生了解职业规划的基本概念和步骤；其次，可以与学生进行一对一的交流，了解他们的兴趣爱好、专业背景和职业目标，帮助他们制订适合自己的职业规划。此外，辅导员还可以提供一些实用的工具和资源，如职业规划问卷、职业咨询等，帮助学生更好地了解自己的职业兴趣和潜力。

2. 提供面试技巧和职业发展建议，帮助学生提高面试成功率，增加就业机会

面试是求职过程中非常重要的一环，因此，辅导员应提供一些面试技巧和职业发展建议，帮助学生提高面试成功率。这些技巧和建议包括：准备面试、注意礼仪、展现自我、诚实回答问题、注意语言表达能力等。此外，辅导员还可以提供一些关于如何写简历、如何进行自我推销和如何处理负面反馈的建议，以帮助学生更好地准备面试和增加就业机会。

3. 协助学生建立人脉网络，鼓励学生参加校园招聘会和校外实习机会

建立人脉网络对于求职成功非常重要。辅导员可以协助学生建立人脉网络，鼓励学生参加校园招聘会，争取校外实习机会。在校园招聘会中，辅导员可以帮助学生了解各个公司的招聘需求和企业文化，以便学生能够更好地选择适合自己的工作机会。此外，辅导员还可以为学生提供一些校外实习机会的信息和建议，以帮助学生拓宽就业渠道。

4. 定期组织职业发展讲座和研讨会，邀请校友和行业专家为学生提供实际经验和工作建议

定期组织职业发展讲座和研讨会可以帮助学生在校期间积累更多的职业发展经验。辅导员可以邀请一些成功的校友或行业专家来为学生提供实际经验和工作建议。这些讲座和研讨会可以涉及不同的主题，如行业趋势、职场礼仪、团队合作、领导力等。通过与成功人士的交流，学生可以更好地了解职场环境和行业发展趋势，从而更好地规划自己的职业生涯。

四、培养学生的自我认知和思考能力

辅导员应该注重培养学生的自我认知和思考能力，帮助学生更好地认识自己、了解自己，同时培养他们的独立思考能力和解决问题的能力。具体可以采取以下措施。

（一）引导学生进行自我评估

辅导员可以通过多种方式引导学生进行自我评估，以帮助他们更好地认识自己、了解自己。

1. 定期组织个人反思会议

辅导员可以定期组织学生参加个人反思会议，引导学生思考自己的优点、缺点、兴趣爱好、目标、价值观等方面的问题，帮助学生深入了解自己的特点。这样的会议不仅有助于学生更好地认识自己，也有助于学生明确自己的发展方向，制订适合自己的学习计划和职业规划。

在会议中，辅导员可以引导学生分享自己的想法和感受，鼓励他们提出自己的问题和困惑，并给予适当的指导和建议。同时，辅导员也可以在会议中与学生互动，了解他们的兴趣爱好和价值观，从而更好地指导他们。

2. 提供个人测评工具

辅导员可以提供一些专业的个人测评工具，如职业性格测试、心理健康评估等，帮助学生更好地了解自己的特质和潜在的能力。这些测评工具可以帮助学生发现自己的优势和不足，帮助他们明确自己的职业发展方向，并为他们提供有针对性的建议和指导。

在提供测评工具时，辅导员应该选择一些权威、可靠的测评工具，以确保结果的准确性和有效性。同时，辅导员也应该为学生解释测评结果，帮助他们理解自己的特质和潜力，从而更好地发挥自己的优势。

3. 引导学生写个人成长日记

辅导员可以鼓励学生养成写个人成长日记的习惯，定期回顾自己的成长过程，思考

自己的优点和不足，从而更好地了解自己的发展潜力。写个人成长日记是一种非常有益的习惯，可以帮助学生们反思自己的成长过程，发现自己的优点和不足，并制订相应的改进计划。

在引导学生写个人成长日记时，辅导员应该给予学生必要的支持和指导，帮助他们养成良好的写作习惯。同时，辅导员也应该定期检查学生的日记，了解他们的成长过程和困惑，给予适当的建议和帮助。

（二）鼓励学生表达自己的想法和意见

辅导员应该鼓励学生表达自己的想法和意见，培养他们的思考能力。

1. 营造开放、包容的氛围

辅导员在与学生交流的过程中，应该营造一个开放、包容的氛围，鼓励学生自由表达自己的想法和意见，让他们感到被尊重和理解。这有助于减少学生的顾虑和压力，让他们更加放松地表达自己的观点。同时，辅导员应该尽量避免过于武断或强制性的言论，尊重学生的意见和想法，鼓励他们积极参与讨论和思考。

2. 提供表达的机会

辅导员可以通过多种方式为学生提供表达自己想法和意见的机会，包括组织各种形式的讨论、辩论、演讲等活动。这些活动可以帮助学生锻炼思考能力、口头表达能力、沟通技巧等。在活动中，辅导员应该给予学生足够的思考时间和表达空间，不要急于做出判断或评价，而是倾听他们的想法，给予适当的反馈和支持。

3. 引导深入思考

培养学生的思考能力需要引导他们深入思考问题。辅导员可以通过提问、启发、引导等方式来帮助学生深入思考。例如，辅导员可以提出一些具有挑战性的问题，引导学生进行深入分析和思考，也可以通过分享一些相关资料或案例，启发学生的思考，还可以引导学生进行反思和总结，帮助他们梳理思路和加深理解。

（三）引导学生学会分析问题和解决问题的方法

辅导员应该引导学生学会分析问题和解决问题的方法，培养他们的实践能力和创新精神。

1. 提供问题分析的指导

辅导员在引导学生分析问题时，可以提供一些典型的问题分析案例，帮助他们了解问题的一般性质和特点，并引导他们学分分析问题和解决问题。通过这些案例，学生可以逐渐掌握解决问题的一般步骤，如明确问题、收集信息、分析问题、提出解决方案等。同时，辅导员还可以引导学生思考问题背后的原因，以便更好地找到解决问题的关键点。

在引导学生分析问题时，辅导员还应该注重培养学生的逻辑思维能力和批判性思维。他们应该鼓励学生对问题进行深入思考和分析，并尝试从不同的角度和层面去理解和解决问题。此外，辅导员还可以通过小组讨论、案例分析等，鼓励学生相互交流和分享自己的想法和经验，以便更好地提高他们的思维能力和解决问题的能力。

2. 鼓励实践探索

实践是检验真理的唯一标准。辅导员应该鼓励学生尝试各种不同的解决问题的方法，引导他们不断尝试、探索和实践，培养他们的实践能力和创新精神。在实践中，学生可以不断发现新的问题、探索新的解决方案，并尝试将理论知识应用到实践中。

为了鼓励学生实践探索，辅导员可以为学生提供一些实际场景和案例，让他们在实际操作中学习和掌握解决问题的方法。同时，辅导员还可以引导学生参加各种实践活动和竞赛，如社会实践、创新创业比赛等，让他们在实践中锻炼自己的实践能力、创新精神和团队协作能力。

3. 反馈与调整

反馈是提高解决问题的效率和效果的关键。辅导员应该及时给予学生反馈和建议，帮助他们不断调整和完善自己的解决方案。在反馈过程中，辅导员应该注重客观、公正和准确，避免过于主观和片面。同时，辅导员还应该注重引导学生自我反思和自我调整，让他们学会从失败中吸取教训，不断改进自己的解决方案。

除了及时反馈外，辅导员还应该注重培养学生的自我反思和自我调整能力。他们可以引导学生思考自己在解决问题过程中的不足之处和需要改进的地方，并鼓励他们尝试不同的解决方案和方法，以便更好地提高自己的解决问题的能力。

五、及时反馈和调整互动方式

辅导员应该及时反馈互动情况，根据学生的反馈和自己的观察，及时调整互动方式和方法，以提高互动效果。具体可以采取以下措施。

（一）定期与学生交流互动情况，了解学生的反馈意见和建议

1. 定期与学生交流互动情况的重要性

辅导员与学生之间的交流互动是建立良好师生关系的关键。通过定期交流，辅导员可以更好地了解学生的需求和问题，及时调整自己的工作方式，提供更加有针对性的指导和服务。同时，学生也可以通过反馈意见和建议，表达自己的想法和需求，促进辅导员与学生之间的互动和沟通。

2. 交流互动的方式和方法

辅导员可以通过多种方式与学生进行交流互动，例如：面对面交流、电话交流、邮件交流、社交媒体等。在交流过程中，辅导员应当注意以下几点。

（1）尊重学生的隐私和权利，避免涉及学生的个人隐私和敏感信息。

（2）保持开放和尊重的态度，倾听学生的想法和意见，给予积极的反馈和建议。

（3）鼓励学生表达自己的需求和问题，并提供适当的支持和帮助。

（4）定期收集学生的反馈意见和建议，以便更好地了解学生的动态，调整自己的工作方式和方法。

3. 反馈意见和建议的收集和处理

在交流互动过程中，辅导员应当鼓励学生表达自己的想法和需求，并及时收集学生的反馈意见和建议。对于学生提出的意见和建议，辅导员应当认真考虑和分析，并采取适当的措施加以改进。

4. 如何调整工作方式和方法

根据学生的反馈意见和建议，辅导员应当及时调整自己的工作方式和方法，以满足学生的需求和提高教学质量，例如以下几种调整方法。

（1）调整课程安排和教学方式，以适应学生的学习风格和兴趣爱好。

（2）加强对学生的关心和支持，及时解决学生的问题和困难。

（3）加强与任课教师和家长的沟通合作，共同关注学生的学习和生活。

（4）定期收集学生的反馈意见和建议，以便更好地了解学生的需求和问题，及时调整自己的工作方式和方法。

辅导员与学生之间的交流互动是建立良好师生关系的关键。通过定期交流互动，辅导员可以更好地了解学生的需求和问题，提供更加有针对性的指导和服务。同时，学生也可以通过反馈意见和建议表达自己的想法和需求，促进辅导员与学生之间的互动和沟通。因此，辅导员应当重视与学生的交流互动，采取适当的方式和方法，积极收集和处理学生的反馈意见和建议，并适时调整自己的工作方式和方法，以提高教学质量和学生满意度。

（二）根据学生的反馈和自己的观察，及时调整互动方式和方法，以更好地满足学生的需求

作为学生的辅导员，及时调整互动方式和方法是非常重要的，因为这样可以更好地满足学生的需求，促进学生的学习和成长。

学生的反馈是辅导员调整互动方式和方法的重要依据。学生的反馈可以包括对课程、

活动、教师等方面的意见和建议。辅导员可以通过观察学生的反应和交流来了解学生的需求和兴趣，从而调整互动方式和方法。例如，如果学生对于某项活动或课程表现出浓厚的兴趣，辅导员可以积极组织相关的活动或课程，以满足学生的需求；如果学生对于某些话题表现出消极的态度，辅导员需要及时调整自己的语言和方式，以避免引起学生的反感。

辅导员可以通过自己的观察来调整互动的方式和方法。学生往往在某些特定的情况下会有不同的需求和表现，如时间、空间、个人情绪等。辅导员可以根据学生的这些情况，灵活地调整互动的方式和方法。例如，如果学生需要更多的个人空间和时间来处理个人事务或学习任务，辅导员可以调整互动的时间和地点，以避免打扰学生。

此外，辅导员还需要注意互动的频率和深度。互动的频率应该根据学生的需求和时间来调整，过高或过低的频率都可能影响互动的效果。同时，互动的深度也应该根据学生的情况和需求来决定。过于浅显或过于深入的互动都可能让学生感到不适应或无法获得有效的帮助。

在调整互动方式和方法的过程中，辅导员还需要注意尊重学生的个性和差异，理解他们的情感和需求，以建立良好的师生关系。同时，辅导员也要不断提高自己的专业素养和教育能力，以更好地为学生提供帮助和支持。

（三）注重互动的连续性和长期性，建立长期的互动关系，以便更好地了解学生和帮助学生

建立长期的互动关系是教育工作中至关重要的一环。对于学生和辅导员来说，互动不仅仅是一种交流方式，更是一种建立关系、相互了解和共同成长的过程。通过长期的互动，学生和辅导员可以建立起深厚的情感纽带，增强彼此之间的信任和理解，从而使辅导员能更好地了解学生和帮助学生。

注重互动的连续性和长期性是建立良好师生关系的关键。互动不应该是一次性的行为，而应该是一种持续的过程。辅导员应该主动与学生保持联系，定期与学生进行交流，了解他们的学习、生活和情感状况。通过这种方式，辅导员可以更好地了解学生的需求和问题，及时给予指导和帮助。同时，长期的互动也可以让学生更加了解辅导员的工作方式和态度，从而更加信任和支持辅导员的工作。

建立长期的互动关系有助于提高互动效果。通过长期的互动，辅导员可以更加深入地了解学生的个性、兴趣、能力和需求，从而提供更加精准和个性化的指导和服务。学生也可以从辅导员那里获得更加全面和深入的支持和帮助，包括学习、生活、情感和职业规划等方面的支持和帮助。这种个性化的指导和帮助可以帮助学生更好地发挥自己的

潜力，提高自己的综合素质和能力。

此外，长期的互动还可以帮助学生更好地适应校园环境和社会生活。学生在学校中需要面对各种挑战和压力，如学业压力、人际关系、就业前景等。通过与辅导员的长期互动，学生可以获得更多的支持和帮助，从而更好地应对这些挑战和压力。同时，长期的互动也可以帮助学生更好地了解校园文化和社会环境，增强他们的社会适应能力和人际交往能力。

第三节　辅导员如何促进大学生的自我教育与发展

一、引导学生自我反思和自我成长

辅导员在促进大学生的自我教育与发展中，首要的任务是引导学生进行自我反思和自我成长。辅导员通过定期的交流和指导，帮助学生认识到自己的优点和不足、发现自己的兴趣和潜力，从而使学生更好地规划自己的大学生活和未来职业发展。

具体而言，辅导员可以采取以下措施。

（一）定期与学生进行一对一的交流

辅导员需要定期与学生进行一对一的交流，这是非常重要的。这种交流不仅能够帮助辅导员更好地了解学生的需求和困惑，而且也能够提供一种有效的方式，来帮助他们解决问题。通过这种方式，辅导员可以更好地指导学生，并且也能够促进学生的个人成长和发展。

定期与学生进行一对一的交流有助于辅导员更好地了解学生的学业和生活情况。在交流中，辅导员可以了解他们的学习进度、困难和兴趣爱好。这样，辅导员可以提供更具体的指导和帮助，让他们更好地完成学业，同时也可以了解他们的日常生活和心理状态，为他们提供必要的支持和建议。

通过定期交流，辅导员能够更好地理解学生的思想动态。辅导员可以倾听他们的想法和困惑，并且为他们提供适当的引导和解答。这不仅可以帮助学生更好地认识自己，也能够培养他们的独立思考能力和批判性思维。这种交流方式也能够增强师生之间的信任和尊重，促进师生之间的互动和沟通。

定期与学生进行一对一的交流还可以帮助学生更好地规划自己的大学生活和未来职业发展。在交流中，辅导员可以了解他们的职业规划和目标，为他们提供必要的建议和支持。同时，辅导员也可以为他们提供一些实习机会和就业信息，帮助他们更好地准备未来的职业生涯。

（二）引导学生进行自我评价

作为辅导员，引导学生进行自我评价是非常重要的。自我评价是一个自我反思和自我成长的过程，可以帮助学生们更好地认识自己的优点和不足，发现自己的兴趣和潜力，从而更好地规划自己的大学生活和未来职业发展。

辅导员可以通过设定具体的评价指标来引导学生进行自我评价。例如，学生可以思考自己在学业方面的表现、人际关系处理能力、社会实践经历等方面的情况。这些指标可以根据学生的情况进行个性化定制，但也要有一定的普遍性，以确保每个学生都能参与到评价中来。

在评价过程中，辅导员可以鼓励学生们独立思考和自主判断，让他们自己发现自己的优点和不足。同时，辅导员也可以引导学生进行横向比较，了解自己在同龄人中的表现和水平，从而使学生更好地认识自己的优势和劣势。

通过自我评价，学生可以更好地了解自己的兴趣和潜力，从而更好地规划自己的大学生活和未来职业发展。例如，如果学生发现自己对学术研究有浓厚的兴趣和热情，他们可以更多地投入到学术研究和探索中来，提升自己的学术水平和综合素质。如果学生发现自己有很好的沟通能力和人际关系处理能力，他们可以在校园里积极组织和参与各种社团活动，增强自己的社交能力和团队合作能力。

同时，辅导员通过引导学生进行自我评价，也可以培养学生的自我反思和自我成长的能力。在评价过程中，学生需要思考自己的行为和表现，找出自己的不足和需要改进的地方。这有助于学生形成正确的自我认知和自我评价能力，帮助他们更好地面对未来的挑战和机遇。

（三）鼓励学生参加各种活动

辅导员应当积极鼓励学生参加各种活动，以培养他们的兴趣爱好和综合素质，增强自信心和自我认知。通过参加各种活动，学生可以拓展自己的视野，增强自己的社交能力、团队合作能力和领导能力，从而更好地适应社会的发展和变化。同时，参加各种活动也可以帮助学生更好地认识自己、发现自己的潜力和兴趣，从而使学生更好地规划自己的大学生活和未来职业发展。

鼓励学生参加各种学术、文化、体育等活动，可以激发他们的创新精神和实践能力。通过参与各种活动，学生可以亲身经历和实践，增强自己的思考能力和解决问题的能力。这种亲身参与和经验积累，将有助于学生在未来的学习和工作中更好地应对各种挑战和机遇。

参加各种活动可以培养学生的团队合作能力和领导能力。在团队活动中，学生需要学会与他人合作、沟通和协调，这有助于他们更好地适应社会环境，增强自己的社交能力。同时，在活动中担任领导角色，可以锻炼学生的领导能力和组织能力，为未来的职业发展打下坚实的基础。

此外，参加各种活动还可以帮助学生更好地认识自己，发现自己的潜力和兴趣。通过参与各种活动，学生可以了解自己的优点和不足，发现自己潜在的兴趣爱好和发展方向。这些经验和感受将有助于学生更好地规划自己的大学生活和未来职业发展，选择适合自己的发展方向。

辅导员应该关注学生的身心健康，积极为他们创造条件参加各种有益的活动。例如组织文艺、体育、志愿服务等有益身心健康的各类社团和组织，为学生在学校的学习生活注入新的活力。同时，辅导员也要给予学生充分的支持和鼓励，帮助他们克服困难和挑战，实现自己的梦想和目标。

（四）引导学生关注社会热点问题

辅导员应该引导学生关注社会热点问题，这是培养学生社会责任感和公民意识的重要途径。在这个过程中，辅导员可以采取以下几种方式。

辅导员可以通过课堂教学来引导学生关注社会热点问题。在授课过程中，辅导员可以结合教材内容，适当地引入一些当前社会热点问题的案例，引导学生思考这些问题，并鼓励他们发表自己的看法和观点。这样不仅可以增强学生的社会责任感和公民意识，还可以提高他们的思辨能力和表达能力。

辅导员可以通过组织学生参加社会实践活动来引导学生关注社会热点问题。例如，可以组织学生参加志愿者活动、社会调查、社区服务等，让他们亲身感受社会的发展和变化，了解社会热点问题的背景和影响，从而增强他们的社会适应能力。同时，通过这些实践活动，学生也可以更好地认识自己，发现自己的社会责任和使命，从而更好地实现自我价值和社会价值。

辅导员可以通过引导学生阅读相关书籍和文章来关注社会热点问题。辅导员可以推荐一些优秀的书籍和文章，让学生了解当前社会热点问题的背景、影响和解决方案，从而增强他们的社会认知和思考能力。同时，辅导员也可以鼓励学生自己寻找相关的书籍和文章，让他们自主地学习和思考，从而更好地培养他们的社会责任感和公民意识。

二、培养学生的自主学习能力和创新精神

辅导员应该注重培养学生的自主学习能力和创新精神，帮助他们树立正确的学习观

念和方法，激发他们的学习兴趣和动力。

（一）鼓励学生自主学习

1. 引导学生思考

辅导员可以通过设置开放性问题、案例分析等方式，鼓励学生主动思考，培养他们的思考能力和解决问题的能力。这种方法可以帮助学生更好地理解问题，提高他们的分析能力和批判性思维。通过主动思考，学生可以更好地发现问题、分析问题、解决问题，进而提高自己的综合素质和职业竞争力。

2. 培养学生主动学习习惯

辅导员可以通过引导学生制订学习计划、选择学习资源、自我评估学习效果等方式，帮助学生养成主动学习的习惯。这种方法可以帮助学生更好地规划自己的学习时间，掌握适合自己的学习方法，进而提高自己的学习效率和学习能力。同时，辅导员也可以通过与学生的互动和反馈，帮助学生更好地认识自己的优点和不足，及时调整自己的学习计划和方法。

3. 提供自主学习机会

辅导员可以组织各种学术讲座、研讨会、学术沙龙等活动，为学生提供自主学习和交流的机会。这些活动可以激发学生的学习兴趣和动力，增强他们的自信心和自尊心，同时也可以拓宽他们的知识面和视野。此外，辅导员还可以鼓励学生参加各种课外活动和社会实践，让他们在实践中学习和成长，提高自己的综合素质和实践能力。

（二）引导学生参与学术讨论和课题研究

1. 鼓励学生参与学术讨论

辅导员可以组织学术讨论小组或论坛，鼓励学生积极参与讨论，提高学生的学术素养和研究能力。这可以通过定期组织小组讨论、举办讲座或邀请学术专家进行讲座等形式实现。讨论的内容可以涉及学术前沿、学科发展、研究方法等多个方面，为学生提供更多的学习和交流机会。同时，辅导员也可以鼓励学生在讨论中积极发言，提出自己的观点和疑问，引导学生思考和探索问题的解决方案。通过这种方式，学生可以在互动中拓宽视野、增长知识、锻炼思维能力，从而不断提高自己的学术素养和研究能力。

2. 鼓励学生参与课题研究

辅导员可以与学校科研机构或企业合作，为学生提供参与课题研究的机会，培养学生的科研能力和团队协作精神。这种合作方式可以为学校和企业带来双赢的效果。学校可以为学生提供更多的实践机会和实际经验，提高学生的综合素质和实践能力；企业则可以通过与学校合作，获得更多的科研支持和人才储备，促进企业的发展和创新。

在课题研究中，学生可以参与项目的调研、实验、数据分析等各个环节，深入了解科研工作的流程和方法。同时，学生还可以通过团队协作，培养自己的团队协作精神和沟通能力。这种参与课题研究的方式不仅可以提高学生的科研能力和实践能力，还可以为他们未来的职业发展打下坚实的基础。

（三）鼓励学生参加各种创新实践活动

1. 组织创新创业比赛

辅导员在学生的成长和发展中扮演着重要的角色。为了更好地激发学生的创新精神和创业能力，辅导员可以组织校内外的创新创业比赛，为学生提供一个展示自己创新能力和创业意愿的平台。

通过创新创业比赛，学生可以展示自己的创新成果、创业计划或创意想法，与其他参赛者交流和分享经验，同时，也可以获得评委和观众的认可和鼓励。这种比赛形式不仅可以激发学生的创新精神和创业意愿，还可以增强学生的自信心和团队协作精神。

此外，创新创业比赛还可以为学生提供更多的机会和资源，例如导师指导、资金支持、场地租赁等。这些资源可以帮助学生更好地实现自己的创新和创业想法，同时，也为学校和企业之间的合作搭建了桥梁。

在组织创新创业比赛时，辅导员需要注意以下几点。

制订合理的比赛规则和评分标准，确保比赛的公平性和公正性。

积极宣传和推广比赛，吸引更多的学生和外界参与。

积极与学生、家长和企事业单位联系，为学生争取更多的支持和资源。

2. 鼓励参与科研项目

除了组织创新创业比赛，辅导员还可以积极鼓励学生参与科研项目，培养学生的创新能力和团队协作精神。

辅导员可以积极与校内外的科研机构或企业合作，为学生提供参与科研项目的机会。这些项目可以是针对实际问题进行的科学研究、技术开发或产品研发等。通过参与科研项目，学生可以接触到真实的项目需求和问题，了解科研工作的流程和方法，培养自己的创新能力和解决问题的能力。

辅导员可以鼓励学生加入学术社团或实验室，与志同道合的同学一起开展科研活动。这些社团或实验室通常会有一些固定的科研项目和导师指导，学生可以在其中发挥自己的特长和优势，与团队成员共同合作、交流和成长。

在鼓励学生参与科研项目时，辅导员需要注意以下几点。

积极为学生争取更多的科研项目和资源，为学生提供更多的参与机会。

关注学生的兴趣和特长，帮助学生选择适合自己的科研项目。

鼓励学生与导师、同学和企事业单位合作，加强团队协作和沟通。

关注学生的心理健康和安全问题，为学生提供必要的支持和帮助。

（四）培养学生在学习过程中不断探索、尝试、实践的精神

1. 鼓励探索和尝试

辅导员可以引导学生勇于尝试新事物、新方法，鼓励他们不断探索未知领域，培养他们的探索精神和创新意识。这种鼓励不仅有助于提高学生的自信心和解决问题的能力，还能培养他们的好奇心和求知欲。

为了实现这一目标，辅导员可以采取以下措施。

（1）引导学生参加各种课外活动和社团组织，让他们有机会尝试不同的事物，拓宽自己的视野和经验。

（2）鼓励学生参加各种竞赛和挑战，让他们在实践中锻炼自己的能力和技能。

（3）引导学生积极思考和探索问题，培养他们的创新思维和解决问题的能力。

（4）给予学生充分的支持和鼓励，让他们在尝试新事物时感到安全和自信。

通过这些措施，辅导员可以帮助学生培养探索精神和创新意识，为他们的未来发展打下坚实的基础。

2. 提倡实践和反思

除了鼓励探索和尝试外，辅导员还可以鼓励学生积极参与实践活动，并在实践中不断反思和总结经验教训，培养他们的实践能力和反思精神。

在实践中，学生可以亲身体验各种情境和问题，锻炼自己的技能和能力。同时，实践中的反馈和评价也是非常重要的，学生可以通过反思自己的表现和成果，发现自己的不足之处并加以改进。

为了实现这一目标，辅导员可以采取以下措施。

组织各种实践活动，如实习、社会实践、志愿服务等，让学生有机会亲身参与其中。

鼓励学生积极参与各种项目和课题研究，培养他们的研究能力和团队协作精神。

给予学生充分的支持和指导，帮助他们解决实践中的问题和困难。

鼓励学生写实践报告或反思笔记，记录自己的经验和收获，帮助他们总结和提升自己的能力。

通过这些措施，辅导员可以帮助学生培养实践能力和反思精神，为他们的未来发展打下坚实的基础。同时，辅导员也要注意引导学生正确看待失败和挫折，鼓励他们从失败中吸取教训，不断成长和进步。

三、鼓励学生参与社会实践和志愿服务

社会实践和志愿服务是大学生自我教育和发展的重要途径之一。辅导员应该鼓励学生积极参与社会实践和志愿服务，帮助他们增强社会责任感和公民意识，提高他们的综合素质和能力。

（一）鼓励学生参加各种社会实践活动

社会实践和志愿服务是大学生自我教育和发展的重要途径之一，辅导员应该鼓励学生积极参与社会实践和志愿服务，培养他们的社会责任感和公民意识。支教、社区服务、公益活动等都是不错的选择，这些活动可以帮助学生们了解社会，增强他们的社会责任感和公民意识，同时也可以提高他们的综合素质和能力。

1. 通过参与支教活动，学生可以了解到偏远地区的教育现状

参与支教活动可以让学生们深入了解偏远地区的教育现状。通过亲身经历，他们可以亲眼看到教育在偏远地区的重要性，了解当地教育资源的匮乏和教育设施的不足。这种亲身体验能够让学生们更加深刻地认识到教育对于个人和社会的重要性。

参与支教活动可以培养他们的奉献精神和团队合作能力。在支教过程中，学生们需要与当地教师、学生和家长密切合作，共同推进教育工作的开展。这需要他们具备良好的团队合作精神和沟通能力，学会尊重和倾听他人的意见，共同解决问题。通过这样的经历，学生们可以更加珍惜自己所拥有的教育机会，培养出无私的奉献精神。

2. 社区服务可以让学生们深入了解社区，增强他们的社会责任感和公民意识

社区服务是一种非常有意义的活动形式，它不仅可以让学生们深入了解社区，增强他们的社会责任感和公民意识，还可以培养他们的组织协调能力、人际沟通能力等重要技能。

通过社区服务，学生们可以更全面地了解社区的各种需求和问题。他们需要与社区居民、商家等进行沟通和协调，共同解决问题。这个过程中，学生们需要学会倾听和理解他人的意见和需求，增强自己的沟通能力和协调能力。

社区服务可以让学生更加关注社会问题，增强他们的社会责任感和公民意识。通过参与社区服务，学生可以意识到自己是社会的一份子，有责任为社会做出贡献。这种意识的培养对于他们未来的成长和发展非常重要。

3. 公益活动可以让学生们关注社会弱势群体，增强他们的同情心和爱心

公益活动是一种非常有意义的活动形式，它不仅可以让学生关注社会弱势群体，增强他们的同情心和爱心，还可以培养他们的社会责任感和公民意识。

参与公益活动可以让学生更加关注社会弱势群体。他们可以通过捐款、捐物、志愿

服务等方式帮助那些需要帮助的人。这种关爱他人的行为可以让学生更加珍惜自己的幸福生活，同时也可以培养他们的同情心和爱心。

公益活动可以让学生更加关注社会问题，增强他们的社会责任感和公民意识。通过参与公益活动，学生可以意识到自己是社会的一份子，有责任为社会做出贡献。这种意识的培养对于他们未来的成长和发展非常重要。同时，他们也可以通过公益活动传递正能量，感染身边的人，让更多的人参与到公益事业中来。

（二）引导学生在志愿服务中积极参与、认真投入

参与志愿服务不仅体现奉献精神，还可以锻炼和提高自己。辅导员应该引导学生在志愿服务中积极参与、认真投入，提高他们的组织协调能力、团队合作能力和人际沟通能力。

1. 认真履行职责，积极配合组织者安排

在志愿服务中，学生应该明确自己的职责，认真履行自己的职责，积极配合组织者的安排。这包括按时到达指定地点、了解活动流程、熟悉场地环境、按照要求穿着统一服装等。同时，学生应该保持高度的责任感和敬业精神，积极参与活动的组织和实施，确保活动的顺利进行。

2. 注重团队合作，相互协作、支持

团队合作是志愿服务中非常重要的一个方面。学生应该注重团队合作，与志愿者们相互协作、相互支持，共同完成任务。在团队中，学生们应该发挥自己的优势和特长，为团队贡献力量。同时，学生也应该尊重其他志愿者的意见和建议，积极交流、沟通、协调，解决可能出现的问题。

3. 注重人际沟通，建立良好的关系

人际沟通是志愿服务中不可或缺的一环。学生应该注重人际沟通，与志愿者们建立良好的关系，积极交流、沟通、协调，解决可能出现的问题。在沟通中，学生应该保持真诚、友善的态度，尊重他人、倾听他人、理解他人，建立互信、互助的关系。同时，学生也应该注意语言表达的准确性和清晰性，避免误解和冲突的发生。

在志愿服务中，学生还应该注意一些细节问题。例如，在活动前，学生应该充分了解活动内容、场地环境、时间安排等基本信息；在活动中，学生应该注意自己的言行举止，尊重他人、遵守规则；在活动结束后，学生应该及时反馈意见和建议，为组织者提供参考和帮助。这些细节问题看似微不足道，但却能够体现出一个学生的素质和责任感。

（三）为学生提供参与社会实践和志愿服务的渠道和机会

为学生提供参与社会实践和志愿服务的渠道和机会是非常重要的，因为这不仅可以

帮助学生增强社会责任感和公民意识，提高他们的综合素质和能力，还可以为他们未来的职业生涯和社会生活打下坚实的基础。

1. 组织各种实践活动

高校可以组织各种实践活动，如志愿者服务队、支教活动等，为学生提供参与社会实践和志愿服务的平台。这些实践活动不仅可以让学生亲身参与社会服务，还可以让他们了解社会问题，增强他们的社会责任感和公民意识。此外，这些实践活动还可以锻炼学生的组织、协调和管理能力，提高他们的综合素质。

2. 鼓励学生加入志愿者协会等组织

高校可以鼓励学生加入志愿者协会等组织，通过协会的培训和组织，让学生更好地参与到志愿服务中来。志愿者协会可以为学生提供一个相互交流、相互学习的平台，让他们在志愿服务中得到更多的收获。同时，志愿者协会还可以为学生们提供一些必要的培训和支持，帮助他们更好地参与志愿服务。

3. 利用校内外的资源为学生提供机会

高校可以利用校内外的资源为学生提供参与社会实践和志愿服务的渠道和机会。例如，高校可以与当地的社区、企业、慈善机构等合作，为学生们提供志愿服务的机会。此外，高校还可以鼓励学生参加各种社会实践活动，如义工旅行、社区服务、环保活动等，让他们在实践中学习和成长。

4. 建立完善的评价机制

为了确保学生参与社会实践和志愿服务的质量和效果，高校应该建立完善的评价机制。评价机制应该包括对学生参与情况的评价、对学生服务成果的评价以及对志愿者协会等组织的评价。通过评价机制，高校可以及时发现问题和不足，并采取相应的措施加以改进和完善。

（四）鼓励学生利用寒暑假时间参加社会实践和志愿服务

鼓励学生利用寒暑假时间参加社会实践和志愿服务是一项重要的教育理念。

1. 了解社会和工作实际情况

寒暑假期间，学生们有机会参与到各种社会实践中去，例如实习、兼职等。这些活动能够帮助学生了解社会和工作实际情况，增强对社会的认识和理解。这种亲身经历不仅有助于学生们在未来的求职过程中更有竞争力，还能够增强他们的实践能力和问题解决能力。此外，通过实习或兼职，学生们还能够更好地了解自己的兴趣和职业发展方向，为未来的职业生涯打下坚实的基础。

2. 增强社会责任感和公民意识

参加志愿服务活动是增强社会责任感和公民意识的有效途径。寒暑假期间，学生们可以参加各种志愿服务活动，如支教、社区服务、环保活动等。这些活动不仅能够锻炼学生们的社会实践能力，还能够增强他们的社会责任感和公民意识，让他们更加关注社会问题和公共事务。此外，通过参与志愿服务，学生们还能够培养自己的爱心和奉献精神，为他们未来的职业生涯和社会生活打下良好的基础。

3. 积累实践经验

参加社会实践和志愿服务能够为学生们积累宝贵的实践经验。这些经验不仅能够帮助他们在未来的职业生涯中更好地应对各种挑战，还能够提高他们的职业素养和综合素质。此外，通过亲身经历，学生们还能够更好地了解自己的兴趣和优势，明确自己的职业发展方向，并据此进行有针对性的学习和准备。这种实践经验对于学生们的自信心和自我认知也有很大的提升作用。

4. 培养团队协作和沟通能力

参加社会实践和志愿服务需要学生们与他人合作，共同完成任务。这种团队协作和沟通能力的培养对于学生的个人发展和社会适应能力至关重要。通过与他人合作，学生们能够更好地理解团队合作的重要性，提高自己的沟通和协作能力，为未来的职业发展打下坚实的基础。此外，在志愿服务中，学生们还需要与不同背景的人进行交流和合作，这有助于培养他们的跨文化交流能力和人际交往能力。

四、帮助学生建立良好的人际关系和团队协作精神

人际关系和团队协作精神是大学生自我教育和发展中不可或缺的一部分。辅导员应该帮助学生建立良好的人际关系，培养他们的团队协作精神，增强他们的沟通能力和人际交往能力。

（一）引导学生积极参与各种社交活动，增强他们的社交能力和人际交往能力

大学生正处于社交能力发展的重要阶段，积极参与各种社交活动，如学生组织、社团活动等，有助于增强他们的社交能力和人际交往能力。辅导员可以通过组织各种社交活动，鼓励学生积极参与，培养他们的沟通能力和团队协作精神。

在组织社交活动时，辅导员应该注意以下几点。

1. 明确活动目的和意义

辅导员在组织社交活动前，应明确活动的目的和意义，提前向学生介绍活动的目的和意义，让学生了解活动的意义和价值，从而激发他们的参与热情。这有助于提高学生

参与活动的积极性，促进社交能力的提升。

2. 合理安排时间和地点

辅导员应该根据学生的时间和精力合理安排活动的时间和地点，确保活动的顺利进行。同时，辅导员应该考虑到学生的安全和舒适度，选择合适的场地和时间，避免影响学生的学习和生活。

3. 给予学生充分的支持和指导

辅导员应该给予学生充分的支持和指导，帮助他们更好地参与社交活动。在活动中，辅导员可以提供必要的帮助和指导，引导学生积极参与，增强他们的社交能力和人际交往能力。此外，辅导员还可以鼓励学生互相交流、分享经验，培养他们的团队协作精神和沟通能力。

（二）鼓励学生与不同背景、不同性格的人交往，培养他们的包容心和同理心

大学生在成长过程中会遇到各种各样的人，与不同背景、不同性格的人交往是他们成长过程中不可或缺的一部分。辅导员应该鼓励学生与不同背景、不同性格的人交往，培养他们的包容心和同理心。

在鼓励学生与不同背景、不同性格的人交往时，辅导员可以采取以下措施。

1. 引导学生关注他人的需求和想法

在与不同背景、不同性格的人交往的过程中，关注他人的需求和想法是非常重要的。辅导员可以通过课堂讨论、小组讨论等方式引导学生关注他人的需求和想法，培养他们的同理心。例如，在课堂讨论中，辅导员可以引导学生关注不同的观点和立场，并尝试理解他人的想法和感受。通过这种方式，学生可以更好地理解不同人的思维方式和生活方式，从而更好地与他们相处和交流。

2. 鼓励学生参与各种交流活动

交流是人与人之间相互了解的重要方式之一。辅导员可以组织各种交流活动，如讲座、研讨会等，鼓励学生积极参与，培养他们的沟通和表达能力。通过参加这些活动，学生可以与不同背景、不同性格的人交流，拓宽自己的社交圈，增加自己的经验和见识。同时，这些交流活动也可以让学生更好地了解自己的优点和不足，从而更好地调整自己的态度和行为。

3. 引导学生在网络平台上与不同背景、不同性格的人交流

随着互联网的普及，越来越多的人通过网络平台进行交流和互动。辅导员可以引导学生关注网络平台上不同背景、不同性格的人的发言和观点，培养他们的包容心和同理心。通过关注网络平台上的不同声音，学生可以更好地了解不同的观点和文化背景，从

而更好地与不同的人相处和交流。同时，辅导员也可以鼓励学生通过网络平台与其他人分享自己的经验和想法，增强自己的社交能力和自信心。

（三）引导学生树立正确的团队意识和协作观念，培养他们的团队合作精神和协作能力

大学生在学习和生活中经常会涉及团队合作和协作的问题。因此，引导他们树立正确的团队意识和协作观念，培养他们的团队合作精神和协作能力非常重要。

在引导学生树立正确的团队意识和协作观念时，辅导员可以采取以下措施。

1. 强调团队合作的重要性

辅导员可以通过课堂讨论、讲座等方式向学生强调团队合作的重要性，让他们明白团队成员之间需要互相配合、共同协作，才能完成任务、达成目标。辅导员还可以分享一些团队合作成功和失败的案例，引导学生深入思考团队合作的意义和价值。

2. 组织团队建设活动

辅导员可以组织各种团队建设活动，如户外拓展、团队竞赛等，帮助学生增强团队协作意识和能力。这些活动可以让学生亲身参与，体验团队协作的乐趣和挑战，同时也可以培养他们的团队合作精神和沟通能力。在活动中，辅导员可以给予学生适当的指导和支持，帮助他们更好地融入团队、发挥自己的优势。

3. 引导学生积极参与团队项目

辅导员可以引导学生积极参与各种团队项目，让他们在实际工作中学习如何与他人协作、如何解决问题。这些经验可以帮助学生更好地理解团队协作的重要性，同时也可以培养他们的实际操作能力和问题解决能力。在参与团队项目时，辅导员可以鼓励学生积极发表自己的意见和建议，引导他们学会倾听和尊重他人的想法，促进团队成员之间的沟通和交流。

4. 定期开展团队沟通培训

辅导员可以定期开展团队沟通培训，教授学生有效的沟通技巧和方法，帮助他们学会倾听、表达、反馈和协商，促进团队成员之间的有效沟通和合作。

5. 培养领导力和合作精神

辅导员可以引导学生发掘自己的潜力和优势，培养他们的领导力和合作精神。在团队中，有些学生可能具备领导能力或某些方面的特长，而有些学生则需要学会与他人协作、互相支持和鼓励。辅导员可以通过适当的引导和激励措施来培养学生的领导力和合作精神。

6. 建立良好的团队氛围

辅导员可以努力营造一个积极向上、和谐融洽的团队氛围，让学生感受到团队的温暖和支持。这有助于增强学生的归属感和责任感，让他们更加愿意为团队的成功而努力。

（四）组织团队建设活动，帮助学生增强团队协作意识和能力

团队建设活动是增强团队协作意识和能力的重要途径之一。辅导员可以组织各种团队建设活动，如户外拓展、团队竞赛等，帮助学生增强团队协作意识和能力。这些活动可以帮助学生在实践中学习如何与他人合作、如何解决问题。

在组织团队建设活动时，辅导员应该注意以下几点。

1. 明确活动目的和意义

辅导员在组织团队建设活动时，首先要明确活动的目的和意义。团队建设活动的主要目的是增强学生的团队协作意识和能力，帮助学生更好地理解团队合作的重要性。通过各种团队建设活动，学生可以学习如何与他人合作、如何解决问题，以及如何在团队中发挥自己的优势。

2. 合理安排时间和地点

辅导员在安排团队建设活动的时间和地点时，应该充分考虑学生的时间和精力，以确保活动的质量和效果。对一些户外拓展或团队竞赛类的活动，，辅导员需要提前做好准备和策划，包括场地的选择、设施的准备等。此外，辅导员还要考虑活动的安全性和便利性，确保学生能够在舒适、安全的环境中参与活动。

3. 提供必要的支持和指导

在团队建设活动中，辅导员应该提供必要的支持和指导，帮助学生更好地参与活动。辅导员可以扮演引导者和协调者的角色，引导学生积极参与活动，同时给予必要的指导和建议，帮助学生更好地理解和掌握团队合作的技巧和方法。

五、提供职业规划和就业指导服务

职业规划和就业指导是辅导员促进大学生自我教育和发展中不可或缺的一部分。辅导员应该为学生提供职业规划和就业指导服务，帮助他们明确职业目标和发展方向。

（一）引导学生树立正确的职业观念和就业观念，培养他们的职业素养和就业意识

辅导员在引导学生树立正确的职业观念和就业观念，培养他们的职业素养和就业意识方面起着至关重要的作用。以下是辅导员应该通过教育和引导帮助学生建立职业素养和就业意识的具体内容。

1. 认识职业发展是一个长期的过程

辅导员应引导学生认识到职业发展是一个持续的过程，不仅包括技能的提升，也包括自我认知、人际关系、团队协作等方面的提升。教育他们不应仅仅关注短期的就业结果，而应该把目光放长远，树立长期的职业发展目标。

2. 培养自我提升的能力

辅导员应该教育学生认识到自我提升的重要性，鼓励他们不断地学习和提高自己的能力和素质。这包括学习新的技能、拓宽知识面、增强自我管理能力、提高沟通协作能力等。通过这种方式，学生可以更好地适应不断变化的工作环境，提高自己的竞争力。

3. 理解就业市场的竞争性和不确定性

辅导员应该教育学生理解就业市场的竞争性和不确定性，帮助他们做好应对这些挑战的准备，教育他们要有灵活应变的能力，能够适应不同的工作环境和需求，同时，也要教育他们具备良好的心理素质，面对挫折和困难时能够保持积极乐观的态度。

4. 培养良好的职业素养

辅导员应该教育学生培养良好的职业素养，包括遵守职业道德、尊重他人、注重细节、有责任心等。这些素质不仅有助于他们在工作中获得成功，也有助于他们建立良好的人际关系，提高自己的社会认可度。

5. 树立正确的就业观念

辅导员应该教育学生树立正确的就业观念，包括积极面对就业压力、勇于尝试新领域、不畏艰难困苦、追求个人成长等。教育他们要勇于追求自己的梦想，不断挑战自己，实现自己的职业目标。

6. 提供就业指导服务

辅导员应该为学生提供就业指导服务，包括提供就业信息、推荐就业机会、提供面试技巧、职业规划等方面的指导。通过这些服务，学生可以更好地了解就业市场，提高自己的就业竞争力。

（二）帮助学生了解各种职业信息和就业市场动态，提供就业咨询和建议

1. 了解职业信息和就业市场动态的重要性

辅导员应当积极了解各种职业的信息和就业市场的动态，因为这直接影响到学生的职业选择和发展。职业信息包括各种职业的特点、要求、发展前景等，了解就业信息可以帮助学生对各种职业有更全面、深入的认识。就业市场的动态则包括市场趋势、行业变化、岗位需求等信息，了解就业市场可以帮助学生了解就业市场的变化，以便及时调整自己的职业规划。

2. 提供就业咨询和建议

在学生了解各种职业信息和就业市场动态后，辅导员应为学生提供就业咨询和建议。这包括帮助学生了解各种职业的特点和发展趋势，提供就业市场的分析和预测，以便学生能根据自身情况选择适合自己的职业方向和发展路径。此外，辅导员还应根据学生的个人特点和兴趣爱好，提供个性化的就业咨询和建议，帮助他们更好地规划自己的职业发展。

3. 个性化咨询的重要性

每个学生都有自己的特点和兴趣爱好，因此，提供个性化的就业咨询和建议是非常必要的。这有助于学生找到适合自己的职业方向，并在职业生涯中取得更好的发展。

4. 辅导员的角色和责任

辅导员作为学生职业生涯的指导者和顾问，应该承担起相应的角色和责任。他们应该积极关注学生的职业发展，提供及时、准确、有用的咨询和建议，帮助学生解决职业发展中的问题。同时，辅导员还应该引导学生树立正确的职业观念，培养他们的职业素养和职业技能，以便他们在未来的职业生涯中能够更好地适应市场需求。

（三）鼓励学生积极参加各种招聘会、实习机会等，拓宽就业渠道和提高就业竞争力

作为一名辅导员，鼓励学生积极参加各种招聘会争取实习机会等，是十分必要的。

1. 拓宽就业渠道

招聘会是企业与求职者之间的重要交流平台，为学生提供了与各类企业直接接触的机会，可以拓宽学生的就业渠道。参加招聘会可以让学生了解不同行业和企业的发展状况，发现适合自己的职业方向，同时也可以为今后的就业提供更多的选择。

2. 提高就业竞争力

实习机会是学生实践工作技能、积累实际经验的重要途径。通过实习，学生可以更好地了解行业规范、企业文化和岗位需求，增强自己的专业素养和职业适应能力。此外，实习还可以提高学生的自信心和竞争力，增强学生的就业意愿和信心。

3. 提供渠道和信息

辅导员应该为学生提供参加招聘会的渠道和信息。这包括联系招聘会主办方，获取企业招聘信息，帮助学生筛选适合自己的职位和行业。同时，辅导员还应该鼓励学生积极关注各类招聘网站、社交媒体等平台上的招聘信息，及时了解市场动态和就业趋势。

4. 实践锻炼能力和素质

实习机会不仅可以帮助学生提高专业技能和职业素养，还可以锻炼学生的团队合作、

沟通协调、解决问题等方面的能力和素质。通过实习，学生可以更好地了解自己的优势和不足，有针对性地进行自我提升和职业规划。

5. 关注个人发展

参加招聘会和争取实习机会，不仅仅是为了寻找工作，更是为了个人的发展。辅导员应该鼓励学生关注自己的兴趣爱好、职业规划和人生目标，引导学生选择适合自己的职业方向和发展路径。同时，辅导员还应该关注学生的心理健康和职业心态，为学生提供积极的支持和引导。

（四）为学生提供职业规划和面试技巧等方面的培训和指导，帮助他们更好地应对就业挑战

作为学生的辅导员，提供职业规划和面试技巧等方面的培训和指导是非常重要的。

1. 帮助学生确立明确的职业目标和计划

职业规划是就业的关键步骤之一，它可以帮助学生在就业市场上更有竞争力。通过提供职业规划方面的培训，辅导员可以帮助学生了解自己的兴趣、能力和职业发展方向，从而明确职业目标和计划。这将有助于学生在就业市场上更有针对性地寻找工作机会，提高自己的就业成功率。

2. 提高面试技巧和自信心

面试是求职过程中非常重要的一环，面试技巧和自信心对于成功求职至关重要。通过提供面试技巧方面的指导，辅导员可以帮助学生了解面试官的提问方式、面试流程和注意事项，从而更好地应对面试官的挑战。此外，模拟面试和经验分享等活动也可以帮助学生更好地了解面试流程和注意事项，提高他们的面试技能和自信心。

3. 增强学生的就业竞争力

就业市场竞争激烈，学生需要具备足够的竞争力才能在就业市场上脱颖而出。通过提供职业规划和面试技巧等方面的培训和指导，辅导员可以帮助学生提高自己的职业素养和技能水平，增强他们的就业竞争力。这将有助于学生在就业市场上获得更多的工作机会，提高自己的就业成功率。

4. 促进学生的个人成长和发展

提供职业规划和面试技巧等方面的培训和指导，不仅可以帮助学生应对就业挑战，还可以促进学生的个人成长和发展。通过明确职业目标和计划，学生可以更好地了解自己的职业兴趣和优势，进一步发展自己的职业规划能力和综合素质。此外，模拟面试和经验分享等活动还可以帮助学生发现自己的不足之处，并提供有针对性的建议和帮助，促进学生的个人成长和发展。

六、关注学生的心理健康和职业发展，提供必要的支持和帮助

学生的心理健康和职业发展是辅导员工作中不可忽视的一部分。辅导员应该关注学生的心理健康状况，提供必要的支持和帮助，帮助他们克服心理障碍和困难，更好地实现自我教育和发展。

（一）定期开展心理健康教育和宣传活动

辅导员作为学生成长道路上的重要引导者，应当充分认识到心理健康教育的重要性，并积极采取措施，为学生营造一个关注心理健康的校园氛围。为此，辅导员应当定期组织心理健康教育的相关活动，让学生了解心理健康知识，增强对心理健康的意识。

辅导员可以通过举办讲座的形式，邀请专业人士为学生讲解心理健康知识，让学生了解心理健康的定义、症状、影响因素以及应对方法等方面的内容。通过讲座，学生可以更好地认识自己的内心世界，学会更好地应对生活中的压力和挑战。

辅导员可以以主题班会的形式，组织学生进行讨论和交流，分享自己的心理健康经验和感悟。这种形式可以增强学生的互动和交流，让他们更好地理解彼此的感受和想法，从而增强班级凝聚力。

辅导员可以组织团体辅导活动，让学生在互动和合作中增强自信心、提高自我认知和应对压力的能力。通过团体辅导活动，学生可以更好地了解自己的优点和不足，学会与他人合作和沟通，从而更好地适应社会和生活。

除了以上几种形式，辅导员还可以通过宣传心理健康知识的方式，营造一个关注心理健康的校园氛围，例如，可以在校园内张贴心理健康宣传海报、发放宣传资料、举办心理健康主题展览等，让学生和教职工充分认识到心理健康的重要性。

另外，辅导员还可以建立学生心理健康档案，记录学生的心理健康状况和需求，为有需要的学生提供及时的帮助和支持。通过建立心理健康档案，辅导员可以更好地了解学生的心理状况，及时发现潜在的问题并采取相应的措施。

（二）关注学生的情感状态和生活状况

在教育工作中，辅导员扮演着重要的角色，他们不仅负责学生的学习指导，还要关注学生的情感状态和生活状况，确保学生能够身心健康地成长。

1. 确保学生身心健康

关注学生的情感状态和生活状况是保障学生身心健康的重要一环。情感状态直接影响着学生的学习态度和生活质量，生活状况则直接关系到学生的物质基础和成长环境。辅导员通过关注这些方面，可以及时发现学生的问题，并提供相应的帮助和支持，帮助学生更好地应对各种挑战。

2. 增强师生互动

辅导员与学生之间的交流和沟通是建立良好师生关系的基础。通过关注学生的情感状态和生活状况，辅导员可以更深入地了解学生的需求和问题，从而与学生建立更加紧密的联系。这种互动不仅可以增强师生之间的信任和尊重，还可以为学生的学习和生活提供更好的支持和指导。

3. 提高教育质量

关注学生的情感状态和生活状况是提高教育质量的重要手段。只有当学生感到被关心和支持时，他们才会更加积极主动地投入到学习中去。辅导员可以通过提供个性化的指导、组织多样化的活动等方式，激发学生的学习兴趣和动力，提高学生的学习成绩和综合素质。

4. 培养全面发展的人才

关注学生的情感状态和生活状况是培养全面发展的人才的重要一环。在现代社会，人才不仅需要具备专业知识和技能，还需要具备良好的心理素质、人际交往能力和生活自理能力。辅导员通过关注学生的情感状态和生活状况，可以帮助学生更好地认识自己、发掘潜力、提高综合素质，从而成为全面发展的人才。

（三）为学生提供心理咨询和支持服务

为学生提供心理咨询和支持服务是非常重要的，因为学生面临着许多心理问题和挑战，如学业压力、人际关系、情感困扰、自我认同等。辅导员作为学生成长过程中的重要指导者，应该积极为学生提供心理咨询和支持服务，帮助他们解决这些问题，促进他们的心理健康和成长。以下是一些分条论述

1. 帮助学生解决心理问题

辅导员作为学生的导师和指导者，应该了解学生的心理状况，关注他们的情感和心理健康。当学生面临心理问题时，辅导员应该积极介入，提供心理咨询和支持服务。通过与专业的心理咨询师合作，辅导员可以为学生提供专业的心理咨询服务，帮助他们解决心理问题，如焦虑、抑郁、自卑等。

2. 提供专业的心理咨询服务

辅导员应该与专业的心理咨询师合作，为学生提供专业的心理咨询服务。在咨询过程中，心理咨询师可以提供专业的心理评估、诊断和治疗建议，帮助学生了解自己的心理状况，并找到适合自己的解决方案。同时，辅导员也可以为学生提供一些基本的心理支持和建议，如如何应对压力、如何建立良好的人际关系等。

3. 尊重学生的隐私权和安全

在为学生提供心理咨询和支持服务的过程中，辅导员应该尊重学生的隐私权和安全。学生的隐私权应该得到保护，不应该将学生的个人信息泄露给无关人员。同时，辅导员也应该确保学生的安全，避免在咨询过程中出现现任何危险或风险。

4. 发挥辅导员的经验和知识优势

辅导员作为学生成长过程中的重要指导者，具有丰富的经验和知识。他们了解学生的需求和问题，能够提供一些基本的心理支持和建议。在为学生提供心理咨询和支持服务的过程中，辅导员可以发挥自己的经验和知识优势，为学生提供更加贴近实际、更加有效的帮助和支持。

（四）提供职业发展和生涯规划方面的指导和建议

职业发展和生涯规划是每个人成长和发展的重要方面之一。作为辅导员，为学生提供职业发展和生涯规划方面的指导和建议是非常重要的。以下是一些具体的建议和指导：

1. 了解学生的兴趣和特长

了解学生的兴趣和特长是职业规划和生涯规划的基础。辅导员可以通过与学生进行深入的交流和沟通，了解学生的兴趣爱好、价值观、能力和潜力。通过这种方式，辅导员可以帮助学生发现自己的职业兴趣和方向，并为他们提供相应的职业规划和建议。

2. 提供个性化的职业规划和建议

每个学生都有自己独特的职业目标和梦想，辅导员应该根据学生的具体情况为他们提供个性化的职业规划和建议。这可能包括职业发展的方向、目标、路径和所需的技能和经验。同时，辅导员也应该鼓励学生探索不同的职业领域，帮助他们发现自己的潜力和机会。

3. 鼓励学生参加职业发展活动和培训课程

参加职业发展活动和培训课程是提高个人职业素养和能力水平的重要途径。辅导员应该鼓励学生积极参加各种职业发展活动和培训课程，如实习、志愿活动、职业培训、职业技能比赛等。这些活动可以帮助学生积累实践经验、提高职业技能、增强自信心和竞争力。

4. 提供职业评估和自我探索工具

辅导员可以为学生提供一些职业评估和自我探索工具，帮助他们了解自己的性格、价值观、技能和兴趣等方面的特点，从而更好地确定自己的职业方向。这些工具包括但不限于 MBTI 测试、霍兰德职业兴趣测试、技能评估等。

5. 给予学生支持和发展机会

辅导员应该为学生提供支持和发展的机会，帮助他们实现自己的职业梦想。这可能包括提供职业咨询、提供实习机会、推荐工作机会、提供就业指导等。同时，辅导员也应该鼓励学生积极参与各种职业发展活动，并给予他们必要的支持和帮助。

第十二章　高校辅导员工作方法与技巧的提升

第一节　高校辅导员工作的重要性和挑战性

一、高校辅导员工作的重要性

高校辅导员在高校生活中扮演着非常重要的角色。他们不仅是学生的指导者和顾问，也是学生与学校、教师和其他学生之间的桥梁。以下是体现一些高校辅导员工作的重要性的表现。

（一）帮助学生适应高校生活

许多学生需要一段时间来适应高校这个全新的环境。在这个过程中，辅导员可以发挥重要的作用。以下是一些建议，帮助学生更快地适应新环境。

1. 提供课程安排信息

辅导员可以提供有关课程安排、时间管理、课程要求等方面的信息，帮助学生了解高校的学习模式和要求，以便更好地规划自己的时间。

2. 住宿和社团活动指导

辅导员可以提供住宿和社团活动的指导，帮助学生了解学校提供的住宿选择和社团活动，以便学生可以根据自己的兴趣和需求选择适合自己的住宿和社团。

3. 建立良好的人际关系

高校是一个社交环境，建立良好的人际关系对于学生的成长和发展非常重要。辅导员可以帮助学生建立良好的人际关系，鼓励他们与同学、老师和校友交流，以便更好地融入高校社区。

通过以上措施，辅导员可以为学生提供必要的支持和指导，帮助他们更快地适应新环境，更好地融入大学生活。

（二）引导学生树立正确的人生观和价值观

辅导员与学生有更多的接触时间，他们可以借此机会引导学生树立正确的人生观和价值观。以下是一些建议，帮助辅导员与学生交流和指导。

1. 建立信任关系

建立信任关系是引导学生树立正确的人生观和价值观的基础。辅导员应该与学生建立良好的关系，倾听他们的想法和感受，尊重他们的意见和选择。

2. 引导正确的价值观

辅导员可以通过与学生的交流和指导，引导学生树立正确的价值观，包括尊重他人、诚实守信、勤奋努力、积极向上等。这些价值观对于学生的成长和发展非常重要。

3. 引导学生制订目标

辅导员可以引导学生确立短期和长期的目标，帮助他们明确自己的目标和理想，以及如何实现这些目标。这样可以帮助学生更好地规划自己的未来，并为实现自己的梦想而努力。

通过以上措施，辅导员可以帮助学生树立正确的人生观和价值观，并为他们的成长和发展提供必要的支持和指导。

（三）帮助学生解决学习和生活中的问题

辅导员是学生寻求帮助时的第一联系人。他们可以为学生提供以下方面的帮助。

1. 学术咨询和建议

辅导员可以为学生提供学术咨询和建议，包括课程选择、学习技巧、考试准备等方面的帮助。他们可以帮助学生制订学习计划和时间表，提供有效的学习方法和技巧，以提高学生的学习效率和成绩。

2. 职业规划和就业指导

辅导员可以为学生提供职业规划和就业指导方面的帮助，提供包括职业规划建议、简历和求职信写作指导、面试技巧等方面的培训。他们可以帮助学生在上学期间就做好职业规划，为未来的就业做好准备。

3. 解决日常生活问题

辅导员还可以为学生解决日常生活中碰到的问题，提供包括住宿、饮食、健康、安全等方面的咨询和建议。他们可以为学生提供必要的支持和帮助，确保学生在上学期间的生活质量和安全。

通过以上措施，辅导员可以为学生提供必要的支持和帮助，解决他们在学习和生活中的问题，并为他们的成长和发展提供必要的指导和支持。

二、高校辅导员工作的挑战性

辅导员工作具有挑战性，因为他们需要面对个性差异较大的学生群体，同时处理各种突发事件和复杂问题。以下是一些主要的挑战。

（一）面对个性差异较大的学生群体

面对个性差异较大的学生群体，辅导员需要具备足够的敏感性和适应性，以便满足不同学生的需求。首先，辅导员需要了解每个学生的性格、兴趣和需求，以便更好地与学生沟通交流。其次，辅导员需要具备足够的沟通技巧和情商，以便与学生建立良好的关系，从而更好地了解学生的需求和问题。此外，辅导员还需要具备足够的教育学和心理学知识，以便为学生提供正确的指导和方法，帮助他们解决问题。

（二）需要处理各种突发事件和复杂问题

高校校园内经常会出现各种突发事件和复杂问题，如心理健康问题、家庭问题、学术纠纷等。辅导员需要具备足够的技能和知识来解决这些问题，同时还需要与相关人员协调和沟通。首先，辅导员需要具备一定的医学、心理学和法律知识，以便处理学生的心理健康问题和家庭问题。其次，辅导员需要具备良好的沟通技巧和协调能力，以便与相关人员协调和沟通，共同解决问题。此外，辅导员还需要具备一定的危机应对能力和应急处理能力，以便在突发事件发生时能够迅速采取措施，保护学生的安全和利益。

（三）需要不断学习和提高自己的专业素养

高校辅导员需要具备广泛的知识和技能，以便为学生提供最好的指导和服务。他们需要不断学习新的教育理念、心理学知识和相关政策法规，以提高自己的专业素养。首先，辅导员需要不断更新自己的知识体系，了解最新的教育理念和教学方法，以便更好地指导学生。其次，辅导员需要不断学习心理学知识，以便更好地了解学生的心理需求和问题，从而更好地与学生沟通交流。此外，辅导员还需要关注相关政策法规的变化和发展，以便更好地为学生提供指导和帮助。同时，辅导员还需要不断反思自己的工作，总结经验教训，不断提高自己的专业素养和工作能力。

第二节　高校辅导员工作方法和技巧的提升策略

一、建立良好的师生关系

（一）关注学生需求，积极沟通交流

作为辅导员，时刻关注学生的需求是至关重要的。了解他们的学习、生活和情感状态，可以帮助您更好地为他们提供帮助和支持。辅导员通过积极与学生进行沟通交流、及时解决问题，可以建立良好的师生关系，增强学生的信任感和归属感。

在与学生沟通的过程中，辅导员应该注重方式和方法，确保交流的有效性和针对性。可以采用多种沟通方式，如面对面交流、电话沟通、邮件往来等，应根据学生的需求和实际情况选择最合适的方式。同时，辅导员要耐心倾听学生的想法和意见，尊重他们的观点，并给予积极的反馈。

通过关注学生需求、积极沟通交流，辅导员可以更好地了解学生的情况，为他们提供更有针对性的指导和帮助。

（二）尊重学生个性，注重个体差异

每个学生都有自己的个性和特点，这是他们独特的人格魅力。辅导员应该尊重学生的个性，并在此基础上提供个性化的指导和帮助。根据学生的不同需求和特点，制订相应的培养计划和方案，以满足他们的个性化需求。

在教育过程中，辅导员应该注重个体差异，因材施教。根据学生的兴趣、爱好、特长和不足，制订相应的培养方案和措施，帮助他们发挥自己的优势，克服自身的弱点。同时，辅导员要关注学生的心理健康和成长环境，给予适当的支持和鼓励，帮助他们树立信心和积极的态度。

尊重学生个性、注重个体差异，可以使教育更具针对性和实效性，促进学生的全面发展。

（三）善于倾听，理解和包容学生的情感和想法

倾听是建立良好关系的关键之一。辅导员应该善于倾听学生的情感和想法，了解他们的内心世界，并给予适当的支持和鼓励。在倾听过程中，辅导员要保持耐心和理解，不要轻易打断或批评学生的想法和观点。

同时，辅导员应该理解学生的情感和心理需求，给予适当的支持和鼓励。这包括给予他们情感上的安慰、心理上的疏导、学习上的指导等。通过倾听和理解学生的情感和想法，辅导员可以更好地帮助学生树立信心和积极的态度，增强他们的自我认知和自我管理能力。

二、引导学生自主学习和自我管理

（一）培养学生思考和解决问题的能力

辅导员在教育过程中扮演着重要的角色，他们应该注重培养学生的思考能力，鼓励他们积极参与学术和社交活动，培养他们解决问题的能力。为了实现这一目标，以下是一些建议。

1. 培养批判性思维

组织讨论、辩论等活动，可以引导学生学会独立思考，培养他们的批判性思维。鼓

励他们表达自己的观点，并对不同的观点进行评估和整合。

2. 提供问题解决技巧

辅导员应为学生提供问题解决技巧的训练，例如制订计划、设定目标、分析问题、制订解决方案等。这些技巧可以帮助他们在面对实际问题时，能够有效地解决问题。

3. 鼓励自主学习

辅导员应该鼓励学生自主学习，培养他们的自我导向能力。辅导员通过提供学习资源、指导他们如何查找和利用信息，帮助他们建立自己的学习系统。

通过以上方法，学生将能够培养出良好的思考能力和解决问题的能力，这对于他们的学术和职业生涯都是非常重要的。

（二）帮助学生建立科学的学习方法和时间管理技巧

辅导员除了关注学生的思考能力和解决问题的能力外，还应该关注学生的学习方法和时间管理技巧。以下是一些建议。

1. 提供学习策略指导

辅导员应该为学生提供学习策略的指导，例如记忆技巧、时间管理技巧、自我评估方法等。这些技巧可以帮助学生在学习过程中更加高效和有针对性地学习。

2. 引导制订学习计划

辅导员可以帮助学生制订学习计划，计划应包括长期和短期的目标、学习时间和休息时间的安排等。通过合理的计划，学生可以更好地掌控自己的学习过程。

3. 培养时间管理能力

辅导员可以引导学生建立时间管理技巧，例如使用日程表、番茄工作法等。通过合理的时间管理，学生可以提高学习效率，更好地应对学习和生活中的各种挑战。

通过以上方法，学生将能够更好地掌控自己的学习过程，提高学习效率，更好地适应学习和生活的节奏。

（三）提供指导和支持，鼓励学生参与学术和社交活动

辅导员除了关注学生的学习和时间管理技巧外，还应该为学生提供指导和支持，鼓励他们积极参与学术和社交活动。以下是一些建议。

1. 组织课外活动

辅导员可以组织各种课外活动，例如学术研讨会、讲座、社团活动等，鼓励学生积极参与。这些活动不仅可以提高学生的社交能力，还可以丰富他们的学术和生活经验。

2. 提供参与机会

辅导员应该为学生提供各种参与学术和社交活动的机会，例如为学生推荐参加各种

竞赛、项目合作、社区服务等。这些机会可以帮助学生发展社交能力、团队合作能力和领导能力。

3. 鼓励自主参与

辅导员应该鼓励学生自主参与学术和社交活动，例如，鼓励学生主动参加社团、加入兴趣小组等。通过自主参与，学生可以更好地了解自己、发掘自己的兴趣和潜力，同时也可以扩大自己的社交圈子。

通过以上方法，学生将能够积极参与学术和社交活动，培养社交能力和团队合作精神，这对于他们的学术和职业生涯都是非常重要的。同时，辅导员也应该鼓励学生保持积极的态度和自信心，帮助他们克服困难和挑战。

三、有效应对突发事件和复杂问题

（一）提前制订应对预案，提高应对效率

作为辅导员，在面对突发事件时，提前制订应对预案是非常重要的。这可以帮助更好地应对突发事件，提高应对效率。具体来说，辅导员可以采取以下措施。

辅导员需要了解突发事件的特点和影响，以及可能出现的后果。这需要辅导员认真分析各种可能的情况，并制订相应的应对措施。同时，辅导员需要根据实际情况，不断调整和完善应对预案，以确保在突发事件发生时能够迅速采取措施。

辅导员需要与相关部门和人员保持密切联系，及时沟通情况，协调各方资源。这样可以帮助辅导员更好地了解情况，快速响应和解决问题。同时，辅导员需要做好数据统计和分析工作，以便及时总结经验和教训，为后续工作提供参考和借鉴。

辅导员需要充分利用现有的信息技术和工具，建立信息共享平台和沟通渠道。这样可以方便辅导员快速获取相关信息，加强团队之间的协作和沟通，提高工作效率和质量。

通过提前制订应对预案，辅导员可以更好地应对突发事件，提高应对效率。同时，这也需要我们不断提高自身的专业素养和管理能力，以更好地适应和应对各种复杂情况。

（二）善于利用资源，寻求外部支持和帮助

辅导员除了做好本职工作外，还应该善于利用各种资源，寻求外部支持和帮助。这样可以更好地解决问题，提高工作效率和质量。具体来说，辅导员可以采取以下措施。

我们需要善于利用学校资源和社会资源。这包括学校的师资力量、设备设施、学生群体等资源，以及社会上的其他资源和机构。通过合理利用这些资源，辅导员可以更好地解决问题，提高工作效率和质量。

辅导员需要积极寻求外部支持和帮助。这包括与相关部门的沟通和合作，以及寻求

专业机构和专家的支持和指导。通过与外部机构的合作和交流，辅导员可以更好地了解情况、解决问题、提高自身能力和水平。

辅导员需要注重团队合作和分享。与同事共同解决问题、分享经验和知识是非常重要的。这样可以提高工作效率和质量，加强团队之间的协作和沟通。同时，辅导员也需要关注其他辅导员的经验和做法，积极学习和借鉴他们的成功经验和方法。

通过善于利用资源、寻求外部支持和帮助，辅导员可以更好地解决问题、提高工作效率和质量。同时，这也需要辅导员不断提高自身的综合素质和能力水平，以更好地适应和应对各种复杂情况。

（三）注重团队合作，共同解决问题

作为辅导员，团队合作是非常重要的。通过团队合作和共同解决问题，辅导员可以更好地发挥团队的优势和潜力，提高工作效率和质量。具体来说，辅导员可以采取以下措施。

辅导员需要加强团队之间的沟通和协作。在工作中加强沟通、分享经验和知识是非常重要的。这样可以避免重复劳动、提高工作效率和质量。同时，辅导员也需要关注团队成员的需求和意见，积极倾听和回应他们的反馈和建议。

辅导员需要注重团队成员的培训和发展。作为辅导员团队的一员，辅导员需要不断学习和提高自己的专业素养和管理能力。这样可以更好地适应和应对各种复杂情况、提高工作效率和质量。同时，辅导员也需要关注团队成员的个人发展需求和职业规划，为他们提供支持和帮助。

辅导员需要注重团队文化建设。建立良好的团队文化可以增强团队的凝聚力和向心力，提高工作效率和质量。在团队文化建设中，辅导员需要注重公平公正、相互尊重、合作共赢等方面的工作。同时，辅导员也需要关注团队成员的情感需求和心理健康问题，为他们提供支持和帮助。

四、持续学习和专业发展

（一）持续学习

辅导员作为教育工作者，持续学习是必不可少的。通过参加各种培训课程、研讨会和学术会议，辅导员可以了解最新的教育理念和管理方法，提高自己的专业素养。此外，通过不断反思自己的工作，总结经验教训，辅导员可以更好地应对各种挑战，提高工作效率和质量。

持续学习有助于辅导员适应不断变化的教育环境，为学生提供更高水平的服务和支持。在这个信息爆炸的时代，教育理念和管理方法也在不断更新，因此，持续学习是辅导员保持专业竞争力的关键。

（二）专业发展

除了持续学习，辅导员还应该注重专业发展。这包括不断提升自己的专业知识和技能，掌握最新的教育技术和管理方法。通过不断探索和尝试，辅导员可以发掘自己的潜力和创造力，为学生提供更优质的服务和支持。

专业发展对于辅导员的职业发展至关重要。只有不断学习和探索，才能跟上时代的步伐，成为真正的教育专家。此外，专业发展也有助于辅导员建立自己的专业声誉和影响力，为未来的职业发展打下坚实的基础。

（三）反思工作

辅导员应该不断反思自己的工作，总结经验教训，以便更好地应对各种挑战。通过反思自己的工作表现和学生的反馈，辅导员可以发现自己的不足之处，并采取相应的改进措施。反思工作还可以帮助辅导员提高工作效率和质量，为学生的成长和发展提供更好的支持。

反思工作是辅导员职业发展的重要组成部分。通过不断总结经验教训，辅导员可以更好地应对各种挑战，提高自己的专业素养和工作能力。此外，反思工作还有助于培养辅导员的自我反思和自我管理能力，为未来的职业发展打下坚实的基础。

（四）适应变化

教育环境在不断变化，辅导员需要具备适应变化的能力。通过持续学习和专业发展，辅导员可以提高自己的适应能力，以更好地应对各种变化和挑战。在这个过程中，辅导员应该关注学生的需求和反馈，不断调整自己的工作方式和方法，以满足学生的需求，提高自己的工作效率。

适应变化是辅导员职业发展的重要方面。在这个快速变化的时代，教育环境也在不断变化，因此辅导员需要具备适应变化的能力，不断提高自己的专业素养和工作能力。只有这样，才能更好地为学生提供高质量的服务和支持。

（五）提供更高水平的服务和支持

通过持续学习和专业发展、反思工作、适应变化等措施，辅导员可以提高自己的工作效率，为学生提供更高水平的服务和支持。这包括提供更全面、更个性化的指导和服务，帮助学生解决各种问题和学习困难，促进学生的成长和发展。同时，辅导员还应该关注学生的心理健康和职业规划等方面的问题，为学生提供更好的支持和帮助。

第三节　如何提高高校辅导员的专业素养和工作能力

一、加强学习和培训

作为辅导员，提高专业素养和工作能力的重要途径之一就是不断学习和培训。可以通过以下几种方式。

（一）参加专业培训课程

参加专业培训课程是提高辅导员专业素养的重要途径。学校和社会上经常会组织各种辅导员专业培训课程，这些课程系统地介绍了辅导员工作的理论、方法和技巧。通过参加这些课程，辅导员可以更好地了解辅导员工作的内涵和要求，掌握更多的专业知识和技能，提高自己的专业素养。

（二）定期阅读相关文献，了解行业动态和发展趋势

定期阅读相关文献是了解行业动态和发展趋势的重要途径。可以通过阅读专业期刊、学术论文等方式，了解行业最新的研究成果和发展趋势，辅导员以便更好地应对学生工作中的各种问题。同时，辅导员也可以通过阅读文献，了解行业内的最新动态和趋势，为自己的工作提供更多的思路和灵感。

（三）参与学术交流和研讨活动

参与学术交流和研讨活动是拓宽视野和思路的重要途径。辅导员可以参加学术研讨会、经验交流会等活动，与其他优秀的辅导员一起交流工作经验和做法，拓宽自己的视野和思路。通过与其他辅导员的交流，辅导员可以学到更多的实践经验和理论研究成果，为自己的工作提供更多的启示和帮助。

二、注重自我反思和总结

辅导员在工作中要注重自我反思和总结，及时发现问题并加以改进。这可以通过以下方式实现。

（一）对工作进行定期反思和总结

在学生的工作中，定期反思和总结是非常重要的。通过反思自己在工作中存在的问题和不足，辅导员可以更好地了解自己的工作方式和策略是否适合学生，以便及时调整和改进，同时，总结成功的经验和做法，可以更好地借鉴和推广，提高工作效率和质量。

反思自己在工作中的问题时，辅导员可以从以下几个方面入手。

（1）沟通技巧：是否能够有效地与学生沟通，表达自己的想法和意见？

（2）解决问题能力：是否能够快速有效地解决学生提出的问题？

（3）组织能力：是否能够合理安排工作，确保工作进度和质量？

（4）情绪管理能力：是否能够控制自己的情绪，避免对学生产生负面影响？

通过反思这些问题，辅导员可以更好地了解自己的不足之处，并采取相应的措施进行改进。同时，在总结成功经验时，辅导员可以关注以下几个方面。

（1）有效的沟通技巧：如何与学生建立良好的关系，表达自己的想法和意见？

（2）灵活的解决方案：面对不同的问题时，如何制订不同的解决方案？

（3）合理的组织安排：如何合理安排工作，确保工作进度和质量？

（4）良好的情绪管理：如何控制自己的情绪，避免对学生的负面情绪产生影响？

总结成功经验不仅可以借鉴和学习其他辅导员的做法，还可以提高自己的工作效率和质量。

（二）关注学生反馈，及时调整工作策略和方法

为了更好地为学生服务，辅导员需要关注学生的反馈，及时调整自己的工作策略和方法，可以通过与学生沟通、调查问卷等方式了解学生的需求和反馈，以便及时调整自己的工作方式和方法。

在与学生的沟通中，辅导员可以通过以下方式了解学生的需求和反馈。

（1）倾听学生的意见和建议：了解他们的需求和问题。

（2）开放式提问：使用开放式提问方式鼓励学生表达自己的想法和意见。

（3）鼓励参与：鼓励学生参与工作决策，了解他们的看法和建议。

通过调查问卷等方式收集学生的反馈信息时，辅导员可以设置多个问题和选项来了解他们的需求和反馈。例如，可以设置一些几个问题和选项来了解学生对课程的满意度、学习环境、师资力量的反馈等信息。根据这些反馈信息，及时调整自己的工作策略和方法。

同时，需要注意不要为了完成任务而收集学生反馈信息。收集学生反馈信息的目的是更好地为学生服务，因此，辅导员需要确保信息收集的全面性和有效性。只有根据学生的真实反馈信息及时调整工作策略和方法，才能提高工作效率和质量。

（三）对自己的不足之处进行反思和改进，不断提高自己的专业能力

辅导员应该不断学习和提高自己的专业能力。辅导员通过学习新的知识和技能、参加专业培训等方式可以提高自己的专业能力，同时，需要对自己的不足之处进行反思和改进，以便更好地为学生服务。

辅导员在反思自己的不足之处时，可以从专业知识、教育技巧、教学风格、管理能力等几个方面入手。辅导员可以通过查阅专业书籍、参加培训等方式提高自己的专业知识水平。此外，积极参加与同行的交流和讨论可以从中获取灵感和提高教学能力。针对不同的不足之处，辅导员需要制订相应的改进计划并付诸实践，同时，需要不断跟进、评估改进计划的执行情况，并及时调整改进计划，以适应变化的学生需求和工作环境。不断提高自己的专业能力不仅可以更好地为学生服务，还可以为自身职业的发展创造更多机会和可能性。

三、团队协作和沟通

辅导员在工作中需要与其他辅导员、学生管理部门和学校进行协作和沟通，建立良好的团队协作关系，共同解决学生问题。这可以通过以下方式进行。

（一）加强与其他辅导员的沟通交流

为了更好地了解学生情况，加强学生管理工作的有效性和针对性，辅导员应加强与其他辅导员的沟通交流。具体可以通过以下方式进行。

1. 定期开会

辅导员可以定期组织与其他辅导员的会议，共同探讨学生工作中的问题和解决方案。通过集体讨论和交流，辅导员可以更好地了解不同学生的需求和问题，共同制订更加有效的解决方案。

2. 交流工作经验

辅导员可以通过交流工作经验，分享彼此在学生工作中的经验和心得，互相学习和借鉴。这样可以更好地了解其他辅导员的工作方式和技巧，提高整体工作效率和质量。

通过以上方式，辅导员可以加强与其他辅导员的沟通和合作，共同为学生管理工作提供更好的支持和保障。

（二）建立良好的团队协作关系，共同解决学生问题

除了加强与其他辅导员的沟通交流外，建立良好的团队协作关系也非常重要。这样可以更好地发挥团队的优势和力量，共同解决学生问题。这可以通过以下方式进行。

1. 积极参与学生管理部门的各项工作

辅导员可以积极参与学生管理部门的各项工作，了解学校政策和学生需求，为学生提供更好的服务。这样可以更好地了解学生情况，制订更加有针对性的解决方案。

2. 建立良好的协作关系

辅导员与同事和学生建立良好的协作关系，积极沟通和交流，共同解决问题。这样

可以更好地了解彼此的工作方式和需求，提高团队协作效率和满意度。

通过以上方式，辅导员可以建立良好的团队协作关系，共同为学生问题提供更好的解决方案和支持。

（三）提高自身沟通和表达能力，以更好地与学生进行交流和互动

为了更好地与学生进行交流和互动，提高自身的沟通和表达能力非常重要。具体可以通过以下方式进行。

1. 注重语言表达的准确性和清晰度

辅导员在与学生的交流中，需要注重语言表达的准确性和清晰度，以便更好地传达信息和理解学生的需求。这样可以避免因表达不清而导致的误解和沟通障碍。

2. 提高沟通技巧

辅导员可以通过学习和实践提高自身的沟通技巧，如倾听、表达、反馈等。这样可以更好地了解学生的想法和需求，并给予适当的回应和支持。

3. 注重非语言沟通

辅导员除了语言表达外，还需要注重非语言沟通，如眼神交流、肢体语言等。这样可以更好地了解学生的情感和态度，并给予适当的关注和支持。

通过以上方式，辅导员可以提高自身的沟通和表达能力，更好地与学生进行交流和互动，为学生管理工作提供更好的支持和保障。

四、关注心理问题处理能力

辅导员需要具备一定的心理问题处理能力，能够及时发现学生的心理问题并采取有效措施。这可以通过以下方式提高自己的心理问题处理能力。

（一）积极学习大学生心理健康相关知识

大学生正处于身心发展的重要时期，面临着学习、生活、情感、就业等多方面的压力，容易出现各种心理问题。因此，了解大学生心理健康相关知识，掌握应对心理问题的策略和方法，对于维护大学生的心理健康具有重要意义。

1. 阅读相关书籍

大学生可以通过阅读心理健康类书籍，了解大学生常见的心理问题及其解决方法。这些书籍通常会介绍一些心理学的理论和方法，帮助大学生更好地认识自己，了解自己的心理特点，从而更好地应对各种心理问题。

2. 参加心理健康讲座

学校和社会组织经常会举办心理健康讲座，邀请心理学家和专家讲解心理健康知识，

提供心理咨询服务。大学生可以通过参加这些讲座，了解更多的心理健康知识，提高自己的心理素质。

通过以上方式，大学生可以更好地了解自己的心理状态，及时发现自己的心理问题，并采取相应的措施进行调节和改善。

（二）建立和谐、良好的师生关系

建立和谐、良好的师生关系是促进大学生心理健康发展的重要途径之一。以下是一些建议，帮助教师和学生建立和谐、良好的师生关系。

1. 注重与学生之间的沟通和互动

辅导员需要与学生建立良好的沟通渠道，及时了解学生的心理状态和需求，关注学生的情感变化，给予必要的关心和支持。同时，学生也需要积极与教师交流，表达自己的想法和感受，寻求教师的帮助和支持。

2. 建立良好的师生关系

辅导员需要尊重学生的人格和权利，关注学生的个性差异和特长，给予学生充分的信任和支持。同时，学生也需要尊重教师的工作和付出，积极配合教师的教学工作，共同营造良好的教学氛围。

3. 及时发现学生心理问题并采取有效措施

辅导员需要注重观察学生的言行举止和情绪变化，及时发现学生的心理问题，并采取相应的措施进行干预和引导。如果问题比较严重，辅导员需要及时向学校心理咨询中心或专业心理咨询机构求助。

五、提高创新能力

辅导员需要不断提高自己的创新能力，不断探索新的工作方式和方法，以更好地满足学生的需求。辅导员可以通过以下方式提高自己的创新能力。

（一）不断学习新的知识和技能

作为学生工作者，辅导员需要不断学习新的教育理念、管理方法和技术，以便更好地应对学生工作中的各种问题。这不仅是为了适应时代的发展，更是为了提高自己的专业素养和工作能力。因此，辅导员需要不断学习新的知识和技能，不断更新自己的知识库和管理方法，以便更好地为学生服务。

在学习的过程中，辅导员需要注意以下几点。

（1）持续学习：辅导员需要保持学习的热情和动力，不断探索新的知识和技能，不断更新自己的知识库和管理方法。

（2）注重实效：学习是为了更好地应用，辅导员需要注重学习的实效性，将所学知识应用到实际工作中，不断提高自己的工作能力和水平。

（3）善于总结：在学习过程中，辅导员需要善于总结经验教训，不断反思自己的工作方法和思路，不断改进和提高自己的工作水平。

（二）不断尝试新的工作方式和方法

作为学生工作者，辅导员需要勇于尝试新的工作方式和方法，不断探索适合学生的新方法，提高工作效率和质量。这不仅是为了应对时代的发展和学生的变化，更是为了更好地为学生服务。因此，辅导员需要不断尝试新的工作方式和方法，不断探索适合学生的新思路和新方法。

在尝试新的工作方式和方法时，辅导员需要注意以下几点。

（1）注重实践：辅导员需要勇于尝试新的工作方式和方法，不断在实践中探索和总结经验教训。

（2）注重效果：尝试新方法的目的是提高工作效率和质量，因此，辅导员需要注重其实施效果，不断提高自己的工作水平。

（3）善于总结：在尝试新方法的过程中，辅导员需要善于总结经验教训，不断反思自己的工作方法和思路，以便更好地应对未来工作中的挑战。

（三）善于从他人经验中学习和借鉴

作为学生工作者，辅导员可以借鉴其他优秀辅导员的工作经验和做法，将其应用到自己的工作中，不断提高自己的创新能力。借鉴他人经验可以让我们少走弯路，更好地发挥自己的优势和特长。因此，辅导员需要善于从他人经验中学习和借鉴，不断完善自己的工作方法和思路。

在借鉴他人经验时，我们需要注意以下几点。

（1）虚心学习：辅导员需要虚心向他人学习，认真听取他人的经验和做法，并加以总结和提炼。

（2）结合实际：借鉴他人经验的目的是更好地应用在自己的工作中，因此，辅导员需要结合自己的实际情况和工作特点进行应用和创新。

（3）不断反思：在借鉴他人经验的过程中，辅导员需要不断反思自己的工作方法和思路，以便更好地应对未来工作中的挑战。同时，辅导员也需要不断提高自己的反思能力和创新能力，不断探索适合学生的新思路和新方法。

第十三章　高校辅导员队伍建设与发展

第一节　高校辅导员队伍的现状分析

一、辅导员队伍规模和结构

（一）辅导员队伍规模相对稳定

高校辅导员队伍是高校教育的重要组成部分，他们负责着学生的思想引导、学习指导、生活服务、心理辅导等多项工作。近年来，随着高等教育改革的不断深入，辅导员队伍规模逐渐稳定，但仍存在一些问题需要关注和解决。

辅导员的数量不足是当前普遍存在的问题。尽管学校对辅导员的需求是根据学生数量来决定的，但是在实际操作中，由于种种原因，辅导员的数量往往难以达到预期。这导致了辅导员工作压力过大，无法充分履行职责，影响了工作的质量和效果。

辅导员队伍的专业素质和能力水平也需要进一步提升。当前，许多辅导员缺乏必要的教育学、心理学、职业规划等方面的专业知识和技能，无法满足学生的多样化需求。此外，辅导员队伍的年龄结构和知识结构也需要进一步优化，以适应高等教育改革和发展的需要。

辅导员队伍的稳定性也是一个需要关注的问题。由于辅导员工作量大、压力大、待遇不高，许多辅导员在工作中感到疲惫不堪，缺乏职业认同感和归属感。这导致了辅导员队伍的不稳定，影响了工作的连续性和效果。

（二）结构问题

1. 年轻辅导员较多，经验相对不足

年轻辅导员往往具备较高的学历和专业知识，易于与学生建立良好的沟通关系。他们富有热情，对于学生的问题和需求也更加敏感。然而，由于他们可能缺乏足够的工作经验和职业规划指导，因此，在面对一些复杂问题时，他们可能难以给出有效的解决方案。这可能会影响他们对学生的指导和帮助效果。

2. 资深辅导员相对较少，影响学生指导

资深辅导员通常具有丰富的工作经验和人际交往技巧，他们能够提供更全面和深入的指导。然而，由于他们在辅导员队伍中的比例相对较小，新生代学生可能难以获得充分和有效的指导和帮助。这种情况可能导致学生在面临困难和挑战时感到迷茫和无助，进而影响他们的学习和生活。

（三）年轻辅导员的问题

1. 工作经验不足

年轻辅导员通常由于刚刚开始他们的教育或职业生涯，因此，他们可能缺乏足够的工作经验，难以理解和应对学生的各种需求和问题。他们可能对某些特定领域的知识和技能掌握不够深入，这可能会限制他们在处理学生问题时的发挥。

年轻辅导员可能需要更多的时间和精力去学习和提升自己的专业能力，包括了解学生的需求和问题，掌握有效的沟通技巧，以及积累处理各种情况的经验。他们也需要更多的机会去参与培训和研讨会，以获取最新的教育理念和技巧。

2. 职业规划指导不足

许多年轻辅导员可能没有接受过专门的职业规划指导，这使得他们在帮助学生规划未来职业发展时可能面临困难。缺乏对特定行业和职业的了解，以及对个人兴趣、能力和潜力的清晰认识，可能会限制他们提供有效和实用的职业规划建议。

为了解决这个问题，高校可以提供一些培训和资源，帮助年轻辅导员更好地理解职业规划的重要性，以及帮助学生进行自我评估和职业探索。他们还可以提供一些行业报告和就业数据，以帮助学生了解不同行业的现状和前景。

3. 情绪管理

由于工作繁重和压力大，年轻辅导员可能会面临情绪管理的问题。他们可能感到疲惫、焦虑或沮丧，这可能会影响他们与学生的互动和沟通。高校应该提供适当的支持和资源，以帮助年轻辅导员管理情绪，这包括提供心理咨询、时间管理和压力管理的培训。

4. 与其他部门的合作

年轻辅导员可能需要与其他部门（如行政、实验室、研究等）合作，以帮助学生解决问题或实现目标。他们可能需要学习如何与这些部门进行有效沟通，以便为学生提供更全面和连贯的支持。

（四）资深辅导员的重要性

资深辅导员在辅导员队伍中扮演着至关重要的角色，他们不仅具备丰富的工作经验和职业规划指导能力，还能给予新生代学生充分的指导和帮助，帮助他们更好地适应大学生活、明确自己的职业发展方向。以下是资深辅导员的重要性的一些具体体现：

1. 帮助学生适应高校生活

资深辅导员通常具有多年的辅导员工作经验，他们熟悉高校生活的各种细节和规则，能够帮助学生尽快适应高校环境，解决他们在学习、生活、社交等方面遇到的问题。资深辅导员能够提供个性化的指导，根据学生的不同需求和特点，提供有针对性的帮助和支持，使学生能够更好地融入高校生活。

2. 提供职业规划指导

资深辅导员通常具有丰富的职业规划经验，他们能够帮助学生明确自己的职业发展方向，提供相关的职业规划和就业指导。他们能够帮助学生了解自己的兴趣、能力和职业市场需求，帮助他们制订职业发展规划，提供职业素质培养的建议和指导，帮助学生更好地规划自己的未来。

3. 培养学生的综合素质

资深辅导员不仅关注学生的学业成绩，更注重培养学生的综合素质和职业能力。他们通过与学生的沟通和交流，了解学生的兴趣爱好和发展潜力，为学生提供各种锻炼和提升自己的机会。资深辅导员还可以帮助学生培养良好的学习、生活习惯和团队协作精神，使学生更好地适应社会和工作岗位。

4. 提升辅导员队伍的整体素质

高校应该注重培养和引进更多的资深辅导员，以提高辅导员队伍的整体素质。资深辅导员的经验和职业规划指导能力可以为新晋辅导员提供榜样和借鉴，促进辅导员队伍的专业化和职业化发展。同时，资深辅导员的引进和培养也可以为学校的发展和人才培养提供更多的支持和保障。

二、辅导员工作现状和问题

（一）工作现状

辅导员在高校生活中扮演着至关重要的角色。他们负责学生的日常管理、学业指导、心理辅导、职业规划等方面的工作，工作任务繁重。然而，由于辅导员的待遇和发展前景不佳，这导致他们往往缺乏足够的支持和培训，工作中面临诸多挑战。

1. 工作压力大

辅导员作为学生成长道路上的重要指导者，承担着巨大的工作压力。他们需要处理大量的事务性工作，如学生考勤、请假、奖助学金申请等，这些工作往往占据了他们大量的时间和精力，导致他们无法专注于学生的学业指导和心理辅导等工作。此外，随着学生数量的不断增加，辅导员的工作负担也越来越重，需要应对各种突发事件和紧急情况，这无疑增加了他们的压力和焦虑。

2. 职业认同感低

许多人对辅导员的职业认同感较低，认为辅导员的工作没有技术含量，缺乏成就感。这是因为辅导员的工作内容繁杂，且缺乏明确的职业发展路径和晋升机会。许多辅导员需要长时间投入工作，却得不到相应的回报和认可，这无疑会对他们的职业认同感和自信心造成打击。此外，一些高校对于辅导员的培训和支持力度不够，这也导致了他们难以获得专业发展和技能提升的机会，从而降低了职业认同感。

（二）问题分析

辅导员工作面临的问题主要源于以下几个方面。

1. 缺乏足够的支持和培训

高校对辅导员的支持和培训不足是导致辅导员职业认同感低下的主要原因之一。辅导员作为高校教育体系中的重要角色，承担着为学生提供心理、学业、生活等多方面指导的责任。然而，由于高校对辅导员的支持和培训不足，许多辅导员无法更好地履行职责，难以应对工作压力和职业发展挑战。这使得辅导员感到自己的职业发展受到了限制，难以获得应有的认可和尊重，进而导致职业认同感低下。

2. 职业素养和工作能力不足

辅导员的职业素养和工作能力不足也是导致职业认同感低下的原因之一。由于高校对辅导员的培训和学习缺乏系统的支持，许多辅导员在职业素养和工作能力方面存在不足，难以满足学生的需求。这不仅影响了辅导员的工作效果，也使得学生和同事对辅导员的职业能力产生质疑，进而影响职业认同感。

此外，辅导员的职业素养和工作能力不足还可能导致工作效率低下、工作质量不高、与学生沟通不畅等问题，这进一步加剧了职业认同感低下的状况。

3. 职业认同感低下的原因分析

辅导员的职业特点和工作内容决定了其需要具备较高的综合素质和能力，包括良好的沟通技巧、心理学知识、教育和管理技能等。然而，由于高校对辅导员的职业定位和重视程度不够，导致许多辅导员无法获得足够的学习和发展机会，进而影响其职业认同感。此外，高校给与辅导员的薪酬待遇和职业晋升机制也存在一定的问题，这也影响了辅导员的职业认同感。

三、辅导员与学生的关系

（一）辅导员与学生之间的关系特点

辅导员与学生之间的关系复杂，既存在指导与被指导的关系，又有管理与被管理的关系。辅导员作为学生的指导者和管理者，需要关注学生的学业、生活、心理等方面，帮助学生解决各种问题，促进学生全面发展。同时，辅导员也需要对学生的行为进行一定的管理和约束，维护校园秩序和安全。

（二）指导与被指导的关系

指导与被指导的关系在高校教育体系中扮演着至关重要的角色。辅导员作为学生的指导者，与学生之间形成了一种特殊的关系，他们需要关注学生的学业和职业规划，提供学术、生活、心理等方面的指导和帮助。同时，学生也需要尊重辅导员的专业知识和经验，积极配合辅导员的工作，共同实现教育目标。以下是这种关系的几项重要体现。

1. 学术指导

辅导员通常具有丰富的教育背景和专业知识，能够为学生提供学术方面的指导和帮助。他们可以帮助学生了解课程要求、学习技巧、时间管理等方面的知识，从而帮助学生更好地适应大学学习生活。

2. 生活指导

辅导员不仅关注学生的学术表现，还关心学生的日常生活。他们可以提供生活技能、社交技巧等方面的指导，帮助学生更好地适应大学生活，解决生活中的问题和挑战。

3. 职业规划

辅导员通常与学生分享职业规划和就业信息，为学生提供职业发展的建议和指导。他们可以帮助学生对自己的兴趣、能力和职业前景进行评估，帮助学生制订职业规划，并为他们提供实习、就业等方面的帮助和支持。

4. 心理支持

辅导员通常具备心理咨询的专业知识，可以为学生提供心理支持和帮助。他们可以倾听学生的烦恼和困惑，提供情感支持和心理疏导，帮助学生应对各种心理问题，如焦虑、抑郁等。

5. 积极配合

学生应该尊重和信任辅导员的专业知识和经验，积极配合辅导员的工作。学生应该与辅导员保持沟通，及时反馈自己的需求和问题，认真听取辅导员的建议和指导，努力实现自己的教育目标。

6. 建立信任关系

建立信任关系是指导与被指导关系的基础。学生应该尊重辅导员的职业操守和人格品质，相信他们的建议和指导是出于关心和负责任的态度。辅导员也应该给予学生充分的信任和尊重，鼓励他们独立思考和自主决策。

7. 共同成长

指导与被指导的关系是一个相互促进的过程。辅导员和学生应该共同努力，共同成长。学生可以从辅导员那里学习到更多的知识和技能，而辅导员也可以从学生那里获得更多的反馈和建议，不断完善自己的工作。

（三）管理与被管理的一面

管理与被管理是一对矛盾的统一体，这在高校校园中也不例外。辅导员作为学生管理者，与学生相处需要相互尊重、相互配合，共同维护良好的校园环境。

1. 辅导员的角色和职责

辅导员是学生管理工作的主要承担者，他们负责学生的日常行为规范、学习生活、心理健康等方面的管理和指导。辅导员需要对学生的行为进行一定的管理和约束，以维护校园秩序和安全。同时，辅导员还需要关注学生的思想动态和心理健康，及时发现和解决学生面临的问题，确保学生能够健康成长。

2. 学生的义务和责任

学生作为大学校园中的一员，需要遵守学校的规章制度和管理要求，尊重辅导员的管理权力和权威。学生应该认真学习学校的课程安排，积极参加各种校园活动，保持良好的学习和生活习惯。同时，学生还应该尊重师长、团结同学、爱护公共财物等，共同维护良好的校园环境。

3. 共同维护良好的校园环境

辅导员和学生需要共同努力，共同维护良好的校园环境。只有双方相互尊重、相互配合，才能够形成良好的管理氛围，促进学生的健康成长和学校的稳定发展。辅导员应该积极听取学生的意见和建议，不断完善管理制度和管理方式，提高管理效果。学生也应该积极配合辅导员的工作，尊重学校的规章制度和管理要求，共同营造一个和谐、文明、有序的校园环境。

4. 管理技巧和方法

在管理学生的过程中，辅导员需要运用一定的管理技巧和方法。首先，辅导员应该注重沟通交流，与学生建立良好的关系，了解学生的需求和问题，及时给予帮助和支持。其次，辅导员应该注重教育引导，通过思想教育、心理辅导等方式，帮助学生树立正确的价值观和人生观，增强学生的自我管理和自我约束能力。最后，辅导员还应该注重制度建设，不断完善管理制度和管理方式，提高管理效果和效率。

（四）加强沟通与交流的重要性

沟通与交流在高校师生关系中的重要性不言而喻。通过加强辅导员与学生之间的沟通与交流，高校可以建立更加紧密、和谐、有爱的师生关系，从而更好地促进学生的成长和发展。以下是分条论述加强沟通与交流的重要性。

1. 增进相互了解

沟通是增进了解的桥梁，通过交流，辅导员可以更好地了解学生的需求、兴趣、学习情况等，从而更好地为学生提供指导和帮助。同时，学生也可以通过与辅导员的交流，更好地了解辅导员的工作和职责，增强对学校的认同感和归属感。

2. 及时解决问题

通过沟通与交流，辅导员可以及时了解学生在学习和生活中遇到的问题和困难，并及时给予指导和帮助。这样可以避免问题积累和恶化，有助于学生更好地适应高校生活，提高学习效率和生活质量。

3. 增强信任和尊重

通过有效的沟通和交流，辅导员和学生之间可以建立信任和尊重的关系。这种关系有助于学生更加信任辅导员，愿意与辅导员分享自己的想法和感受，同时也有助于辅导员更好地了解学生，从而更好地为学生提供帮助和支持。

4. 促进学生心理健康

沟通与交流还可以及时发现学生的心理问题，并及时给予关心和支持。高校是学生成长的重要阶段，也是学生面临各种压力和挑战的时期。通过有效的沟通和交流，辅导员可以及时发现学生的心理问题，并给予相应的指导和帮助，帮助学生更好地应对压力和挑战，促进学生的心理健康发展。

5. 提高教育效果

有效的沟通和交流有助于提高教育效果。通过交流，辅导员可以更好地了解学生的学习情况和兴趣爱好，从而更好地制订教育计划和方案，有针对性地开展教育工作。同时，学生也可以通过与辅导员的交流，更好地理解教育内容和要求，提高学习效果和成绩。

（五）尊重学生个性和权利

高校辅导员在管理学生的过程中，需要尊重学生的个性和权利，维护学生的合法权益，这是辅导员工作的重要原则之一。以下对此分条论述。

1. 尊重学生个性

每个学生都有自己独特的个性和兴趣爱好，辅导员应该尊重学生的个性，不要强行规定学生的行为和思想。应该鼓励学生发挥自己的特长和优势，激发他们的创造力和想象力。

2. 维护学生合法权益

学生作为受教师，享有法律规定的各项权益。辅导员应该了解并尊重学生的合法权益，如受教育权、人身安全权、隐私权等。在管理学生的过程中，辅导员应该遵循法律法规，不得侵犯学生的合法权益。

3. 注重学生感受

辅导员应该注重学生的感受和意见，尊重学生的情感和需求。在与学生沟通时，辅导员应该以平等、尊重的态度对待学生，避免使用强制、威胁或侮辱性的语言，同时，应该倾听学生的声音，了解他们的需求和问题，并及时给予回应和帮助。

4. 避免过度管理

辅导员应该避免过度管理和强制管理，不要对学生的行为和言论进行过度干预和控制，应该给予学生一定的自由度和自主权，让他们能够自主地学习和生活。同时，辅导员也应该对学生的行为进行必要的监督和管理，确保学生遵守学校规章制度和法律法规。

5. 关注学生心理健康

高校是学生成长发展的重要阶段，辅导员应该关注学生的心理健康和成长发展，应该了解学生的心理状况和情感需求，提供必要的心理支持和帮助。同时，也应该引导学生积极面对困难和挑战，培养他们的自信心和应对能力。

6. 提供必要的支持和帮助

辅导员应该为学生提供必要的支持和帮助，包括学习、生活、就业等方面的指导和服务，应该了解学生的学习和生活情况，及时给予指导和帮助，帮助他们解决实际问题，同时，也应该鼓励学生积极参与校园文化活动和社会实践，促进他们的全面发展。

四、辅导员的职业认同和社会地位

（一）辅导员的职业认同

1. 职业特点的误解

许多人可能对辅导员的工作内容和职业特点了解不够深入，导致对辅导员的职业认同度相对较低。实际上，辅导员的工作涵盖了学生的学业、生活、心理、职业规划等多个方面，他们是学生在高校期间重要的指导者和陪伴者。

2. 日常事务的处理

在很多人的观念中，辅导员只是处理学生日常事务的“助手”，这种看法在一定程度上影响了辅导员的职业认同感。然而，实际上，辅导员需要处理各种复杂的学生问题，包括学业指导、生活咨询、心理疏导、职业规划等，他们的工作远不止于此。

3. 学生成长的陪伴者

在学生的成长过程中，辅导员起到了非常重要的陪伴和支持作用。他们不仅是学生的指导者，也是学生的倾听者和帮助者。因此，人们应该看到辅导员在工作中的价值和贡献，给予他们更多的认可和尊重。

4. 加强宣传和推广

高校应该加强宣传和推广工作，让更多人了解辅导员的工作内容和职业特点。这可以通过开展相关的讲座、培训和宣传活动来实现。这样的宣传推广可以增强社会对辅导员职业的认知和理解，提高他们对辅导员工作的认可度和尊重度。

5. 提升职业素质和能力

作为辅导员，他们应该不断提升自己的职业素质和能力，包括教育学、心理学、职业规划等方面的知识和技能。只有不断提高自己的专业素养，才能更好地为学生提供指导和帮助，从而获得更高的职业认同度。

6. 建立良好的师生关系

建立良好的师生关系是辅导员工作的重要基础。辅导员应该关注学生的需求和感受，倾听学生的声音，积极与学生沟通交流，建立互信和信任关系。这种良好的师生关系可以增加学生对辅导员的信任和尊重，从而提高辅导员的职业认同度。

（二）辅导员的社会认同

社会对辅导员的认同度低，这一问题确实存在，这主要是由于社会对辅导员的认知不足所致。以下是导致问题的几个原因以及相应的提升策略。

1. 工作内容的广泛性和琐碎性

辅导员的工作内容涉及学生管理的方方面面，包括学业指导、生活帮助、心理疏导、职业规划等，工作内容广泛且琐碎，往往容易被忽视。这种工作特性导致社会对辅导员的认知度不高，影响了他们的社会认同度。

提升策略：高校应该加强对辅导员的职业培训，提升他们的职业素养和工作能力，使他们能够更好地为学生提供全方位的服务。同时，高校应该为辅导员提供更多的职业晋升机会和职业发展空间，让他们有更多的机会展示自己的能力和价值。

2. 职业认同感不强

社会对辅导员的职业定位和价值认知不足，导致辅导员的职业认同感不强。许多人认为辅导员只是一个“打杂工”，无法得到应有的尊重和认可。

提升策略：高校应该通过表彰优秀辅导员、宣传他们的先进事迹等方式，提高辅导员的社会认同度和荣誉感。同时，高校应该加强与社会的沟通与合作，让更多的人了解辅导员的工作内容和价值，提高他们对辅导员的认知度和尊重程度。

3. 待遇和福利问题

由于辅导员的工作性质和地位问题，他们的待遇和福利往往不如其他教师岗位，这也影响了他们的社会认同度。

提升策略：高校应该提高辅导员的薪资待遇和福利水平，使辅导员能够获得更好的生活条件和福利待遇。同时，高校应该关注辅导员的职业发展问题，为辅导员提供更多的职业晋升机会和职业发展空间。

第二节　高校辅导员队伍建设的途径

一、优化辅导员队伍结构，提高专业素质

（一）优化辅导员队伍结构

1. 注重选拔具有相关专业背景的人才进入辅导员队伍

辅导员是学生大学期间接触最多的人，因此他们的专业背景和技能对于学生的成长和发展至关重要。有思想政治教育、心理学、管理学等专业背景的人才能够更好地了解学生的需求，提供有针对性的指导和帮助。通过选拔具有相关专业背景的人才，高校可以确保辅导员具备扎实的专业知识和技能，从而更好地引导学生健康成长。

2. 关注辅导员的专业素质和职业能力的提高

辅导员队伍的素质直接影响到学生的成长和发展，因此，高校应该关注辅导员的专业素质和职业能力的提高。这包括定期组织培训和交流活动，让辅导员了解最新的教育理念和方法，提高他们的教育水平和能力。同时，高校还应该建立科学的评价体系，对辅导员的工作进行客观公正的评价，激励他们不断提高自己的专业素质和职业能力。

3. 建立科学合理的辅导员队伍结构

辅导员队伍的结构应该科学合理，既要有一定的数量，也要有一定的质量。我们应该根据实际情况和学生的需求，合理设置辅导员的数量和岗位，确保每个辅导员都能够充分发挥作用。同时，高校还应该注重辅导员的年龄、性别、学历、专业等方面的平衡，建立一支高素质、专业化的辅导员队伍。

4. 加强辅导员与学生的沟通交流

沟通交流是建立良好师生关系的关键，辅导员应该注重与学生之间的沟通交流，了解学生的需求和问题，提供及时有效的帮助和支持。同时，高校也应该为辅导员提供必

要的支持和保障，例如提供办公场地、设施、经费等方面的支持，确保辅导员能够更好地履行职责。

（二）提高专业素质

1. 加强职业培训和进修

定期组织各种形式的培训和学术活动，可以帮助辅导员不断提升自己的专业素养和工作能力。这些活动可以包括专业讲座、研讨会、工作坊等，提供最新的教育理念、方法和技术，帮助辅导员掌握最新的教育技能和知识。

2. 引入新的教育理念和方法

互联网+教育、人工智能等新兴技术为辅导员提供了更多的学习机会和资源。这些新兴技术不仅可以提供更丰富的学习体验，还可以通过大数据和人工智能等技术帮助辅导员更好地了解学生的学习特点和需求，提供更个性化的教育服务。

3. 提供职业发展规划

为了提高辅导员的职业发展动力和满意度，高校需要为他们提供明确的职业发展规划和晋升渠道。这可以通过设立辅导员职称评定体系、设立优秀辅导员奖励制度等方式来实现。

4. 建立有效的反馈机制

为了及时了解辅导员的工作情况和发展需求，高校需要建立有效的反馈机制。这可以通过定期的绩效评估、学生评价、同行评价等方式来实现，以便及时发现问题并加以改进。

5. 鼓励自主学习和自我提升

辅导员应该积极自主学习和自我提升，不断更新自己的知识和技能。高校可以提供一些学习资源，如在线课程、专业书籍、学术期刊等，帮助辅导员不断拓宽自己的知识面和技能水平。

二、加强辅导员的职业培训和进修

（一）加强辅导员的职业培训

1. 职业培训是提高辅导员专业素质的重要途径

辅导员是高校教育体系中的重要角色，他们的工作涉及到学生的日常管理、思想引导、学业辅导等多个方面。通过职业培训，辅导员可以获得更多的专业知识和技能，提高自己的综合素质，更好地履行自己的职责。

2. 高校应该提供充足的培训资源

高校应该为辅导员提供充足的培训资源，包括线上和线下的课程、讲座、研讨会等。这些资源应该涵盖辅导员工作所需要的各个方面，包括思想政治教育、心理健康教育、学业辅导、职业规划等。此外，高校还应该积极引入最新的教育理念和教学方法，不断更新培训内容，使辅导员能够跟上时代发展的步伐。

3. 定期组织各种形式的培训和学术交流活动

高校应该定期组织各种形式的培训和学术交流活动，如研讨会、讲座、工作坊等。这些活动可以帮助辅导员了解学科前沿和发展趋势，拓宽自己的视野和思路。同时，通过与其他辅导员的交流和合作，辅导员之间可以相互学习、共同进步，辅导员可以提高自己的综合素质和工作能力。

4. 鼓励辅导员参加各类培训班和进修课程

高校应该鼓励辅导员参加各类培训班和进修课程，以便更好地了解学科前沿和发展趋势，拓宽自己的知识面和技能水平。这些培训班和进修课程可以是校内外的各种专业机构举办的，也可以是高校自己开设的课程。通过参加这些课程，辅导员可以不断提高自己的专业素养和工作能力，更好地为学生服务。

5. 培训效果评估和反馈机制

高校应该建立培训效果评估和反馈机制，对辅导员的职业培训进行监督和评估。通过收集辅导员的反馈意见和建议，高校可以了解培训的效果和存在的问题，及时调整培训内容和方式，提高培训的质量和效果。同时，高校还应该鼓励辅导员积极参与到培训中来，让他们有更多的机会展示自己的能力和经验，激发他们的积极性和创造力。

（二）鼓励辅导员进修

鼓励辅导员进修可以从以下几个方面入手。

1. 职业培训

高校应该定期组织辅导员参加职业培训，包括专业课程、管理技能、沟通技巧等方面的培训。这些培训可以帮助辅导员提高自己的专业素养和管理能力，更好地适应工作需要。

2. 自主研修

除了职业培训外，高校还应该鼓励辅导员进行自主研修，不断提高自己的学术水平和专业素养。辅导员可以通过阅读专业书籍、参加学术会议、发表学术论文等方式，不断拓展自己的知识面和学术视野。

（1）阅读专业书籍：辅导员可以通过阅读专业书籍来了解最新的研究成果和理论动态，不断提高自己的专业素养。同时，高校也可以为辅导员提供图书馆资源，帮助他们更好地查阅相关资料。

（2）参加学术会议：高校可以组织辅导员参加学术会议，与同行交流学术观点和研究成果，拓展自己的学术视野。同时，高校也可以为参加学术会议的辅导员提供一定的经费支持，帮助他们更好地参加会议。

（3）发表学术论文：发表学术论文是提高学术水平和专业素养的重要途径之一。高校可以为有学术研究潜力的辅导员提供发表论文的平台和机会，帮助他们发表自己的研究成果，同时也能够提高他们的学术地位和知名度。

3. 提供经费支持

高校应该为辅导员提供一定的经费支持，帮助他们更好地完成进修任务。这可以包括为参加培训、自主研修、发表论文等提供一定的补助和奖励，鼓励他们积极参与进修和提高自己的专业水平。

（三）建立完善的职业发展体系

职业发展体系对于辅导员来说是非常重要的，因为这可以帮助他们更好地规划自己的职业生涯，提高自己的职业素养和能力，从而更好地为学生服务。位建立完善的辅导员职业发展体系，以下是一些建议。

1. 提供明确的职业规划和晋升标准

2. 高校应该为辅导员提供明确的职业规划和晋升标准，让他们明确自己的职业发展方向和目标。这些规划和标准应该包括晋升所需的基本条件、晋升路径、考核标准等，让辅导员有明确的职业发展路径可循。

3. 提供培训和进修机会

高校应该为辅导员提供相应的培训和进修机会，帮助他们更好地实现职业发展目标。这些培训和进修机会可以包括各种形式的培训课程、学术研讨会、专题讲座等，内容可以涵盖辅导员的职业素养、教育管理、心理健康教育等方面。

4. 建立完善的激励机制

高校应该建立完善的激励机制，鼓励辅导员积极投身职业发展，提高自己的职业素养和能力。这些激励措施可以包括晋升机会、奖金、荣誉证书等，让辅导员感到自己的努力得到了认可和回报。

5. 加强职业发展指导和支持

高校应该为辅导员提供专业的职业发展指导和支持，帮助他们制订合理的职业规划，提高职业发展的效率和效果。这些指导和支持可以包括职业咨询、职业生涯规划、就业指导等方面，让辅导员能够更好地把握自己的职业发展方向和目标。

5. 关注辅导员的职业心理健康

高校应该关注辅导员的职业心理健康，为他们提供相应的支持和帮助。辅导员的工作压力比较大，容易产生职业倦怠和心理压力，因此高校应该关注他们的心理健康状况，提供相应的心理咨询服务和支持措施，帮助他们更好地应对工作压力和挑战。

三、建立有效的激励机制，提高工作积极性

（一）建立合理的薪酬制度

建立有效的激励机制的首要任务是制订合理的薪酬制度。高校应该充分考虑辅导员的工作特点和工作表现，确保薪酬待遇能够反映辅导员的工作价值和贡献。具体而言，高校应该考虑以下几个方面。

1. 薪酬结构合理化

辅导员的薪酬结构应该根据其工作性质和特点进行合理设计，以确保薪酬待遇能够充分体现辅导员的工作价值和贡献。具体而言，薪酬结构应该包括以下几个部分：

（1）基本工资：基本工资是辅导员薪酬的主要组成部分，应该根据市场情况和学校实际情况进行合理设定。基本工资的设定应该考虑辅导员的工作复杂性和专业性，确保其薪酬水平能够反映辅导员的劳动价值。

（2）绩效工资：绩效工资是高校为了激励辅导员的工作积极性和工作质量而设立的奖金制度。高校应该建立公正、客观、透明的绩效评估体系，对辅导员的工作表现进行全面、客观、公正的评价，并根据评价结果给予相应的绩效工资。

（3）奖金：奖金是对辅导员工作成绩的额外奖励，可以根据年度考核结果进行发放。奖金的设定应该考虑辅导员的工作特点和贡献程度，以激励他们更好地完成工作任务。

（4）福利：福利是高校为辅导员提供的各种福利待遇，如医疗保险、住房补贴、带薪休假等。高校应该根据实际情况和政策法规，为辅导员提供合理的福利待遇，以增强他们对学校的归属感和忠诚度。

2. 绩效评估公正化

辅导员的绩效评估体系应该建立公正、客观、透明的原则，以确保评估结果能够全面、客观、公正地反映辅导员的实际工作表现和能力水平。具体而言，绩效评估体系应该包括以下几个部分。

（1）评估标准：高校应该根据辅导员的工作性质和特点制订科学、合理的评估标准，标准的内容包括工作量、工作质量、工作效率等方面。评估标准应该明确、具体、可衡量，以确保评估结果的客观性和准确性。

（2）评估方法：高校应该采用多种评估方法，如访谈、问卷调查、观察等，对辅导员的工作表现进行全面、客观、公正的评价。同时，高校还应该注重评估方法的多样性和可行性，以提高评估结果的准确性和可信度。

（3）反馈机制：高校应该建立反馈机制，及时向辅导员反馈评估结果，并提供相应的改进建议和指导。反馈机制应该注重沟通方式和反馈效果，以促进辅导员与学校之间的交流和合作。

（4）公正公开：高校应该注重绩效评估的公正公开原则，确保评估过程的透明度和公正性。评估结果应该及时公开，让广大师生了解辅导员的工作表现和绩效水平，以便于监督和改进。

3. 薪酬调整及时化

高校应该根据市场情况和辅导员的表现，及时调整薪酬待遇，以确保薪酬待遇的竞争力和吸引力。具体而言，高校可以从以下几个方面入手。

（1）市场调查：高校应该定期进行市场调查，了解其他学校和同行业的薪酬水平和发展趋势。通过市场调查和分析，高校可以了解自身薪酬水平的优势和不足之处，为制订合理的薪酬调整策略提供依据。

（2）绩效评价：高校应该根据绩效评估结果对辅导员的薪酬进行合理调整，对于表现优秀的辅导员，可以适当提高其薪酬水平；对于表现不佳的辅导员，可以采取相应的激励措施或调整方案。通过绩效评价与薪酬调整相结合的方式，高校可以激励辅导员更好地发挥自己的潜力。

（3）竞争性机制：高校可以建立竞争性的薪酬机制，吸引更多优秀的辅导员加入学校工作。提高薪酬待遇的竞争力和吸引力可以吸引更多的人才加入学校工作团队。

（二）提供良好的工作环境和条件

良好的工作环境和条件是提高辅导员工作积极性和工作质量的重要保障。高校应该为辅导员提供良好的工作环境和条件，营造积极向上的氛围，鼓励辅导员不断追求卓越和进步。具体而言，高校可以采取以下措施。

1. 优化办公环境

高校应该为辅导员提供良好的办公环境，办公环境包括办公设施、办公空间、办公氛围等，以确保辅导员能够在一个舒适、愉悦的环境中工作。首先，高校应该为辅导员提供舒适的办公设施，如电脑、打印机、电话等，确保他们能够高效地完成工作。其次，高校应该为辅导员提供足够的办公空间，避免空间拥挤和压抑感。此外，高校应该营造一个积极的办公氛围，例如，设置休息区、提供咖啡和茶水等，以帮助辅导员放松身心，提高工作效率。

2. 建立沟通机制

高校应该建立有效的沟通机制，促进辅导员之间的交流和合作，增强团队凝聚力和协作精神。首先，高校应该建立辅导员之间的定期交流会议，以便他们能够分享工作经验、讨论问题、提出建议等。其次，高校还可以通过建立微信群、QQ 群等社交媒体平台，促进辅导员之间的交流和互动。此外，高校应该鼓励辅导员之间相互支持和帮助，以便在遇到困难时能够及时得到帮助和支持。

3. 提供培训和发展机会

高校应该为辅导员提供培训和发展机会，帮助他们不断提升自己的专业能力和素质，增强职业竞争力。首先，高校应该定期组织内部培训活动，包括讲座、研讨会、在线课程等，以帮助辅导员了解最新的教育理念和方法，提高他们的专业素养。其次，高校可以与相关机构合作，为辅导员提供外部培训和进修的机会，以拓宽他们的视野和知识面。此外，高校还应该鼓励辅导员参加学术会议和研讨会等活动，以便他们能够了解最新的学术动态和教育理念。

（三）注重精神激励和职业发展

除了物质激励外，高校还应该注重对辅导员的精神激励和职业发展。高校可以通过表彰优秀辅导员的优秀表现和贡献，提高他们的职业荣誉感和归属感。同时，高校也应该关注辅导员的职业成长和发展，为他们的职业成长和发展提供良好的机会和条件。具体而言，高校可以采取以下措施。

1. 表彰优秀辅导员

高校应该定期评选优秀辅导员，以表彰他们在教育工作中的卓越表现和贡献。这样可以提高辅导员的职业荣誉感和归属感，进一步增强他们的工作热情和动力。为了确保评选的公正性和客观性，高校应该制订合理的评选标准和程序，并确保评选过程公开透明。同时，高校还可以给予优秀辅导员一定的物质和精神奖励，如奖金、证书、晋升机会等，以激励他们继续努力工作。

2. 搭建职业发展平台

高校应该为辅导员搭建职业发展平台，提供职业晋升的机会和渠道，帮助他们实现职业成长和发展。这可以通过以下措施实现。

（1）高校应设立职业发展中心或部门，为辅导员提供职业规划、培训、交流等方面的支持和指导。

（2）高校应组织定期的职业培训和进修课程，提高辅导员的专业素质和技能水平。

（3）高校应鼓励辅导员参加学术研究和科研项目，为他们提供学术成果展示和推广的机会。

（4）高校应建立人才库，将优秀的辅导员纳入其中，为学校的人才储备和管理提供支持。

通过这些措施，高校可以为辅导员提供更多的职业发展机会和空间，帮助他们实现职业成长和发展，同时，也可以提高学校整体的教育质量和水平。

3. 建立人才库

高校可以建立人才库，将优秀的辅导员纳入其中，为学校的人才储备和管理提供支持。这样可以在人才市场上形成自己的品牌优势，吸引更多的优秀人才加入学校，为学校的发展壮大做出贡献。在建立人才库的过程中，高校可以采取以下措施。

（1）制订合理的人才选拔标准，确保入库人员具备较高的素质和能力。

（2）加强与校外企业、行业协会等机构的合作，拓宽人才引进渠道。

（3）定期更新人才库信息，确保入库人员具备最新的能力和素质。

（4）为入库人员提供职业发展支持和培训机会，提高他们的职业竞争力。

通过建立人才库，高校可以更好地管理和利用人才资源，为高校的发展提供有力的人才保障。同时，高校也可以通过与其他高校、企业等机构的合作，实现资源共享和优势互补，共同推动教育事业的发展。

四、加强辅导员与学生的沟通，建立良好的师生关系

（一）加强与学生的沟通交流

1. 建立良好的师生关系

良好的师生关系是教育成功的关键，而沟通是建立良好师生关系的基础。辅导员作为学生成长道路上的引路人，应该积极与学生进行沟通交流，了解学生的思想动态、学习情况和生活情况，及时给予指导和帮助。

2. 多种方式与学生沟通

辅导员可以通过多种方式与学生进行沟通，如面对面交流、电话、短信、邮件等。面对面交流是最直接的方式，可以更好地了解学生的情感和思想；电话和短信可以随时随地进行沟通，方便快捷；发邮件则可以更正式、更深入地探讨问题。无论采用哪种方

式，辅导员都应该尊重学生、关心学生、理解学生，听取学生的意见和建议，积极回应学生的问题。

3. 尊重学生、关心学生、理解学生

在与学生沟通的过程中，辅导员应该尊重学生的人格和隐私，不随意评价和批评学生。同时，辅导员应该关心学生的生活和学习，了解学生的困难和需求，给予及时的帮助和支持。此外，辅导员还应该理解学生的思想和行为，尊重学生的个性差异，给予适当的引导和帮助。

4. 倾听学生的意见和建议

学生是辅导员工作的对象，他们的意见和建议是辅导员工作的重要参考。在与学生沟通的过程中，辅导员应该认真倾听学生的意见和建议，积极回应学生的问题，让学生感受到辅导员的关心和关注。同时，辅导员也应该尊重学生的建议，认真分析并加以应用。

5. 积极回应学生的问题

学生在学习、生活和工作中难免会遇到各种问题，这需要辅导员的帮助和支持。在与学生沟通的过程中，辅导员应该积极回应学生的问题，给予及时的指导和帮助。如果问题比较复杂或者超出辅导员的职责范围，应该及时向学生说明情况，并向学生推荐合适的资源或人员提供帮助。

（二）注重培养学生的自我管理和自我教育能力

自我管理和自我教育能力是学生成长过程中非常重要的能力之一，辅导员应该积极采取措施，培养学生的这种能力。以下是具体的一些做法。

1. 鼓励学生积极参与校园文化活动和社会实践活动

2. 校园文化活动和社会实践活动是培养学生自我管理和自我教育能力的良好平台。通过参与这些活动，学生可以增强自己的组织能力、沟通能力和解决问题的能力，同时也可以增强自己的自信心和自我认同感。

2. 组织各种形式的课外活动

辅导员可以组织各种形式的课外活动，如社团活动、志愿服务、体育比赛等，让学生通过参与这些活动，增强学生的团队合作能力和组织协调能力。

3. 引导学生自主策划和组织活动

辅导员可以鼓励学生自主策划和组织一些校园文化活动或社会实践活动，让学生在策划和组织过程中锻炼自己的组织能力和领导能力。

4. 培养学生的自主意识和创新能力

辅导员可以通过各种方式培养学生的自主意识和创新能力，例如，鼓励学生独立思考、发表自己的见解、提出新的想法等。同时，也可以通过开展创新性的学术讲座、科技竞赛等活动，激发学生的创新意识和创新能力。

5. 建立良好的师生关系

辅导员应该与学生建立良好的师生关系，尊重学生的个性和兴趣爱好，鼓励学生发挥自己的特长和优势，同时，也应该给予学生必要的指导和帮助，让学生感受到自己的成长和进步。

6. 培养学生的责任感和使命感

辅导员可以通过引导学生关注社会热点问题、参与公益事业等方式，培养学生的责任感和使命感，让学生意识到自己的行为和社会发展之间的关系，从而更加自觉地承担起自己的社会责任。

（三）注重与学生的情感交流和人文关怀

辅导员在工作中应注重与学生的情感交流、人文关怀，这体现在以下几个方面。

1. 关注心理健康

2. 辅导员通过与学生情感交流，可以及时发现学生的心理健康问题，如焦虑、抑郁等情绪，及时给予心理疏导和支持，帮助学生走出心理困境。

2. 关怀支持

辅导员对学生的关怀和支持不仅体现在心理疏导上，还可以在日常工作中给予学生物质和精神上的支持，如帮助解决生活困难、提供学习资源等，增强学生的归属感和自信心。

3. 了解内心世界

通过定期与学生谈心、关注学生的情感变化、关心学生的生活状况等方式，辅导员可以深入了解学生的内心世界，及时给予关怀和支持，帮助学生解决成长过程中的困惑和问题。

4. 培养积极心态

辅导员注重培养学生的积极心态和健康人格，引导学生正确面对困难和挫折，提高学生的心理素质和应对能力。这有助于学生在成长过程中更好地适应环境变化，提高自我调节能力。

第三节 高校辅导员的职业发展与培训体系

一、高校辅导员的职业发展规划和晋升机制

（一）明确职业目标

高校辅导员的职业发展路径通常包括初级辅导员、中级辅导员、高级辅导员和特聘专家等阶段。在职业发展规划中，高校辅导员应该首先明确自己的职业目标，并根据个人兴趣和专长制订适合自己的发展路径。例如，如果你更倾向于学术研究，你可以考虑成为一名学术型辅导员，专注于学术咨询和指导工作；如果你更善于沟通和管理，你可以考虑成为一名管理型辅导员，专注于学生事务管理和组织发展。

（二）培训和发展机会

高校辅导员应该了解学校提供的培训和发展机会，以不断提升自己的专业技能和知识水平。这包括参加各种培训课程、研讨会和学术会议，以获取最新的教育理念和辅导实践经验。同时，高校也应该提供进修和学历提升的机会，鼓励辅导员不断学习和成长。

（三）参与团队和项目

高校辅导员应该积极参与各种团队和项目，以锻炼自己的组织协调能力和团队合作能力。通过参与学生事务管理、学术咨询、职业规划等项目，辅导员可以积累丰富的实践经验，提高自己的专业素养。同时，参与团队和项目也可以为辅导员提供更多的晋升机会。

（四）建立良好的人际关系

辅导员应该与同事、学生、家长和其他相关人员建立良好的人际关系。这有助于提高工作效率和质量，同时也有助于拓展职业发展机会。在建立人际关系的过程中，辅导员应该注重沟通技巧和人际交往能力的培养，以更好地与他人合作和交流。

（五）晋升机制

辅导员的晋升机制是职业发展的重要组成部分。高校应该设立明确的晋升标准和程序，为辅导员提供职业晋升的机会。晋升机制应该包括不同级别的职位和相应的薪酬待遇，以激励辅导员不断提高自己的专业水平和业绩表现。同时，高校应该为辅导员提供清晰的职业发展路径，使他们在不同的岗位上能够获得不同的职业成就和荣誉。

二、培训内容和形式，提高辅导员的专业能力

（一）培训内容

1. 学生管理

学生管理是学校管理的重要组成部分，涵盖了学生在校期间的日常管理、学业规划、宿舍管理、处理学生事务等方面。学生管理工作需要以学生为中心，尊重学生的权益，同时，注重规范化和人性化的管理，建立科学合理的管理制度和机制。以下是一些与学生管理相关的知识点：

（1）日常管理：包括学生的出勤率、卫生情况、行为规范等方面，辅导员应确保学生在校期间能够遵守规章制度，保持良好的学习生活环境。

（2）学业规划：辅导员帮助学生制订学习计划，包括课程安排、考试安排、毕业要求等方面，鼓励学生积极参与学术活动，提高学术水平。

（3）宿舍管理：宿舍是学生生活的重要场所，需要建立良好的宿舍管理制度，制度内容包括宿舍卫生、安全、纪律等方面，营造和谐友好的宿舍氛围。

（4）学生事务处理：包括学生奖惩、转专业、退学等与学生权益相关的事务，辅导员需要建立公正、公平、公开的制度，保障学生的合法权益。

在实践中，学生管理工作需要注重与学生的沟通交流，了解学生的需求和困难，及时解决学生问题，同时加强对学生思想教育和价值观引导，培养具有社会责任感和良好品德的学生。

2. 心理健康教育

心理健康教育是学校教育的重要组成部分，旨在提高学生的心理素质，促进学生的心理健康发展。以下是一些与心理健康教育相关的知识点：

（1）情绪管理：辅导员应帮助学生掌握情绪调节的方法，学会控制情绪波动，保持情绪稳定和积极心态。

（2）压力应对：辅导员应帮助学生认识和理解压力，掌握应对压力的方法和技巧，提高应对压力的能力。

（3）心理咨询：辅导员应提供心理咨询和心理辅导服务，帮助学生解决心理问题，如焦虑、抑郁、自卑等，促进学生的心理健康发展。

（4）人际关系处理：辅导员应帮助学生在人际交往中建立良好的人际关系，学会尊重他人、理解他人、关心他人，增强人际交往能力。

心理健康教育需要注重与学生的沟通交流，了解学生的心理状况和需求，建立科学合理的心理健康制度，为学生提供专业、及时的心理咨询和心理辅导服务。同时，学校

应该加强对学生思想教育和价值观引导，培养具有健康心理和良好品德的学生。

3. 职业规划指导

职业规划指导是学校教育的重要组成部分，旨在帮助学生明确职业发展方向，制订合理的职业规划，提高就业竞争力。以下是一些与职业规划指导相关的知识点：

（1）职业兴趣分析：辅导员通过职业测评和调查问卷等方式，了解学生的职业兴趣和特长，为学生提供职业发展方向的建议。

（2）职业规划制订辅导员：根据学生的兴趣、特长和市场需求等因素，帮助学生制订合理的职业规划，包括职业目标、职业路径、职业能力等方面的规划。

（3）面试技巧：辅导员提供面试技巧和礼仪等方面的知识，帮助学生提高面试成功率，增强就业竞争力。

（4）就业信息提供：辅导员为学生提供就业信息和服务，包括就业政策、招聘信息、就业指导等方面的支持。

职业规划指导需要注重与学生的沟通交流，了解学生的职业规划和需求，为学生提供专业、及时的职业规划咨询和就业指导服务。同时，高校应该加强对学生就业指导和就业服务工作，为学生提供更多的就业机会和就业资源。

4. 人际沟通技巧

人际沟通是人与人之间交流和互动的过程，需要掌握一定的技巧和方法。以下是一些人际沟通技巧相关的知识点。

（1）倾听技巧：辅导员学会倾听他人的意见、想法和需求，尊重他人的表达权和话语权。

（2）表达技巧：根据不同的场合和对象，辅导员选择适当的语言表达方式，表达自己的想法和意见。

（3）反馈技巧：辅导员在沟通中给予积极的反馈和回应，表达对对方的关注和支持。

（4）沟通礼仪：辅导员尊重他人的感受和隐私，遵守沟通礼仪和规范，营造良好的沟通氛围。

人际沟通技巧需要注重实践和应用，在日常生活中多加练习和实践，提高自己的沟通能力和人际交往能力。同时，高校应该加强对学生人际交往能力的培养和提高，培养具有良好人际交往能力和社会适应能力的学生。

（二）培训形式

1. 线上讲座

线上讲座是一种非常受欢迎的培训形式，它通过视频会议和在线课程来提供专业知识和技能的培训。这种形式不受时间和地点的限制，可以在任何时间、任何地点进行学习。它适用于各种领域和技能的传授，例如市场营销、项目管理、领导力发展等等。线上讲座提供了广泛的选择和灵活性，对于那些忙碌的专业人士来说，是一个非常好的学习方式。

2. 线下研讨会

线下研讨会是一种更传统的培训形式，它通过组织辅导员进行讨论和交流，分享经验和心得，以提高团队协作能力和专业水平。在研讨会上，辅导员可以相互倾听、学习、交流和合作，从而加深对特定主题的理解和掌握。此外，研讨会还可以提供一个平台，让辅导员之间建立联系，并有机会互相合作一拓展人脉。

3. 工作坊

工作坊是一种实践性很强的培训形式，它通过组织实践活动和案例分析来提高辅导员的实践能力和问题解决能力。在工作坊中，辅导员将面临实际的案例和任务，并通过讨论、实践和反馈来学习新的技能和方法。这种形式非常适合那些需要实际操作和动手能力的专业领域，例如信息技术、医疗保健、市场营销等。工作坊提供了一个将理论知识转化为实际技能的机会，这对于职业发展和个人成长非常重要。

4. 导师指导

导师指导是一种一对一的培训形式，它针对个人特点进行专业培训和指导。在这种形式中，辅导员将与一位经验丰富的导师进行深入的交流和讨论，以解决个人面临的问题和挑战。导师将提供专业的建议和指导，帮助辅导员发展所需的技能和知识。这种形式非常适合那些需要个性化支持和深入指导的专业领域，例如管理、销售、领导力发展等。此外，导师指导还可以提供一个支持和激励的环境，让辅导员感到自信和受到激励，从而使他们更有动力去学习和成长。

无论哪种培训形式，它们都旨在帮助辅导员发展所需的技能和知识，以提高工作效率和能力水平。在选择培训形式时，应根据个人的需求、时间和预算来做出最佳选择。同时，参加培训时应注意保持积极的态度和高度的专注力，以便从培训中获得最大的收益。最后，持续学习和自我发展是职业成功的关键因素之一，因此，保持学习的热情和动力非常重要。

（三）特殊培训项目

1. 领导力培训

在当今的商业环境中，领导力已成为一个不可或缺的技能。对于辅导员来说，提升领导力不仅能更好地应对工作中的挑战，更能促进团队的发展和成功。以下是一些领导力培训的重点内容。

（1）设定目标：辅导员需要学会设定明确、可衡量、可实现、相关性强且有时间限制的目标。这有助于团队成员理解并认同目标，从而更好地协同工作。

（2）沟通技巧：有效的沟通是领导力的核心。辅导员需要学会倾听、表达和反馈，以建立积极的沟通氛围，促进团队成员之间的交流和合作。

（3）决策能力：辅导员需要学会在复杂的情境中做出明智的决策，并能够根据环境的变化调整策略。这需要辅导员具备批判性思维、分析能力和创新思维，以应对各种挑战。

（4）激励和鼓舞：辅导员需要学会激发团队成员的潜能，提高他们的积极性和主动性。这需要辅导员具备良好的人际交往能力，以及在团队中建立信任和尊重的能力。

通过领导力培训，辅导员可以更好地了解自己的领导风格，并学会如何调整和优化，以适应不同的团队和环境。这将有助于提高辅导员的领导能力和管理能力，培养出优秀的领导者和管理者。

2. 团队协作培训

团队协作是现代企业成功的关键之一。对于辅导员来说，提高团队协作能力不仅能增强团队的凝聚力，更能提高工作效率和质量。以下是一些团队协作培训的重点内容。

（1）建立信任：团队协作的关键在于建立互信关系。辅导员需要学会尊重、倾听和接纳团队成员的观点和想法，以增强团队内部的信任和合作。

（2）有效沟通：有效的沟通是团队协作的基础。辅导员需要学会如何倾听、表达和反馈，以建立积极的沟通氛围，促进团队成员之间的交流和合作。同时，需要注重信息传达的准确性和及时性。

（3）解决问题：团队协作中难免会出现各种问题和挑战。辅导员需要学会如何识别问题、分析原因并寻找解决方案。这需要辅导员具备批判性思维和分析能力，以提高团队协作的效果和质量。

创新思维：在团队协作中，辅导员需要鼓励团队成员提出新的想法和建议，以激发创新思维和创造力。这有助于提高团队的创造力和适应能力，从而更好地应对各种挑战和变化。

通过团队协作培训，辅导员可以提高自己的团队协作能力和沟通协作能力，增强团队凝聚力，从而为团队的成功做出更大的贡献。

3. 项目管理培训

项目管理是现代企业管理中不可或缺的技能之一。对于辅导员来说，提高项目管理和执行能力将有助于提高工作效率和质量。以下是一些项目管理培训的重点内容。

项目规划：项目规划是项目成功的关键。辅导员需要学会制订明确的包括项目目标、时间表、预算和资源分配等内容的计划，以确保项目按计划进行。

任务分配：项目成功需要团队成员的共同努力。辅导员需要学会根据项目需求和团队成员的能力进行任务分配，以提高项目执行的效果和质量。

风险管理：项目执行中难免会出现各种风险和挑战。辅导员需要学会识别风险、分析影响并制订应对策略，以降低项目风险和不确定性。

进度监控：项目进度是项目成功的关键因素之一。辅导员需要学会定期监控项目进度，并及时调整计划和资源分配，以确保项目按时交付和质量达标。

通过项目管理培训，辅导员可以提高自己的项目管理和执行能力，成为优秀的项目管理者。这将有助于提高工作效率和质量，为企业的成功做出更大的贡献。

（四）鼓励参加专业认证和资格认证

辅导员在专业认证和资格认证方面获得认可，不仅可以提升自己的专业水平和竞争力，还能为学生提供更优质的服务。

1. 提高专业水平

参加专业认证和资格认证可以提升辅导员的专业水平，使其更好地掌握相关知识和技能，更好地为学生提供指导和帮助。通过参加心理咨询师、职业规划师等认证，辅导员可以掌握更专业的技能和方法，更好地帮助学生解决心理问题、职业规划等问题。

2. 提高竞争力

参加专业认证和资格认证可以让辅导员在职场上更有竞争力，有利于辅导员获得更多的职业机会和发展空间。在当前社会背景下，具有专业认证和资格认证的辅导员更受高校、社会等各方面欢迎，同时也可以提升高校在招生、就业等方面的竞争力。

3. 提高学生服务水平

通过参加专业认证和资格认证，辅导员可以更好地了解学生的需求和问题，提供更专业、更有效的服务。例如，如果辅导员获得了心理咨询师认证，就可以更好地帮助学生解决心理问题，提供更专业的心理咨询服务；如果辅导员获得了职业规划师认证，就可以更好地帮助学生制订职业规划，提供更有效的职业指导服务。

为了鼓励辅导员参加相关专业的认证和资格认证，高校应该采取以下措施。

1. 提供培训支持

2. 高校应该为辅导员提供相关专业的培训课程和资料，帮助辅导员了解认证的具体要求和流程，为参加认证做好准备。同时，高校也可以邀请相关领域的专家进行讲座和培训，提高辅导员的专业水平。

2. 提供资金支持

高校可以为参加认证的辅导员提供一定的资金支持，帮助他们支付培训费用、考试费用等。这样可以减轻辅导员的经济负担，让他们更加积极地参加认证。

3. 建立激励机制

高校可以建立激励机制，对参加认证并获得相关证书的辅导员给予一定的奖励和表彰。这可以提高辅导员参加认证的积极性和动力，同时也能够激励其他辅导员不断提升自己的专业水平。

（五）效果评估与反馈

高校对辅导员培训效果进行评估和反馈的重要性及其实施方法确实值得深入探讨。

1. 培训效果评估

了解培训的实际效果：定期评估辅导员的培训效果可以帮助高校了解培训内容和形式的实际效果。通过评估，高校可以了解培训是否达到了预期的目标，是否解决了辅导员在工作中遇到的问题，以及培训内容和方法是否适合辅导员的需求。

反馈结果调整和改进：根据评估结果，高校可以调整和改进培训内容和形式，以满足辅导员的需求和提高培训效果。这可能包括调整培训主题、更新培训材料、优化培训方法、增加实践环节等。

2. 辅导员积极参与反馈

（1）推动辅导员队伍的专业化和职业化发展：鼓励辅导员积极参与培训和反馈，可以促进辅导员队伍的专业化和职业化发展。通过反馈，辅导员可以表达自己的意见和建议，高校也可以了解辅导员的需求和困难，从而提供更好的支持和帮助。

（2）增强培训效果：辅导员的积极参与可以提供更具体、更真实的反馈，帮助高校了解培训的实际情况，并及时调整、改进培训内容和方法。此外，辅导员的参与还可以提高他们对培训的认同感和参与度，从而提高培训效果。

3. 具体实施方法

（1）定期评估：高校可以定期进行辅导员的培训效果评估，例如，每学期或每学年进行一次评估。评估可以采用问卷调查、面谈、观察等方式。

（2）建立反馈机制：高校应该建立有效的反馈机制，鼓励辅导员积极参与培训和反馈。这可以通过设立专门的反馈渠道、提供培训反馈的奖励等方式实现。

（3）数据分析与改进：高校应该对评估结果进行数据分析，找出培训中存在的问题和不足，并制订相应的改进措施。这些措施可以包括调整培训内容、优化培训方法、提供额外的支持等。

（4）持续改进：高校应该不断跟进辅导员的培训效果，并根据反馈结果进行调整和改进。这需要高校保持开放的态度，积极倾听辅导员的意见和建议，并持续改进培训体系。

三、建立职业发展平台，促进辅导员的职业成长

（一）职业规划指导

辅导员是高校中非常重要的教育工作者，他们的工作涉及学生的思想、学习和生活等方面。因此，为他们提供职业规划指导是非常必要的。高校应该为辅导员提供以下方面的职业规划指导。

1. 职业发展建议

高校应该为辅导员提供职业发展的建议，帮助他们了解自己的职业兴趣和优势，找到适合自己的职业发展方向。高校应该为辅导员提供职业发展的指导，帮助他们明确自己的职业兴趣和优势，以便找到适合自己的职业发展方向。高校可以通过组织职业规划讲座、提供职业咨询、开展职业测评等方式，帮助辅导员了解自己的职业兴趣、技能和价值观，从而为他们提供更准确的职业发展建议。

2. 职业发展路径

高校应该为辅导员提供职业发展路径，让他们了解职业晋升的机会和路径，从而为他们制订可行的职业发展计划。高校可以通过提供职业发展指导、建立职业发展平台、提供培训和进修机会等方式，帮助辅导员了解不同职位的职责要求和发展前景，从而为他们提供更有针对性的职业发展建议。

3. 目标设定

高校应该帮助辅导员设定明确、可衡量、可实现、相关性强、有时间限制的目标，并帮助他们制订实现这些目标的计划。高校可以通过提供职业规划指导、制订职业发展计划、提供目标评估和反馈等方式，帮助辅导员更好地实现自己的职业目标。此外，高校还可以提供必要的支持和资源，如培训、进修机会和项目经验等，以帮助辅导员更好地实现自己的职业目标。

（二）职业信息共享

为了帮助辅导员更好地了解职业市场和行业发展趋势，高校应该建立职业信息共享平台，提供以下方面的信息。

1. 行业动态

共享最新的行业动态和政策变化是帮助辅导员了解行业发展趋势和变化的重要途径。在当前的形势下，高校应当密切关注国内外经济形势的变化，以及相关政策法规的调整，以便更好地把握行业的发展趋势。此外，高校还可以通过关注行业内的企业动态，了解行业的发展趋势和竞争格局，为辅导员提供更准确的市场信息。

在政策变化方面，国家对教育行业的重视程度不断提高，相关的政策法规也在不断出台和完善。因此，高校应当密切关注教育行业的相关政策法规，了解国家对教育行业的支持方向和政策导向，以便更好地为辅导员提供服务。

2. 招聘信息

为了帮助辅导员获得更多的就业机会和选择，高校定期发布相关的招聘信息。这些招聘信息涵盖了各类教育机构、培训学校、在线教育平台等，涵盖了教师、课程设计、运营管理等多个岗位。这些招聘信息，为辅导员提供更多的就业选择，帮助他们更好地规划自己的职业发展。

3. 技能需求

分享相关的技能需求和要求是帮助辅导员提升自己的技能水平的重要途径。在当前形势下，教育行业对人才的需求也在不断变化。因此，高校应当关注行业内的技能需求和要求的变化，以便更好地为辅导员提供服务。高校可以通过与相关企业合作，了解他们对人才的需求和要求，以便为辅导员提供更加准确和实用的建议。此外，高校还可以通过培训和讲座等方式，提高辅导员的技能水平，帮助他们更好地适应行业的发展变化。

（三）职业交流平台

高校建立辅导员之间的交流平台，可以帮助他们相互学习、分享经验和心得体会，提高他们的职业素养和工作能力。大学应该提供以下方面的支持。

1. 线上交流平台

建立线上交流平台，如论坛、QQ 群、微信群等，可以为辅导员提供一个方便快捷的交流和沟通渠道。通过这个平台，辅导员可以分享自己的经验和心得，讨论职业发展的问题和挑战，互相学习和借鉴。同时，这类平台也可以促进辅导员之间的互动和合作，增强团队凝聚力和归属感。

具体实施步骤如下。

（1）高校应确定交流平台的名称和主题，以便吸引特定领域的辅导员参与。

（2）高校应招募管理员和志愿者，负责平台的日常管理和维护。

（3）高校应定期发布活动通知和交流主题，引导辅导员积极参与讨论。

（4）高校应鼓励辅导员分享自己的经验和案例，以激发其他人的思考和灵感。

（5）高校应定期收集反馈意见和建议，不断优化平台的功能和内容。

2. 线下交流活动

高校组织定期的线下交流活动，如研讨会、座谈会等，可以让辅导员有机会面对面地交流和分享经验。通过这种面对面的交流方式，辅导员可以更好地了解彼此的工作和生活情况，建立更紧密的联系和合作。同时，这类活动也可以促进辅导员之间的互动和合作，共同探讨职业发展的问题和挑战。

具体实施步骤如下：

（1）高校应确定交流活动的主题和时间地点，以确保活动的顺利进行。

（2）高校应邀请相关领域的辅导员参加活动，确保活动的规模和参与者具有一定的代表性。

（3）高校应准备交流材料和案例分享，以便参与者更好地了解彼此的工作和生活情况。

（4）高校应组织讨论和交流环节，让参与者自由发言和提问，促进彼此之间的互动和合作。

（5）高校应总结交流活动的成果和收获，并收集反馈意见和建议，为下一次活动的组织提供参考。

3. 建立合作机制

辅导员之间的合作机制可以提高团队的凝聚力和工作效率，共同推动职业发展平台的建立和发展。具体实施步骤如下，

（1）高校应制订合作机制的规范和准则，明确辅导员之间的职责和义务。

（2）高校应建立沟通渠道和联系方式，确保辅导员之间的信息畅通和及时反馈。

（3）高校应鼓励辅导员相互支持和协作，共同解决问题和挑战，促进团队的发展和壮大。

（4）高校应定期组织团队建设活动和培训，提高辅导员的专业素质和工作能力。

（5）高校应建立奖励机制，对表现优秀的辅导员给予表彰和奖励，激励团队成员的积极性和创造力。

（四）职业发展资源

高校提供职业发展所需的资源，如培训资料、书籍、在线课程等，以满足辅导员的职业发展需求。高校可以采取以下措施。

1. 图书馆资源库

建立专门的图书馆资源库：为了更好地支持辅导员的职业发展，我们计划建立一个专门的图书馆资源库，收藏与辅导员职业发展相关的书籍、资料和在线课程等。该资源库将根据辅导员的需求和兴趣进行分类，方便查找和使用。

收藏内容：高校可以收集与辅导员职业发展相关的书籍、资料和在线课程，包括但不限于职业规划、教学技巧、沟通技巧、领导力培养等方面的书籍和资料。同时，我们也可以收集一些在线课程和视频资料，以便辅导员能够随时随地学习。

资源共享：高校将积极与同行合作，共享资源，共同提高辅导员的职业素质和能力水平。同时，高校也欢迎其他相关机构和个人捐赠相关资源，丰富高校的资源库。

2. 在线培训资源

提供在线课程：为了满足辅导员的学习需求，高校将提供一系列在线课程，涵盖职业发展、教学技巧、沟通技巧、领导力培养等多个方面。这些课程将由专业教师授课，课程内容丰富、实用性强。

讲座视频：高校将邀请专家学者定期开展讲座和研讨会，并将这些讲座和研讨会的视频资料上传至我们的在线平台，供辅导员随时随地学习。这些视频资料将提供深入的讲解和案例分析，帮助辅导员提高专业知识和技能。

个性化学习：高校将根据辅导员的实际情况和需求，提供个性化的学习方案和课程推荐，帮助辅导员找到适合自己的学习内容和方式。同时，高校也将提供学习进度跟踪和反馈机制，帮助辅导员及时调整学习计划。

3. 定期组织培训活动

讲座和研讨会：我们将定期组织讲座和研讨会，邀请专家学者为辅导员提供专业知识和技能的培训。这些讲座和研讨会将围绕辅导员的职业发展需求和实际工作场景展开，内容涵盖教学技巧、沟通技巧、团队管理、职业规划等多个方面。

互动交流：在讲座和研讨会上，高校将鼓励辅导员与专家学者进行互动交流，提出问题、分享经验、交流心得。这有助于促进辅导员之间的相互学习和经验分享，共同提高职业素质和能力水平。

反馈与评估：高校将对培训活动进行反馈和评估，了解培训效果和不足之处。这将有助于高校不断改进培训内容和方式，提高培训质量和效果。同时，高校也将根据反馈结果调整培训计划和安排，以满足辅导员不断变化的需求和期望。

四、加强与其他高校辅导员的交流与合作

（一）加强与其他高校辅导员的交流与合作的重要性

高校辅导员之间的交流与合作对于提高专业能力和职业素养具有重要意义。通过交流，辅导员们可以分享彼此的经验和心得，共同成长，提高自己的专业水平。同时，交流也可以促进辅导员之间的合作，共同解决学生问题，提高工作效率。

（二）高校应该采取的措施

高校应该加强与其他高校辅导员之间的交流与合作，通过定期举办研讨会、交流会等活动，分享经验、交流心得、共同成长。这些活动可以是面对面的会议，也可以是通过网络平台进行远程交流。此外，高校还可以与其他高校建立合作关系，共同开展研究项目、学生交流等活动，促进资源共享和合作共赢。

（三）交流与合作的形式

除了定期的研讨会和交流会之外，高校还可以通过以下几种形式加强与其他高校辅导员的交流与合作。

1. 建立辅导员在线交流平台

大学可以建立一个在线交流平台，让辅导员们可以在平台上分享工作经验、讨论学生问题、交流心得等。这种交流平台不仅可以让辅导员们更好地了解彼此的工作方式和方法，还可以为学生提供更全面、更专业的指导。同时，这种在线交流平台还可以促进辅导员之间的合作和交流，提高工作效率和质量。

2. 举办网络研讨会

高校可以定期举办网络研讨会，邀请其他高校辅导员参加，共同探讨学生教育和管理的问题。这种研讨会可以提供一个良好的交流和学习的平台，让辅导员们可以共同分享经验、探讨问题、提出建议和解决方案。通过这种研讨会，辅导员们可以更好地了解学生的需求和问题，更好地为学生提供更全面、更专业的指导。

3. 建立学生交流项目

高校可以与其他高校合作，共同开展学生交流项目，让学生们有机会互相了解、互相学习、互相成长。这种学生交流项目不仅可以让学生们更好地了解其他高校的文化和氛围，还可以促进学生之间的交流和合作，提高学生的综合素质和团队协作能力。同时，这种学生交流项目还可以增强高校之间的合作和交流，提高整体教育水平和质量。

（四）促进资源共享和合作共赢

促进资源共享和合作共赢的意义主要表现在以下几个方面。

1. 提高教育和管理水平

通过与其他高校的合作，高校可以共享各种教育资源，包括教材、课程、讲座等，这样可以更好地满足学生的需求，提高教学质量。同时，高校还可以共享学生资源，如学生活动、学生组织等，这样可以丰富学生的校园生活，提高学生的综合素质。

2. 增强学术交流

高校与其他高校建立合作关系，可以促进学术交流和合作，共同探索教育和管理的新思路和方法。通过合作研究项目，高校可以与其他高校的教师和学生进行深入交流，分享彼此的经验和知识，从而推动学术进步。

3. 扩大影响力和提高知名度

高校与其他高校建立合作关系，可以提高高校的知名度和影响力。通过与其他高校合作，高校可以更好地展示自己的教育和管理实力，吸引更多的优秀学生和教师前来就读或工作。

4. 推动区域经济发展

通过与其他高校的合作，高校还可以为当地经济发展做出贡献。高校可以与当地企业合作，共同开展研究项目，为企业提供技术支持和人才支持，促进区域经济的发展。

第十四章　结论与展望

第一节　对未来大学生德育工作的建议和展望

一、未来大学生德育工作的目标和方向

（一）适应时代发展，加强德育工作的针对性和实效性

适应时代发展，加强德育教育的针对性和实效性是当前大学生德育工作的重要任务之一。

高校需要认识到大学生思想观念和价值观念的变化趋势，以及这些变化对德育教育的影响。随着互联网和社交媒体的普及，当代大学生的信息来源更加多元化，他们的思想观念和价值观念也在不断变化。因此，德育工作者需要关注这些变化，了解大学生的需求和兴趣，制订出符合他们特点的德育教育计划和方案。

针对不同年级、不同专业、不同性格特点的学生，高校需要制订不同的德育教育计划和方案。大一新生需要加强入学教育和适应性教育，帮助他们尽快适应大学生活；大二、大三学生则需要注重价值观教育和职业规划教育，引导他们树立正确的价值观和职业观；大四学生则需要加强就业指导和创业教育，帮助他们更好地适应社会。

高校需要根据不同的教育方式和手段，采取不同的教育方式和方法，以提高德育教育的针对性和实效性。例如，高校可以利用现代信息技术手段，如网络课程、在线教育平台等，开展线上线下的互动式教育；高校也可以组织各种实践活动，如志愿服务、社会实践等，让学生在实践中体验德育的内涵。

提高德育工作者的综合素质和专业素养是至关重要的。德育工作者需要具备较高的政治素质和道德修养，了解当代大学生的特点和需求，才能做到有的放矢，取得良好的教育效果。同时，德育工作者还需要不断学习和掌握新的教育理念和方法，不断提高自己的专业素养和教育能力。

加强德育的考核和评估是提高德育的针对性和实效性的重要手段。我们需要建立科学合理的考核和评估机制，对德育的效果进行评估和反馈，及时发现问题和不足，提出改进措施，不断完善德育教育体系。

（二）创新德育方式和方法，提高教育效果

创新德育教育方式和方法，提高教育效果是当前德育工作的重要任务之一。为了实现这一目标，高校需要从以下几个方面进行探索和实践。

1. 利用现代信息技术手段开展网络德育教育

随着互联网技术的发展，网络已经成为大学生获取信息、交流思想的重要平台。因此，德育工作者应该充分利用现代信息技术手段，如微信、微博、抖音等社交媒体平台，开展网络德育教育，可以通过建立德育公众号、德育网络课堂等形式，提供德育知识、心理健康、价值观引导等方面的教育内容，提高德育教育的吸引力和实效性。

2. 开展体验式德育

传统的德育教育方式往往侧重于理论说教，缺乏实践性和体验性。因此，德育工作者应该注重开展体验式德育，如组织学生参加志愿者活动、社会实践、社区服务等，让学生在实践中体验道德、感悟道德，从而提高德育的实效性。

3. 利用社会资源开展社会实践德育

德育教育不能仅仅局限于高校，还应该充分利用社会资源，开展社会实践德育。德育工作者可以组织学生参观历史博物馆、纪念馆等场所，了解中国历史和文化；组织学生参加职业体验活动，了解不同职业的特点和要求；组织学生参加文化交流活动，拓展学生的国际视野等等。这些活动可以帮助学生更好地了解社会、认识自我，提高德育教育的实效性。

4. 注重个性化和差异化教育

每个学生都是独一无二的个体，具有不同的兴趣爱好、性格特点和思想状况。因此，德育工作者应该注重个性化和差异化教育，根据学生的特点和需求，制订个性化的德育教育方案，提供有针对性的教育内容和方法，提高德育教育的实效性。

5. 加强德育的实践性

德育工作不仅仅是理论知识的传授，更是一种实践能力的培养。因此，德育工作者应该注重德育教育的实践性，通过组织各种形式的实践活动，如志愿服务、社会调查、辩论赛等，让学生在实践中体验道德、感悟道德，从而更好地理解和掌握德育知识。

（三）加强德育的系统性和连续性，形成长效机制

加强德育的系统性和连续性，形成长效机制是非常重要的，以下是分条论述。

1. 德育过程是一个长期的过程

德育过程是一个长期的过程，需要持续不断地进行，不能一蹴而就。因此，加强德育的系统性和连续性是至关重要的。只有通过系统性和连续性的教育，才能使学生更好

地理解和掌握德育知识，形成良好的道德品质和行为习惯。

2. 需要制订长期的德育教育计划和方案

德育是一项长期的工作，需要制订长期的德育计划和方案。这些计划和方案应该考虑到不同阶段的教育衔接和过渡，以确保德育的连续性和系统性。同时，还需要根据学生的不同年龄、年级和个性特点，制订不同的德育方案，以更好地满足学生的需求。

3. 加强与各部门的沟通和合作

德育不仅是学校的工作，也需要社会各界的支持和参与。因此，加强与各部门的沟通和合作是非常必要的。学校应该与家庭、社区等建立紧密的联系，共同推进大学生的德育教育工作。通过与各部门的合作，可以形成全社会的德育教育合力，共同推进德育教育的深入开展。

4. 注重不同阶段的教育衔接和过渡

德育教育需要注重不同阶段的教育衔接和过渡。在低年级阶段，高校应该注重培养学生的道德意识和行为习惯；在高年级阶段，高校应该注重培养学生的道德判断能力和道德情感；在大学阶段，应该注重培养学生的道德品质和价值观。通过不同阶段的教育衔接和过渡，可以使学生更好地理解和掌握德育知识，形成良好的道德品质和行为习惯。

二、对辅导员工作的建议

（一）提高辅导员的专业素质和能力，增强德育的效果

辅导员是大学生德育的重要力量，应该具备较高的专业素质和能力。因此，建议辅导员应该不断学习和提高自己的专业知识和能力，掌握现代德育理念和方法，提高自己的德育水平。具体来说，可以采取以下措施。

1. 定期参加培训和研讨会

辅导员应该定期参加相关的德育培训和研讨会，了解最新的德育理念和方法，以便更好地指导大学生。这些培训和研讨会可以由高校组织，也可以是行业内的专业机构或组织举办的。通过参加这些活动，辅导员可以学习到更多的德育知识，掌握更多的德育技巧和方法，从而更好地指导大学生。

2. 深入研究和掌握大学生的心理特点和成长规律

大学生正处于心理发展和成长的关键时期，辅导员需要深入研究和掌握大学生的心理特点和成长规律，以便更好地开展德育工作。辅导员可以通过阅读相关的心理学书籍、参加心理学课程、与大学生进行交流等方式，深入了解大学生的心理特点和需求，从而更好地制订德育教育计划和方案，提高德育教育的针对性和有效性。

3. 积极探索和实践德育教育的有效方法和途径

辅导员应该积极探索和实践德育教育的有效方法和途径，不断总结经验，不断完善自己的德育能力，可以通过案例分析、角色扮演、小组讨论、互动游戏等方式，提高德育的趣味性和互动性，吸引大学生的参与和兴趣。同时，辅导员还应该注重与大学生的情感交流和沟通，了解大学生的情感需求和困惑，及时给予帮助和支持，从而更好地引导大学生健康成长。

通过以上措施，辅导员可以不断提高自己的专业素质和能力，增强德育的效果，为大学生的健康成长提供更好的指导和帮助。

（二）加强辅导员之间的交流和合作，形成德育的合力

辅导员之间应该加强交流和合作，形成德育的合力，可以通过以下方式来实现。

1. 定期召开辅导员会议，交流德育经验和心得

为了提高德育的质量和效果，定期召开辅导员会议是非常必要的。在会议中，辅导员们可以交流各自在德育方面的经验和心得，分享成功的案例和做法，同时，也可以探讨德育的有效方法和途径。通过这样的交流和探讨，辅导员们可以互相学习、互相借鉴，从而更好地提高自己的德育水平。

2. 建立辅导员之间的合作机制，共同开展德育活动

建立辅导员之间的合作机制是促进德育发展的重要途径。通过合作机制，辅导员们可以共同开展各种德育活动，如主题班会、讲座、实践活动等。这些活动可以帮助学生更好地理解和掌握德育知识，同时也可以增强学生的道德意识和道德行为能力。通过合作机制，辅导员们还可以共同研究德育的有效方法和途径，从而更好地提高德育的质量和效果。

3. 建立辅导员之间的信息共享平台，分享德育资源和学习资料

建立信息共享平台是促进辅导员之间交流和进步的重要手段。通过信息共享平台，辅导员们可以分享德育资源和学习资料，包括教学课件、案例分析、教育方法等。这样不仅可以提高辅导员们的专业素养和教育水平，同时也可以促进彼此之间的学习和进步。此外，信息共享平台还可以提供各种教育资源和经验分享的平台，促进辅导员之间的交流和合作。

通过以上措施，辅导员之间可以形成更加紧密的联系和合作，共同为大学生的健康成长提供更好的指导和帮助，形成德育的合力。

（三）关注大学生的心理健康和成长需求，提供个性化辅导

辅导员应该关注大学生的心理健康和成长需求，提供个性化辅导。具体来说，辅导

员可以采取以下措施。

1. 定期开展心理健康讲座和培训

为了提高辅导员对大学生心理健康的重视程度，定期开展心理健康讲座是非常必要的。这些讲座可以邀请专业的心理咨询师或心理医生进行授课，分享最新的心理健康知识和技巧。

培训也是提高辅导员辅导能力的重要途径。通过培训，辅导员可以学习如何识别大学生的心理问题，如何提供有效的心理辅导和支持。此外，培训还可以帮助辅导员了解大学生的心理需求和特点，以便更好地提供个性化的辅导。

定期开展的心理健康讲座和培训，可以提高辅导员对大学生心理健康的重视程度和辅导能力，为大学生提供更好的心理支持和帮助。

2. 建立心理辅导热线和服务平台

建立心理辅导热线可以帮助大学生在需要时获得及时的心理健康支持和帮助。热线可以提供 24 小时的服务，大学生可以在任何时间拨打热线电话，获得专业的心理咨询和指导。

服务平台则可以提供更全面的心理健康服务。服务平台可以包括在线咨询、心理测评、自助资源推荐等功能，大学生可以通过平台获得个性化的心理健康支持和指导。同时，服务平台还可以收集大学生的反馈和需求，为心理辅导提供更多的数据支持。

通过建立心理辅导热线和服务平台，可以为有需要的大学生提供及时的心理健康支持和帮助，帮助他们更好地应对心理问题。

3. 对大学生进行个性化指导

每个大学生的心理特点和需求都是不同的，因此提供个性化的指导是非常必要的。辅导员可以通过与大学生的交流和观察，了解他们的心理状况和需求，为他们提供有针对性的辅导和支持。

个性化指导还可以根据大学生的不同发展阶段进行。例如，对于新生来说，适应新环境是他们面临的主要问题之一。辅导员可以提供适应新环境的指导，帮助他们更好地适应大学生活。而对于即将毕业的学生来说，就业压力和职业规划是他们面临的主要问题。辅导员可以提供就业指导和职业规划建议，帮助他们更好地应对就业压力。

通过提供个性化的指导，辅导员可以根据大学生的特点和需求，为他们提供有针对性的辅导和支持。这有助于提高大学生的心理健康水平，促进他们的全面发展。

三、对高校教育的建议

（一）加强高校教育的整体规划和协调，形成德育的整体合力

高校教育是一个复杂而庞大的系统，涵盖了各个学科、各个领域。因此，要想实现德育的整体合力，必须加强大学教育的整体规划和协调。具体来说，应该从以下几个方面入手。

1. 加强各个部门之间的沟通和合作

高校教育是一个复杂的系统工程，涉及到多个部门和不同的职能领域。为了更好地推进德育，加强各个部门之间的沟通和合作是非常必要的。

教务处、学生处、团委、院系等各个部门应该建立良好的沟通机制，定期进行工作交流和研讨，共同制订德育教育计划和方案。这些计划和方案应该具有系统性和连续性，能够涵盖德育教育的各个方面，包括思想道德教育、文化素质教育、心理健康教育等。各个部门应该积极配合，共同推进德育教育的实施，确保德育教育的质量和效果。

各个部门应该注重与其他高校、社会机构、企业等之间的合作。大学教育不仅仅是学校内部的事情，它也需要与社会、企业等外部环境进行紧密的互动和合作。通过与其他高校的合作，可以共享德育教育资源，交流经验和做法，共同推进德育教育的发展。通过与社会机构、企业的合作，可以引入更多的实践性和应用性的德育教育内容，让学生更好地了解社会、了解企业，提高他们的实践能力和综合素质。

各个部门应该积极开展德育教育的宣传和普及工作，增强学生的德育意识和素质。高校可以通过举办各种讲座、论坛、文化活动等方式，向学生传递德育教育的重要性和意义，提高学生的道德水平和素质水平。

各个部门应该注重德育教育的评估和反馈工作。德育教育是一个长期的过程，需要不断地评估和反馈，以便及时发现问题和不足，及时进行调整和改进。高校可以通过问卷调查、学生评价、教师反馈等方式，对德育教育的效果和质量进行评估和反馈，以便更好地推进德育教育的实施和发展。

2. 制订德育教育计划和方案

制订德育教育计划和方案是大学教育的重要组成部分，高校应该根据学生的实际情况和需求，制订具有系统性、针对性和实效性的德育教育计划和方案。这些计划和方案应该涵盖德育的各个方面，如思想道德、文化素养、心理健康等，并注重与专业教育相结合，将德育贯穿于整个教育过程中。

思想道德教育是德育的核心内容之一，应该注重培养学生的道德观念和行为规范。高校应该通过各种形式的教育活动，如讲座、讨论、实践等，引导学生树立正确的世界

观、人生观和价值观，培养良好的道德品质和行为习惯。同时，高校应该注重培养学生的诚信意识和社会责任感，让他们认识到自己的行为对社会和他人的影响。

文化素养教育也是德育的重要组成部分。高校应该注重培养学生的文化素养和人文精神，让他们了解中国的历史、文化、艺术和传统，培养他们的文化自觉和文化自信。高校可以通过各种形式的文化活动，如文艺演出、文化讲座、参观展览等，引导学生深入了解中国文化，培养他们的文化鉴赏能力和审美情趣。

高校应该注重学生的心理健康教育和辅导。随着社会的发展和竞争的加剧，大学生的心理健康问题越来越受到关注。高校应该建立完善的心理健康教育体系，通过各种形式的心理咨询和辅导活动，帮助学生解决心理问题，培养他们的心理素质和应对能力。同时，应该注重培养学生的情绪管理和自我调节能力，让他们学会正确处理人际关系和情感问题。

高校应该将德育贯穿于整个教育过程中。德育不仅仅是思想道德、文化素养和心理健康等方面的教育，还应该与专业教育相结合，培养具有全面素质和综合能力的优秀人才。高校应该注重培养学生的创新精神和实践能力，让他们在实践中不断成长和进步。

3. 确保德育的系统性和连续性

德育教育是一个长期的过程，需要持续不断地推进和加强。在高校教育中，德育的重要性不言而喻，因为高校是学生进入社会前的最后一道教育环节，在这里学生形成正确的人生观、价值观和世界观的关键时期。因此，高校应该注重德育教育的系统性和连续性，确保学生在整个大学期间都能够接受到系统的德育，同时应该注重与其他教育机构和机构的合作，共同推进德育的普及和发展。

高校应该建立完善的德育体系，包括德育课程、德育实践活动、德育讲座等，确保学生能够接受到全面、系统、连续的德育。同时，高校应该注重德育的质量，注重课程的科学性和有效性，确保学生能够真正理解和掌握德育知识，并将其应用于实际生活中。

高校应该加强与其他教育机构和机构的合作，共同推进德育的普及和发展。例如，高校可以与社区、企业、公益组织等合作，共同开展德育实践活动，让学生在实践中感受德育的内涵和价值，从而更好地理解和接受德育教育。此外，高校还可以与其他高校、中小学、家庭教育机构等合作，共同开展德育的交流和研讨活动，分享德育的经验和成果，促进德育教育的普及和发展。

高校应该注重德育的创新和改革，不断探索新的德育方式和方法。例如，高校可以引入现代信息技术手段，如网络课程、在线互动平台等，让学生能够更加便捷地接受德育。高校还可以引入心理学、社会学等学科的知识和方法，从多角度、多层次地开展德育，提高德育的效果和质量。

（二）重视大学生的自我教育和自我管理，培养他们的自主意识和能力

大学生是德育的主体，他们的自我教育和自我管理对于德育教育的效果至关重要。因此，高校应该重视大学生的自我教育和自我管理，培养他们的自主意识和能力。具体来说，高校应该从以下几个方面入手。

1. 提供各种自我教育和自我管理的机会和平台

高校作为学生成长的重要阶段，应该为学生提供各种自我教育和自我管理的机会和平台，以帮助他们更好地发展自己的兴趣爱好、技能和能力。以下是一些建议：

（1）学术讲座：高校可以定期邀请知名专家、学者、企业家等来校举办讲座，分享他们的研究成果、经验教训和行业趋势。这些讲座不仅可以拓宽学生的知识视野，还可以激发他们的学习兴趣和探索精神。

（2）社团活动：高校应该鼓励学生参与各种社团，如学术、艺术、体育、公益等社团，为学生提供展示自己兴趣爱好的平台。社团活动不仅可以培养学生的团队合作精神和领导能力，还可以增强他们的社交能力和人际交往能力。

（3）社会实践：高校应该积极与企业、机构等合作，为学生提供社会实践的机会。这些实践可以让学生了解行业的发展趋势和实际需求，增强他们的实践能力、适应能力和创新能力。

（4）自主学习平台：高校应该为学生提供丰富的自主学习资源，如在线课程、图书馆、实验室等。这些资源可以帮助学生根据自己的兴趣和需求进行自主学习，培养他们的自主学习能力和独立思考能力。

（5）自我管理培训：高校应该为学生提供自我管理培训，如时间管理、情绪管理、压力管理等方面的课程和讲座。这些培训可以帮助学生在学习、生活和工作中更好地管理自己的时间和情绪，使他们提高自己的效率和能力。

2. 培养大学生的自主意识和能力

高校教育应当致力于培养学生的自主意识和能力，让他们意识到自己作为德育教育的主体，应该积极参与德育教育过程，并发挥自身的主观能动性。

教师应该培养学生的自我认知能力，让他们明确自己的兴趣、优势和劣势，明确自己的目标和价值观。只有对自己的内心有清晰的了解，才能更好地做出正确的决策，发挥自己的潜力。同时，教师应该鼓励学生们勇敢地表达自己的观点和想法，培养他们的独立思考能力，让他们在德育中成为积极参与者。

高校教育应该注重培养学生的责任感和担当精神。大学生应该明白自己的社会责任

和使命，应该意识到自己作为未来社会建设者和领导者的重要角色。教师应该通过各种方式，如讲座、实践活动、志愿服务等，让学生们了解社会问题，培养他们的社会责任感和担当精神。同时，教师也要鼓励学生们积极参与德育过程，通过自己的实际行动来影响他人，传递正能量。

高校教育应该注重培养学生的自我管理能力。大学生应该学会如何规划自己的时间、如何处理人际关系、如何应对压力等。教师可以通过提供相应的指导和支持，帮助学生学会如何更好地自我管理，培养他们的时间规划能力和决策能力。

（三）营造良好的校园文化氛围，促进大学生的全面发展和成长

良好的校园文化氛围可以促进大学生的全面发展和成长，高校应该注重校园文化建设，营造积极向上的校园氛围。具体来说，高校应该从以下几个方面入手。

1. 开展各种文化活动和社团活动

高校是学生们生活和学习的重要场所，除了专业知识的学习，还应该注重培养学生的综合素质和兴趣爱好。因此，开展各种文化活动和社团活动是非常必要的。这些活动不仅有助于丰富学生的课余生活，增强学生的团队协作和沟通能力，还能够促进学生全面发展和成长。

高校应该开展各种文艺演出、体育比赛和学术讲座等文化活动。这些活动可以为学生提供展示自己的机会，增强学生的自信心和表达能力。同时，这些活动也能够增强学生的身体素质和团队协作能力，促进学生之间的交流和互动。这些活动应该注重学生的兴趣和需求，鼓励学生积极参与。高校应该鼓励学生根据自己的兴趣爱好和特长选择参加不同的活动，让学生能够在自己喜欢的领域中得到锻炼和提高。同时，高校也应该注重活动的多样性和创新性，不断尝试组织新的活动形式和内容，吸引更多的学生参与进来。此外，高校还应该注重将校园文化融入到专业教育中。专业教育是高校的核心任务之一，但是仅仅注重专业知识的学习是远远不够的。高校应该将校园文化融入到专业教育中，通过各种文化活动和社团活动来培养学生的综合素质和兴趣爱好。这样不仅能够增强学生的专业素养，还能够增强学生的社会责任感和使命感。

2. 营造良好的校园环境氛围

营造良好的校园环境氛围是高校教育中不可或缺的一环，它对于提升学生的生活质量、激发他们的创造力和全面发展至关重要。一所优秀的高校应该注重校园环境的优化和美化，努力营造一个积极向上、充满活力的校园氛围。

校园绿化是营造良好校园环境的重要一环。高校应该积极推进校园绿化工作，通过种植各种花草树木，打造优美的校园景观。这不仅可以美化校园环境，还可以净化空气、

降低噪音，为师生提供一个宜人的学习环境。在绿化过程中，高校应该注重物种的多样性和生态平衡，确保校园生态环境的可持续发展。

校园美化是营造良好校园环境的重要手段。高校应该注重校园建筑和设施的美化工作，定期清洗、修缮和装饰教学楼、宿舍、图书馆等场所。同时，高校还可以通过举办各种文化艺术活动，如艺术展览、音乐会、戏剧表演等，来提升校园的文化氛围，激发学生的创造力和审美情趣。

校园卫生是营造良好校园环境的关键因素之一。高校应该加强校园卫生管理，建立完善的卫生制度，定期开展卫生清洁工作，确保校园环境的整洁和卫生。同时，高校还应该加强健康教育，提高学生的卫生意识和自我保护能力，培养他们养成良好的卫生习惯。

除了以上三个方面，高校还应该注重校园文化的建设工作。校园文化是大学精神的重要组成部分，它包括校风、学风、价值观、行为规范等方面。高校应该积极推动校园文化建设，通过举办各种文化活动、讲座、研讨会等方式，促进师生之间的交流和互动，增强校园的凝聚力和向心力。

第二节　对高校辅导员工作的建议和展望

一、高校辅导员工作的发展方向和重点

高校辅导员是大学生思想政治教育工作的重要参与者，其发展方向和重点如下。

（一）提高辅导员的职业认同感和归属感

大学管理层应该加强对辅导员队伍建设的重视和支持，为辅导员提供良好的工作环境和条件，增强他们的职业认同感和归属感。具体措施包括以下几点。

（1）高校建立完善的辅导员管理制度和激励机制，确保辅导员的权益和待遇得到保障，增强他们对工作的认同感和归属感。

（2）高校应定期组织辅导员交流活动，促进辅导员之间的沟通与合作，增强他们的团队凝聚力和归属感。

（3）高校应定期开展辅导员职业发展规划培训，帮助他们明确职业发展方向，增加他们对工作的信心和动力。

（二）加强辅导员的专业培训和继续教育，提高他们的专业素质和能力

大学应该加强对辅导员的专业培训和继续教育，提高他们的专业素质和能力，为大

学生提供更好的辅导和支持。具体措施包括。

（1）高校应定期组织辅导员参加相关的职业培训和学术交流活动，了解最新的教育理念和辅导方法。

（2）高校应鼓励辅导员参加相关的学术研究和学术出版活动，提升他们的学术水平和专业素养。

（3）高校应建立辅导员自主学习平台，提供丰富的专业资料和课程资源，支持他们通过自我学习和团队学习不断提高自己的专业能力。

（三）关注大学生的多元化需求，提供个性化的辅导和支持

辅导员应该关注大学生的多元化需求，提供个性化的辅导和支持。具体措施包括。

（1）辅导员应深入了解不同学生的不同需求，建立个性化的辅导方案，帮助他们解决实际问题。

（2）辅导员应建立学生心理健康档案，关注学生的心理健康状况，提供个性化的心理辅导和支持。

（3）辅导员应积极开展学生团体活动，增强学生的自我认知和自我管理能力，培养他们的团队合作意识和创新精神。

二、对高校管理层的建议

对于高校管理层来说，为了更好地支持辅导员工作，以下几点建议值得考虑。

（一）重视辅导员队伍建设，提高辅导员的地位和待遇

高校管理层应该充分认识到辅导员在大学生思想政治教育工作中的重要性，并采取切实有效的措施来加强辅导员队伍建设。具体来说，大学管理层应该从以下几个方面入手。

1. 优化辅导员队伍结构，吸引更多优秀人才加入

高校应该积极引进具有相关专业背景、工作经验和较高学历的人才，优化辅导员队伍结构，提高整体素质，同时，也要加强对现有辅导员的培训和培养，提高他们的专业水平和综合素质。

2. 提高辅导员的地位和待遇，增强职业吸引力

高校应该充分认识到辅导员工作的重要性和特殊性，提高辅导员的地位和待遇，增强职业吸引力。这包括提供合理的薪酬待遇、良好的工作环境和福利待遇等。

（二）为辅导员提供良好的工作环境和条件，激发他们的积极性和创造力

除了提高辅导员的地位和待遇外，高校还应该为辅导员提供良好的工作环境和条件，

激发他们的积极性和创造力。具体来说，高校应该从以下几个方面入手。

1. 提供良好的办公环境和设备设施

高校应该为辅导员提供宽敞、整洁、舒适的办公环境，配备先进的办公设备和设施，满足辅导员的工作需要。

2. 加强安全保障，确保辅导员的人身安全和财产安全

高校应该加强安全保障措施，确保辅导员的人身安全和财产安全。这包括加强校园安全管理、提高安全防范意识、加强应急预案等。

3. 鼓励和支持辅导员开展工作创新和团队合作

高校应该鼓励和支持辅导员开展工作创新、团队合作等有益的活动，激发他们的积极性和创造力。这可以通过提供培训和指导、搭建交流平台、组织团队建设活动等方式来实现。

（三）加强辅导员与其他教育和管理部门的沟通和协作，形成德育的整体合力

大学还应该加强辅导员与其他教育和管理部门的沟通和协作，形成德育的整体合力。具体来说，大学应该从以下几个方面入手。

1. 加强信息共享，促进部门之间的沟通协作

高校应该建立信息共享机制，促进各部门之间的信息交流和共享。这有助于加强不同部门之间的了解和合作，共同推动德育工作的开展。

2. 加强协作机制建设，形成德育的整体合力

高校应该加强协作机制建设，推动德育工作在各个部门之间的协同开展。这需要建立定期的沟通协调机制、共同制订德育教育计划、共同落实德育教育任务等。

三、未来辅导员工作的发展趋势

（一）数字化和智能化将成为辅导员工作的重要趋势

1. 提高工作效率和质量

数字化和智能化技术可以帮助辅导员更高效地管理学生信息，如电子化学生档案、在线报名系统等，避免了传统纸质档案管理的不便。同时，利用智能化的管理工具，可以自动汇总数据、分析趋势，从而为决策提供支持，提高工作效率和质量。

2. 精准的辅导和支持

大数据和人工智能等技术，可以更好地了解和分析学生的需求和行为，提供更加精准的辅导和支持。例如，通过分析学生的学习成绩、作业完成情况、社交媒体互动等数据，可以预测学生的学习问题，提前介入并提供帮助。

3. 增强与学生沟通的互动性

数字化和智能化技术可以使辅导员与学生之间的沟通更加便捷、互动性更强。例如，通过在线聊天、实时通讯工具、智能语音识别等技术，辅导员可以随时随地与学生进行交流，提供及时的支持和反馈。

4. 提升学生管理效率

数字化和智能化技术可以帮助辅导员更好地管理学生组织、协调资源等，提高学生管理的效率。例如，通过数字化管理系统，辅导员可以方便地组织学生活动、分配任务、协调人员等，避免了传统手工管理的繁琐和低效。

5. 创新教育模式

数字化和智能化技术还可以为教育模式带来创新。例如，在线教育平台、虚拟现实等技术，可以提供更加灵活、个性化的学习体验，满足学生的不同需求。

（二）跨学科和跨领域的知识和技能将成为辅导员必备的能力

1. 跨学科知识和技能的重要性

随着社会的发展，教育已经不再局限于单一学科，而是需要学生具备多元化的知识和技能。辅导员作为学生的指导者和引路人，需要具备跨学科的知识和技能，以便更好地理解学生的需求和问题。例如，教育学、心理学、社会学、管理学等学科的知识，能够帮助辅导员更好地理解学生的心理和行为，提供更加专业和全面的辅导。

2. 信息技术能力

随着信息技术的快速发展，信息技术已经成为了现代社会的重要组成部分。辅导员需要具备一定的信息技术能力，以便更好地与学生进行交流和互动。例如，辅导员使用社交媒体、在线平台等工具，能够更好地与学生进行沟通，了解他们的需求和问题，提供更加及时和个性化的辅导。

3. 组织协调能力

辅导员需要具备一定的组织协调能力，以便更好地组织和协调各种资源，为学生提供更加全面和专业的支持。例如，组织各种活动、协调资源、与家长和学生沟通等，都需要辅导员具备一定的组织协调能力。

4. 沟通表达能力

辅导员需要具备良好的沟通表达能力，以便更好地与学生、家长和同事进行交流和互动。良好的沟通表达能力能够帮助辅导员更好地理解学生的需求和问题，同时也能够更好地传达观点和想法。

（三）关注大学生的心理健康和成长需求将成为辅导员工作的重点和难点

作为辅导员，关注大学生的心理健康和成长需求将成为工作的重要部分。

1. 心理健康问题日益重要

随着社会的发展和变化，大学生的心理压力和困扰也日益增多。学业压力、人际关系问题、自我认同困惑、情感困扰等都可能影响学生的心理健康。辅导员需要敏锐地察觉这些变化，及时提供心理支持和帮助。

2. 心理辅导能力的提升

为了更好地帮助学生解决心理问题，辅导员需要不断提升自己的心理辅导能力和技巧。这包括学习心理学知识，掌握心理评估和干预方法，以及了解不同学生的心理特点和需求。

3. 个性化辅导

辅导员每个学生的心理问题和需求都是独特的，辅导员需要具备个性化辅导的能力。这意味着需要了解学生的背景、性格、兴趣、学业和职业规划等，以便提供更符合学生需求的辅导和支持。

4. 多元化的需求

除了心理健康问题，大学生还有其他方面的需求，如学业、生活、就业等方面的需求。辅导员需要关注这些需求，提供多元化的辅导和支持。例如，在学业方面，辅导员可以提供学习策略、课程辅导、考试准备等方面的帮助；在生活方面，辅导员可以提供生活技能、社交支持、适应新环境等方面的指导；在就业方面，辅导员可以提供职业规划、简历修改、面试技巧等方面的建议。

5. 家校合作

关注大学生的心理健康和成长需求不仅仅是辅导员的责任，也需要家长的参与和支持。辅导员需要与家长保持沟通，了解学生的家庭环境和教育背景，共同关注和支持学生的成长。

6. 建立健全的支持系统

除了个体辅导外，辅导员还需要建立健全的支持系统，如校园心理咨询服务、学生团体辅导、专业心理医生的介入等。辅导员通过建立多层次的心理健康支持体系，为大学生提供更加全面和专业的帮助。

7. 长期关注和跟进

关注大学生的心理健康和成长需求是一个持续的过程，需要辅导员具备耐心和毅力。学生可能在短时间内有所改善，但仍然需要持续的关注和跟进，以确保他们能够真正解决问题并健康成长。

参考文献

[1]王孝琴.新媒体时代高校辅导员加强大学生职业生涯规划指导的策略探究[J].新闻研究导刊,2024,15(03):206-208.

[2]李晶.高校辅导员解决大学生心理问题的辅导策略——辅导员工作案例分析[J].福建轻纺,2024,(01):79-82.

[3]刘锦芳.文化安全意识下的大学生德育教学思考——评《新时代高校文化安全教育研究》[J].安全与环境学报,2024,24(01):407-408.

[4]唐伶芳,冯传平,郑湘宁.高校辅导员开展大学生创新创业教育的实践探究[J].中国就业,2024,(01):87-88.

[5]田力.高校辅导员与大学生生涯发展共同体的建构：内涵与特点[J].成才与就业,2023,(S1):42-47+51.

[6]李佳.互联网时代大学生德育工作难题与突破[J].广东交通职业技术学院学报,2023,22(04):120-123.

[7]杨月.大数据时代高校辅导员学生管理工作探究——评《大数据时代大学生思想政治教育工作的优化研究》[J].中国科技论文,2023,18(12):1408.

[8]陈燕美."三全育人"视角下大学生辅导员与专业导师协同育人工作研究[J].吉林农业科技学院学报,2023,32(06):49-52，64.

[9]王会兹."荀"觅初心——荀子德育方法对大学生立德树人教育的价值[J].品位·经典,2023,(23):31-33.

[10]陈华荣.辅导员视域下新时代大学生劳动教育探析[J].大众文艺,2023,(23):163-165.

[11]吴思.从大学生发展需求角度探析高校辅导员队伍建设的新思路[J].现代职业教育,2023,(35):129-132.

[12]潘以婧.新媒体视域下优秀传统文化与大学生德育融合路径探索[J].新闻研究导刊,2023,14(23):191-193.

[13]韩雪峰.大学生体育教学在德育树人中的发展路径研究[J].高教学刊,2023,9(35):177-180.

[14]杨慧琳,鲍顺妙.高校辅导员做好大学生思政教育的有效路径[J].华章,2023,(12):57-59.

[15]杨罗嫚,张彩花.辅导员对“00”后大学生思想政治教育的新思考[J].中共太原市委党校学报,2023,(06):54-56.

[16]孙慧真,张文慧.新媒体平台在大学生德育教育中的应用研究[J].中国报业,2023,(22):84-85.

[17]罗藏才让,旦知吉.辅导员助推大学生志愿服务高质量发展探索[J].北京教育(德育),2023,(11):88-92.

[18]丁宁,陈艺.新时代高校辅导员开展大学生学业辅导路径研究[J].北京教育(德育),2023,(11):93-95.

[19]贺庆平.大学生思想政治教育视角下高校辅导员协同育人对策研究[J].大众文艺,2023,(21):175-177.

[20]杨朋.高校辅导员大学生安全管理工作探究[J].教育教学论坛,2023,(45):41-44.

[21]张峥.辅导员如何引导大学生参与乡村振兴[J].四川劳动保障,2023,(10):86-87.

[22]郭旋.高校辅导员开展大学生思政教育工作的策略[J].中国高校科技,2023,(10):97-98.

[23]徐杨.红色资源融入大学生德育教育的路径探析[J].武夷学院学报,2023,42(10):81-85.

[24]孟丹.主题教育视域下高校辅导员开展大学生思想政治教育工作路径研究[J].现代职业教育,2023,(30):133-136.

[25]夏旸.“三全育人”背景下高校辅导员开展大学生思想政治教育的有效途径研究[J].河南教育(高等教育),2023,(10):31-33.

[26]罗晓帅.高校辅导员开展大学生心理健康教育路径探析[J].长治学院学报,2023,40(05):86-90.

[27]潘丽华.辅导员视域下大学生党史学习教育质效提升探析[J].领导科学论坛,2023,(10):149-151.

[28]黄小娟.传统文化融入大学生德育工作探究[J].中学政治教学参考,2023,(37):86-87.

[29]方原,位涛涛.红色家风融入大学生德育的逻辑理路、价值旨归与实施路径[J].边疆经济与文化,2023,(10):124-127.